Guillaume Musso
Die Unbekannte

GUILLAUME MUSSO

DIE UNBEKANNTE

Roman

Aus dem Französischen
von Eliane Hagedorn und Bettina Runge
(Kollektiv Druck-Reif)

PIPER

Mehr über unsere Autorinnen, Autoren und Bücher:
www.piper.de

Wenn Ihnen dieser Roman gefallen hat, schreiben Sie uns unter Nennung des Titels »Die Unbekannte« an *empfehlungen@piper.de*, und wir empfehlen Ihnen gerne vergleichbare Bücher.

Von Guillaume Musso liegen im Piper Verlag vor:

Nachricht von dir
Sieben Jahre später
Ein Engel im Winter
Vielleicht morgen
Eine himmlische Begegnung
Nacht im Central Park
Wirst du da sein?
Weil ich dich liebe
Vierundzwanzig Stunden

Das Mädchen aus Brooklyn
Das Papiermädchen
Das Atelier in Paris
Was wäre ich ohne dich?
Die junge Frau und die Nacht
Ein Wort, um dich zu retten
Eine Geschichte, die uns verbindet
Die Unbekannte

Inhalte fremder Webseiten, auf die in diesem Buch (etwa durch Links) hingewiesen wird, macht sich der Verlag nicht zu eigen. Eine Haftung dafür übernimmt der Verlag nicht. Wir behalten uns eine Nutzung des Werks für Text und Data Mining im Sinne von § 44b UrhG vor.

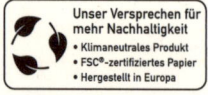
Unser Versprechen für mehr Nachhaltigkeit
• Klimaneutrales Produkt
• FSC®-zertifiziertes Papier
• Hergestellt in Europa

MIX
Papier | Fördert gute Waldnutzung
FSC® C083411

ISBN 978-3-492-06376-0
© Calmann-Lévy 2021
Titel der französischen Originalausgabe: »L'Inconnue de la Seine«, Calmann-Lévy, Paris 2021
© der deutschsprachigen Ausgabe: Piper Verlag GmbH, München 2023
Redaktion: Ilse Wagner
Satz: Eberl & Koesel Studio, Kempten
Gesetzt aus der Scala
Druck und Bindung: CPI Books GmbH, Leck
Printed in the EU

für Ingrid,
für Nathan und Flora

*Ich habe viele Schlachten geschlagen in meinem
Leben,
habe aber lange Zeit gebraucht,
um mich an den Gedanken zu gewöhnen,
dass man noch so viele Schlachten gewinnen mag,
den Krieg aber trotzdem nicht gewinnt.*

Romain Gary, *Frühes Versprechen*

I.
DIE UNBEKANNTE AUS DER SEINE

Montag, 21. Dezember

1 Der Turm de l'Horloge

Es kommt für jeden der Augenblick,
wo er sich vor die Notwendigkeit gestellt sieht,
sein weiteres Geschick festzulegen,
den alles entscheidenden Schritt zu tun,
der unwiderruflich ist.

Georges Simenon, *Der verlorene Sohn*

1.
Paris

»Diesmal haben Sie uns aber wirklich alle in Gefahr gebracht, Roxane – die Kripo, Ihre Kollegen und mich ...«

Der Zivilstreifenwagen verließ die Avenue de la Grande Armée, um auf die Place de l'Étoile einzubiegen.

Seitdem sie Nanterre verlassen hatten, hatte Commandant Sorbier den Mund nicht aufgemacht. Die Hände fest um das Lenkrad geklammert, fuhr er düster mit seinen Vorwürfen fort.

»Wenn die Presse in der augenblicklichen Lage erfahren würde, was Sie angestellt haben, muss möglicherweise sogar Commissaire Charbonel seinen Hut nehmen.«

Neben ihm auf dem Beifahrersitz hüllte Roxane Montchrestien sich in Schweigen, den Blick starr auf das von Regenstreifen überzogene Seitenfenster gerichtet. Unter dem tiefen, grauen Himmel hatte Paris etwas Düsteres – ein Tag nach dem anderen ohne Licht, und das schon seit Beginn des Monats. Das ganze Wageninnere war feucht. Die Polizistin beugte sich vor, stellte das Gebläse auf Hochtouren und kniff die Augen zusammen. Hinter dem Regenvorhang tauchte schemenhaft die gespenstische Masse des Arc de Triomphe auf. Bei der Tristesse dieser Kulisse musste sie an jenen Samstag der Ausschreitungen denken, bei denen extreme Randgruppen während der Demonstration die Fassade des Triumphbogens beschädigt hatten. Die Bilder dieses Aufstands waren um die Welt gegangen und zeigten die gewalttätige Atmosphäre, die das Land vergiftete. Seither hatten sich die Dinge nicht wirklich gebessert.

»Kurz, Sie bringen uns in eine Scheißsituation«, schloss Sorbier, während er herunterschaltete und in die Avenue Marceau einbog.

Tief in ihren Sitz gedrückt, registrierte Roxane die Vorwürfe und dachte nicht daran, sich zu verteidigen. Sie respektierte ihren Chef, Commandant Sorbier, den

Leiter der Zielfahndungseinheit. Das Problem lag bei ihr. Seit mehreren Monaten fühlte sie sich wie in einem Tunnel, ohne dass ein Ende in Sicht wäre. Sie rieb sich die Augen und ließ ihre Seitenscheibe herunter. Beim Kontakt mit der frischen Luft glaubte sie, neue Energie zu spüren, die zu einer plötzlichen Einsicht führte: Ihr Schicksal würde sich fortan weit entfernt von der Nationalpolizei abspielen.

»Ich werde kündigen, Chef«, sagte sie und richtete sich in ihrem Sitz auf. »Das ist besser für alle, glauben Sie mir.«

Roxane verspürte eine gewisse Erleichterung, als sie diese Worte aussprach. Sie, die immer für ihren Beruf gelebt hatte, sah sich inzwischen außerstande, ihn korrekt auszuüben. Wie bei vielen ihrer Kollegen hatte sich dieses Unbehagen mit der Zeit in echte Hoffnungslosigkeit verwandelt. In Frankreich und ganz besonders in Paris war der Hass gegen die Polizei deutlich spürbar. Überall.

»SUICIDEZ-VOUS! SUICIDEZ-VOUS!«

Sie hörte noch die aggressiven Slogans während der großen Demos. *Jetzt oder nie*, dachte sie und holte mehrmals tief Luft. *Jetzt ist der Moment, zu gehen.*

Ein verhängnisvolles Räderwerk war in Gang gesetzt worden, das die Menschen dazu gebracht hatte, diejenigen zu hassen, die sie beschützen sollten. Man stellte den Flics Fallen, man belagerte die Kommissariate, man beschimpfte sie bei den Demonstrationen, man attackierte sie mit Granatwerfern – und das mitten in Paris. Ihre Kinder hatten Angst, zur Schule zu gehen, ihre Familien zerbrachen, und Samstag für Samstag, Demo für Demo wurden sie von den Protestierenden mit obszöner Geschmacklosigkeit als Nazis hingestellt.

»SUICIDEZ-VOUS! SUICIDEZ-VOUS!«

Jetzt oder nie muss ich gehen. Zu ihrem großen Glück hielt nichts sie zurück. Keine Darlehen, die sie begleichen, kein Kind, das sie aufziehen, keine Rentenzahlungen, die sie leisten musste. Sie würde nicht nur die Polizei, sondern auch dieses kranke Land verlassen. Ein Fleckchen abseits, aber nicht zu weit entfernt, finden, von dem aus sie gequält beobachten könnte, wie alles in Flammen aufging.

»Sie haben meine Kündigung noch heute Abend auf dem Schreibtisch«, versprach sie.

Sorbier schüttelte den Kopf.

»Hören Sie auf zu träumen, Roxane. So leicht können Sie sich nicht aus der Affäre ziehen!«

Inzwischen fuhren sie entlang der Seine in Richtung Place de la Concorde. Zum ersten Mal zeigte die Polizistin ihre Verärgerung.

»Dürfte ich wenigstens wissen, wohin Sie mich fahren?«

»Einfach nur ins Grüne.«

Der Ausdruck hätte fast ein Lächeln auf ihr Gesicht gezaubert. Sie stellte sich die aufblühende Vegetation vor, die sanfte Brise, die endlosen Felder, das reife Getreide unter der Sonne, das Läuten der Kuhglocken. Alles weit entfernt von der Pariser Realität: eine metastasierte Stadt, dreckig und apathisch und überzogen von einer Schicht aus Umweltschmutz und endloser Tristesse.

Sorbier wartete, bis sie auf der Pont de la Concorde waren, um zu erklären, was er im Sinn hatte.

»Hier ist der Plan, Roxane: Charbonnel hat eine ruhige Stelle für Sie gefunden, damit Sie einige Monate von der Bildfläche verschwinden.«

»Ich werde also versetzt, ist es das?«

»Vorübergehend, ja.«

François Charbonnel war der Commissaire Divisionnaire und Leiter der Zentralstelle zur Bekämpfung des organisierten Verbrechens, der die Zielfahndungseinheit unterstellt war.

»Und mein Team?«

»Lieutenant Botsaris wird in der Übergangszeit die Verantwortung übernehmen. Sie bekommen eine Chance, wieder Fuß zu fassen. Wenn Sie danach immer noch Wert darauf legen, können Sie gehen.«

Plötzlich verspürte Roxane starkes Sodbrennen und presste die Hand auf ihr Brustbein.

»Worum handelt es sich konkret bei dieser Versetzung?«

2.

»Haben Sie schon mal von BANC gehört?«

»Nein.«

»Ich, ehrlich gesagt, auch nicht – bis heute Morgen.«
Sorbier war wenigstens so aufrichtig, seinen Vorschlag nicht schönzureden.

Die Scheibenwischer kämpften gegen den Regen auf der Frontscheibe an. Am linken Seine-Ufer auf dem Boulevard Saint-Germain geriet der Wagen in einen Stau.

»Das Büro zur Aufklärung außergewöhnlicher Fälle wurde 1971 ins Leben gerufen«, erklärte Sorbier. »Es untersteht direkt dem Polizeipräsidium. Anfangs hatte diese Dienststelle zum Ziel, in außergewöhnlichen Fällen zu recherchieren, bei denen die Kriminalpolizei keine rationalen Antworten fand.«

»Dürfte ich wissen, was Sie unter ›außergewöhnlich‹ verstehen?«

»Alles, was ans Paranormale grenzt.«

»Soll das ein Scherz sein?«

»Nein, aber man muss sich in den Kontext der Zeit zurückversetzen«, rechtfertigte sich Sorbier. »Die Gesellschaft entdeckte das, was man den ›magischen Realismus‹ nannte. Man begann, gewisse Sachbereiche zu erforschen, die sich außerhalb der offiziellen Wissenschaft befinden. Die Leute begeisterten sich zum Beispiel für Ufos, in den Buchhandlungen war *Der Morgen der Magier* ein Bestseller, und der Verband für die Erforschung unbekannter Flugobjekte öffnete in Toulouse seine Tore ...«

»Und warum kennt niemand diesen Verein?«

Roxanes Vorgesetzter zuckte mit den Schultern.

»In der damaligen Presse findet man verschiedene Artikel. Gegen Ende der Siebziger- und Achtzigerjahre bestand die Abteilung aus einem Dutzend Personen. Aber die sozialistische Regierung und die Entwicklung der Gesellschaft haben die Natur der Einrichtung geändert und sie immer mehr zur Anlaufstelle für ausgepowerte oder übergriffige Polizisten gemacht.«

Roxane hatte schon vom Centre du Courbat in der Touraine gehört, das Polizisten mit Depressionen, Alkohol- und Burnout-Problemen aufnahm, nicht aber von diesem Rückzugsort.

»Nach und nach ist das BANC umgezogen, und sein Personalbestand ist geschmolzen wie Schnee in der Sonne. Heute ist es nur noch ein Budgetposten, der ab nächstem Juni ganz verschwinden wird. Sie werden also der letzte Flic sein, der diesen Posten besetzt.«

»Ist das das einzige Sterbeheim, das Sie für mich auftreiben konnten?«

Sorbier ließ diese Bemerkung nicht einfach so durchgehen.

»Ich glaube, Sie befinden sich hier in keiner wirklich guten Ausgangsposition, Roxane. Und für jemanden, der noch vor fünf Minuten kündigen wollte, sind Sie ganz schön pedantisch.«

Der Commandant war rechts in die Rue du Bac eingebogen. Roxane öffnete ihr Fenster, so weit es ging. Rue de Grenelle, Verneuil, Varenne ... Sie war im Viertel Saint-Thomas-d'Aquin aufgewachsen und hatte die Schule Saint-Clothilde ganz in der Nähe besucht; ihr Vater, Soldat, hatte im Hôtel de Brienne, dem Verteidigungsministerium, gearbeitet; die Familie hatte in der Rue Casimir-Perier gewohnt. Das Quartier Saint-Thomas-d'Aquin war wie Saint-Germain-des-Prés nur ohne Touristen und das affektierte Getue. Heute hierherzukommen war für sie eine Überraschung. Vage, aber beruhigende Erinnerungen tauchten auf: vom Sonnenlicht schraffiertes Parkett, weiße Stuckaturen in Form von Akanthus-Blättern, die wohltönenden Klänge eines alten Steinway-Flügels, Giacomettis Bronzeskulptur Chat Maître d'Hotel, die die Betrachter vom Kaminsims herab zu verspotten schien.

Das wütende Hupen eines Taxifahrers brachte sie in die Realität zurück.

»Über wie viele Leute verfüge ich in meinem Team?«

»Über keine. Ich habe Ihnen bereits gesagt, dass die Dienststelle seit Jahren zurückgefahren wird. In den letzten Monaten war nur noch eine einzige Person auf diesem Posten: Commissaire Marc Batailley.«

Roxane runzelte die Stirn. Der Name sagte ihr etwas, aber sie wusste ihn nicht richtig einzuordnen.

Sorbier frischte ihr Gedächtnis auf.

»Batailley ist ein Urgestein bei der Kripo. Er hatte seine große Stunde Anfang der 1990er-Jahre, als das Team, das er in Marseille leitete, den ›Gärtner‹ identifiziert und festgenommen hat, einen der ersten französischen Serienmörder.«

»Der Gärtner?«

»Der Typ schnitt mit der Gartenschere alles ab, was bei seinen Opfern vorstand: die Finger, die Zehen, die Ohren, den Penis ...«

»Sehr originell.«

»Nach dieser Glanzleistung wurde er an den Quai d'Orfèvres versetzt, konnte aber die Hoffnungen, die er geweckt hatte, nicht erfüllen. Schuld daran war wohl ein allzu turbulentes Familienleben. Er hat ein Kind verloren, und seine Ehe ging in die Brüche. Das Ende seiner Karriere war wegen seiner nachlassenden Gesundheit chaotisch, deshalb seine Versetzung zum BANC.«

»Ist er schon in Rente?«

»Noch nicht, aber er hatte letzte Nacht einen schweren Herzanfall. Dank dieser Info konnte Charbonnel die ersten Schritte einleiten, um Sie auf diesem Posten unterzubringen.«

Sorbier schaltete die Warnblinkanlage ein, bevor er den Wagen gegenüber dem Gittertor des Square des Missions-Étrangères parkte. Es regnete nicht mehr. Roxane stieg eilig aus. Die Feuchtigkeit durchdrang ihre Kleidung, ihr Haar, ihr Gehirn. Sorbier tat es ihr gleich, lehnte sich an die Motorhaube und zündete sich eine Zigarette an.

Ein leichter Wind war aufgekommen. Endlich konnte man wieder atmen. Ein Loch blauen Himmels, schüchtern erst, öffnete sich über dem Park. Schon tauchten die ersten Kinder auf, stießen Freudenschreie aus, während sie sich auf die Schaukeln und Rutschen stürzten. Das Umfeld rief alte Erinnerungen bei Roxane hervor: die Vanille-Erdbeer-Eishörnchen vom Bac à Glace, die Besuche mit ihrer Mutter beim *Bon Marché* und im Conran Shop, das Haus von Romain Gary etwas weiter unten, vor dem sie als Abiturientin im Vorbeigehen versucht hatte, einen Blick ins Innere des Hofes zu erhaschen – in der Hoffnung, den Phantomen von Romain, Jean und Diego, zu begegnen.

»Und hier ist Ihr Büro«, sagte Sorbier, den Zeigefinger gen Himmel gestreckt.

Roxane hob den Kopf. Zunächst verstand sie nicht, worauf ihr Vorgesetzter hinauswollte, dann entdeckte sie eine Art Wachturm mit einer großen Uhr. Ein Turm, abseits der Straße, den sie vorher nie bemerkt hatte und der über die Dächer der anderen Häuser hinausragte.

»Der Bau stammt aus den Zwanzigerjahren«, begann Sorbier in professoralem Ton. »Es war ein Nebengebäude des Bon Marché, erbaut vom Architekten Louis-Hippolyte Boileau. Anfang der Neunzigerjahre hat sich ihn die Polizeipräfektur einverleibt, der Staat aber hat ihn jetzt zum Verkauf angeboten.«

Roxane trat an das hohe, blau gestrichene Hoftor.

»Ich muss los«, verkündete Sorbier und überreichte ihr einen Schlüsselbund. »Und vor allem eines, Roxane, keinen Unsinn.«

»Haben Sie den Eingangscode?«

»301207: das Datum der Gründung der Brigades du Tigre. Gefolgt von einem B wie Brigade.«

»Oder wie Bureau des affaires non conventionnelles«, erwiderte sie.

»Ich hoffe, wir haben uns richtig verstanden, Roxane: Sorgen Sie dafür, dass man Sie vergisst. Wir können nicht immer zur Stelle sein, um Ihren Mist wiedergutzumachen.«

3.

Auch wenn der Turm von der Straße aus kaum zu sehen war, erhob er sich, sobald man die Toreinfahrt passiert hatte, geradezu majestätisch in den Himmel. Am Ende eines kleinen baumbestandenen Innenhofes präsentierte er sich in voller Anmut, wurde allerdings von zwei unschönen Gebäuden eingerahmt. An seiner Spitze verankerten die Zifferblätter der Uhr seine Silhouette fest im Pariser Himmel. Ein wahrhafter Bergfried mitten im 7. Arrondissement.

Roxane lief über die Pflastersteine zum Eingang des »Leuchtturms«, vor dem ein knallroter Motorroller abgestellt war. Mit einem der Schlüssel, die Sorbier ihr ausgehändigt hatte, schloss sie eine Tür aus lackiertem Massivholz auf. Der Wachturm öffnete sich auf einen Lichtschacht. Wie in einer Kirche drang die Helligkeit durch die Fenster und tauchte die drei Etagen in warmen Glanz. Das Erdgeschoss bot einen Vorgeschmack: roter Backstein, Eichenparkett, eine Metallstruktur à la Gustave Eiffel.

Alles erstreckte sich in die Höhe – eine gusseiserne Wendeltreppe verband die vier Etagen. Den Blick nach oben gerichtet, stieg Roxane die Stufen hinauf. Es war angenehm warm. Eine Heizung surrte. Von ganz oben drangen Klaviertöne herab. Schubert, *Les Impromptus*. Musik aus ihrer Kindheit. Sie hatte den ersten Stock erreicht. Die Etage bestand aus zwei Teilen. Auf der einen Seite Aktenschränke in Hülle und Fülle, Regale, die bis zur Decke reichten, Archivcontainer, ein Faxgerät und sogar ein Minitel. Auf der anderen eine Küchennische mit einer Arbeitsfläche aus Rohholz, an die ein Duschraum grenzte.

Neben einem Kopiergerät wurde ein altmodisch dekorierter Weihnachtsbaum von einem großen Sibirischen Kater bewacht, der auf einem Lager aus Papierunterlagen faulenzte. Das Tier miaute, als es Roxane bemerkte, und wollte weiter nach oben entfliehen.

»Hiergeblieben!«

Die Polizistin konnte ihn auf der Treppe gerade noch packen und beugte sich hinab, um ihn zu streicheln. Gedrungen und muskulös, wie er war, besaß der Kater ein leuchtend silbriges Haarkleid und ein Gesicht wie aus einem Cartoon.

»Er heißt Poutine«, verkündete jemand hinter ihr.

Überrascht schnellte Roxane herum und griff nach der Glock in ihrem Holster. Eine junge Frau stand vor dem Fenster im ersten Stock. Fünfundzwanzig Jahre, gekrauste dichte Locken, dunkle Haut, smaragdfarbener Blick hinter einer Hornbrille, strahlendes Lächeln mit weißen Zähnen.

»Wer sind Sie, verdammt?«, fragte Roxane genervt.

»Valentine Diakité«, stellte sich die junge Frau mit ruhiger Stimme vor. »Ich bin Studentin an der Sorbonne.«

»Was haben Sie hier zu suchen?«

»Ich schreibe meine Doktorarbeit zu dem Thema ›Büro zur Aufklärung nicht konventioneller Angelegenheiten‹.«

Roxane stieß einen Seufzer aus.

»Und was gibt Ihnen das Recht, hier zu sein?«

»Ich habe die Erlaubnis von Commissaire Marc Batailley. Seit etwa sechs Monaten durchforste und ordne ich alle Akten. Sie hätten sehen müssen, in welchem Zustand sich die Archive befunden haben. Eine echte Rumpelkammer!«

Roxane beobachtete die Doktorandin, die sich zwischen den Kartons hin und her bewegte wie eine Prinzessin in ihrem Palast. Mit ihrer schwarzen Strumpfhose, ihrem Samtrock, dem Rollkragenpullover und den fahlroten Lederstiefeln erinnerte sie an eine moderne Version von Emma Peel.

»Und Sie, wer sind Sie?«

»Von der Polizei: Capitaine Roxane Montchrestien.«

»Vertreten Sie Marc Batailley?«

»So könnte man sagen.«

»Wissen Sie, wie es ihm geht?«

»Nein.«

»Der Arme. Schlimm, was ihm passiert ist. Ich kann seit heute Morgen an nichts anderes denken. Ich habe ihn bei meiner Ankunft hier vorgefunden.«

»Hatte er hier seinen Herzanfall?«

»Ich glaube nicht, dass es sich um einen Herzanfall handelt. Ich glaube vielmehr, dass er die Treppe runtergestürzt ist«, sagte Valentine und deutete auf die Metallstruktur der Wendeltreppe. »Die ist lebensgefährlich.«

Roxane ließ die Studentin zurück, um bis zur obersten Etage hinaufzusteigen. Dort, wo sich das Büro von Batailley befand. Der Raum war verblüffend; eine Deckenhöhe von etwa sechs Metern, durchzogen von vernieteten Metallbalken, ein riesiges Chesterfield-Kanapee, ein eleganter Schreibtisch à la Jean Prouvé. Die Einrichtung und die roten Backsteine schufen eine Atmosphäre, die zugleich etwas von einem englischen

Club und einem New Yorker Loft hatte. Doch es war vor allem der Ausblick von hier oben – ein erstaunliches Panorama von Paris. Im Westen der Eiffelturm und die Kuppel des Invalidendoms, im Norden Montmartre und Sacré-Cœur, im Süden der Jardin du Luxembourg und die hässliche Tour Montparnasse, im Osten die Kathedrale Notre-Dame, noch immer nicht wieder ganz aufgebaut. Der berauschende Eindruck, über der Welt zu schweben, sie auf Distanz zu halten und ihrem Zorn zu entfliehen.

4.

Roxane kehrte zu Valentine Diakité zurück, die sich ihr eigenes Büro in der Etage darunter eingerichtet hatte. Hinter ihrem braven Bibliothekarinnen-Look verbarg sich ein fröhliches Temperament, das Roxane leicht verwirrte.

»Erklären Sie mir, wie Marc Batailley seine Zeit verbrachte.«

»Der Commissaire arbeitete manchmal auf Sparflamme«, gab Valentine zu. »Als ich hier vor sechs Monaten angefangen habe, hatte sich sein Lungenkrebs leicht zurückgebildet. Marc war erschöpft, aber in jeder Situation freundlich und stets ein guter Ratgeber.«

»Seit wann ist das Büro nicht mehr aktiv?«

Erfreut darüber, dass ihr Wissen gefragt war, gab die Studentin einen kleinen Überblick.

»Ganz zu Anfang, in den Siebzigerjahren, führte das BANC zum Teil erschreckende Untersuchungen über Phänomene wie Zwangsvorstellungen, Telekinese, Bewusstseinskontrolle oder das durch, was man zu der Zeit noch nicht Nahtoderfahrung nannte. Das Büro erhielt damals Hunderte von Erlebnisberichten aus ganz Frankreich.«

Valentine deutete auf die Stapel von Pappkartons rechts und links.

»Alles Mögliche: Gespenster, Weiße Damen, Telepathie … Es war auch die große Epoche der Ufologie. Sollten Sie neugierig sein und in den Archiven dieser Zeit stöbern, so werden Sie sehen, dass wir nicht weit von den *X-Files* entfernt sind.«

»Und heute?«

Die Studentin verzog das Gesicht.

»Heute bekommen wir manchmal noch Briefe: Idioten, die denken, die Welt würde von Reptilien regiert, dass Bill Gates Viren entwickelt, um das Problem der Überbevölkerung zu regeln, oder dass die französische Regierung sie mit 5G-Antennen und dem intelligenten Stromzähler ›Linky‹ verbreitet.«

Roxane rieb sich die Augen. Sie wollte allein sein, wollte schlafen, den Strom abstellen, der ihren Geist elektrifizierte.

»Sie können nicht hierbleiben, Valentine.«

»Wieso? Der Commissaire war doch einverstanden ...«

»Ja, aber jetzt bin ich hier der Chef. Und eine Polizeidienststelle ist keine Unibibliothek.«

»Ich könnte Ihnen behilflich sein.«

»Ich wüsste nicht, wie. Sie haben Zeit bis heute Abend, um Ihre Sachen zu packen. Und vergessen Sie Ihren Kater nicht.«

Valentine zuckte mit den Schultern.

»Das ist nicht mein Kater. Übrigens auch nicht der von Marc Batailley. Er war schon da, als wir hier angekommen sind. Ich habe Spuren von ihm in den Archiven gefunden. Poutine ist 2002 hier im Büro aufgetaucht, was bedeutet, dass er ein kanonisches Alter erreicht hat.«

Verärgert wandte Roxane sich ab und stieg die Treppe hinauf ins obere Stockwerk. Hinter den Glaswänden gaben die gusseisernen Ziffernblätter der alten Turmuhr den Räumlichkeiten eine fast unwirkliche Note. Sie hatte den Eindruck, sich in einem Kuriositätenkabinett zu befinden. Was jedoch die Büroausstattung betraf, so war man dreißig Jahre hinter der Zeit zurück. Von Computern keine Spur, und das Telefon erinnerte sie an das ihrer Eltern, als sie noch zur Schule ging.

Eine kleine rote Diode blinkte neben dem Hörer. Neugierig drückte sie auf den Lautsprecher, um die Nachricht zu hören, die nach den Datums- und Uhrzeitangaben heute um 13:10 Uhr eingegangen war.

Marc. Hier noch mal Catherine Aumonier. Ich muss dich wirklich sprechen, was meine Nachricht von heute Morgen betrifft. Danke im Voraus für deinen Rückruf.

Da es keine weiteren neuen Nachrichten gab, hörte sich Roxane die vorherige von 07:46 Uhr an.

Hallo Marc, hier ist Catherine Aumonier, stellvertretende Leiterin der psychiatrischen Krankenstation der Pariser Polizeipräfektur. Ich rufe dich an, um deine Meinung in einem recht merkwürdigen Fall einzuholen. Wir haben gestern Morgen eine junge Frau aufgenommen, die von der See- und Flussbrigade splitternackt aus der Seine gefischt wurde und die sich an nichts erinnern kann. Da ich deine Mail-Adresse nicht habe, schicke ich dir ihr Dossier per Fax. Ruf mich an, um mir zu sagen, ob du sie kennst. Bis später.

Neugierig spielte Roxane die Nachricht noch einmal ab. Wenn Batailley sie gehört hat – was die Diode neben dem Hörer vermuten ließ –, dann musste das nur wenige Minuten vor seinem Sturz gewesen sein.

Sie verspürte ein Prickeln in ihrem Bauch. Alles, was direkt oder indirekt die psychiatrische Krankenstation der Polizeipräfektur betraf – die berühmte 13P mit ihrer etwas mysteriösen Arbeitsweise –, hatte immer schon ihr Interesse geweckt. Catherine Aumonier behauptete, Batailley ein Fax geschickt zu haben. Roxane durchsuchte den Papierkram, die Bücher, die Magazine, die auf dem Schreibtisch gestapelt waren, fand aber keine Spur von dem Fax. Sie hatte registriert, dass sich der

Apparat neben dem Fotokopierer befand. Sie stieg die Treppe bis zur ersten Etage hinab. Valentine Diakité saß schmollend im Schneidersitz auf dem Parkett und ordnete irgendwelche Papiere.

»Haben Sie heute ein Fax erhalten?«, fragte Roxane.

Die Studentin begnügte sich mit einem stummen Kopfschütteln.

Es war nichts im Papierfach des Fotokopierers. Roxane versuchte, zu rekonstruieren, was passiert war. Marc war früh am Morgen gekommen. Er hatte die Nachricht von Catherine Aumonier abgehört und das Fax geholt, bevor er über die Treppe in sein Büro zurückgehen wollte. Und da war er gestürzt. Aber wo war dieses Fax jetzt? Roxane sah unter der Treppe nach, dann unter den Möbeln und den Metallschränken. Nichts. Dann folgte sie einer Eingebung: Sie ging zu dem Weihnachtsbaum, wo die Katze erneut auf irgendwelchen Unterlagen faulenzte, die nichts anderes waren als ... das Fax von Catherine Aumonier.

Sie glättete die beiden zusammengehefteten Blätter. Poutine hatte sie zum Teil zerrissen, doch man konnte das Dokument ohne Schwierigkeiten entziffern. Wie die stellvertretende Leiterin der 13P erklärt hatte, handelte es sich um die Aufnahmebestätigung einer Patientin mit schweren Gedächtnislücken. Der Bericht war knapp, doch das Foto der jungen Frau weckte ihre Neugier: ein zartes, ängstliches Gesicht, eingerahmt von langen Haaren, die bis auf die Schultern herabfielen.

Sie überlegte kurz, ob sie Catherine Aumonier anrufen sollte, beschloss dann aber, sich persönlich zu der psychiatrischen Krankenstation zu begeben. Sie hatte schon ihren Blouson angezogen, als ihr bewusst wurde, dass sie keinen Dienstwagen mehr hatte. Ihr Peugeot 5008 war in Nanterre geblieben, und sie würde ihn nicht so schnell zurückbekommen.

Auf dem Schreibtisch von Valentine entdeckte sie einen Jethelm ohne Visier in den Farben braun und gelb, versehen mit einem Riemen im Würfelmuster.

»Gehört dir der Motorroller, der vor dem Eingang geparkt ist?«, fragte Roxane und setzte den Helm auf. »Kannst du mir deine Schlüssel geben?«

GES   DERNIÈRE ÉDITION

MERCREDI 14 AVRIL 1971

0,70 F

Monde

5 rue des Italiens, Paris-IX⁰   Directeur : Jacques Fauvet

Algérie, 0,70 DA ; Maroc, 0,70 dir ; Tunisie, 70 m.
Allemagne, 0,80 DM ; Autriche, 5 sch ; Belgique,
7 fr ; Canada, 35 c ; Danemark, 1,60 cr.
Espagne, 8 pes ; Grande-Bretagne, 1,60 F ; Grèce,
10 dr ; Iran, 25 ri ; Italie, 1,20 l ; Liban, 0,60 L ;
Luxembourg, 7 fr ; Norvège, 2 kr ; Pays-Bas, 0,75 fl ;
Portugal, 7,5 esc ; Suède, 1,20 cr ; Suisse,
0,70 fr ; U.S.A., 50 cts ; Yougoslavie, 2,25 din

Tarif des abonnements page 31

C.C.P. PARIS N⁰4207-33
TELEX-PARIS   N⁰45572
Tél. : PRO. (770) 91-29

Police

Le Bureau des Affaires Non Conventionnelles

Le ministère de l'Intérieur et la préfecture de police de Paris (P.P.P.) viennent d'annoncer la création d'un Bureau des affaires non conventionnelles (B.A.N.C.) pour étudier scientifiquement certains phénomènes inexpliqués dont de nombreux citoyens apportent aujourd'hui le témoignage.

« Le B.A.N.C. aura pour mission d'examiner les manifestations d'événements en apparence irrationnels et de leur apporter, grâce aux moyens modernes d'investigation, des éclaircissements basés sur la science et la raison », a précisé le préfet de Paris, M. Jacques Lenoir. « La science nous apprend aujourd'hui qu'il y a derrière du visible simple, de l'invisible compliqué », poursuivit le préfet.

C'est au commissaire Emmanuel Castera qu'a été confiée la direction du Bureau. « Le B.A.N.C. permettra de centraliser les nombreuses observations de phénomènes non conventionnels déclarées auprès des services de gendarmerie ou des commissariats locaux », a déclaré M. Castera en acceptant sa mission. Le commissaire étudie déjà depuis des années, souvent sur son temps libre, ce type de témoignages. La création du B.A.N.C. légitime son intérêt et lui donne une caution officielle malgré quelques grincements de dents et moqueries de la part de ses collègues.

Après un prélèvement d'office

Au second tour des élections municipales

LES MAIRES DE QUELQUES GRANDES VILLES SONT MENACÉS

Tandis que les électeurs sont appelés à voter dimanche dans la moitié des communes de France où des ballottages se sont produits au premier tour, les conseils municipaux élus dès le 14 mars commencent à élire leurs maires.

C'est ainsi que MM. Jacques Chaban-Delmas, premier ministre, Raymond Marcellin, ministre de l'intérieur, et Achille Peretti, président de l'Assemblée nationale, ont été réélus à Bordeaux, Vannes, et à Neuilly. MM. Robert Poujade, ministre délégué auprès du premier ministre chargé de la protection de la nature et de l'environnement, Pierre Billecocq, secrétaire d'État auprès du ministre de l'éducation nationale et Jacques Limoury, secrétaire d'État auprès du ministre délégué chargé des relations avec le Parlement, ont été élus respectivement à Dijon, La Madeleine (Nord) et Castres (Tarn). M. Yvon Bourges, secrétaire d'État auprès

Büro zur Aufklärung
außergewöhnlicher Fälle

Soeben haben das Innenministerium und die Pariser Polizeipräfektur die Einrichtung eines Büros zur Aufklärung außergewöhnlicher Fälle bekanntgegeben, in dem bestimmte unerklärliche Phänomene, die heutzutage von zahlreichen Bürgern gemeldet werden, wissenschaftlich untersucht werden sollen.

»Diesem Büro kommt die Aufgabe zu, das Auftreten scheinbar irrationaler Ereignisse zu untersuchen und mithilfe moderner Untersuchungsmethoden auf der Grundlage von Wissenschaft und Vernunft aufzuklären«, präzisiert der Pariser Präfekt Monsieur Jacques Lenoir. »Die Wissenschaft lehrt uns heute, dass es hinter dem einfachen Sichtbaren das komplizierte Unsichtbare gibt«, fährt der Präfekt fort.

Die Leitung des neuen Büros wurde Kommissar Emmanuel Castera übertragen. »Das neue Büro ermöglicht die zentrale Erfassung zahlreicher Meldungen zu außergewöhnlichen Phänomenen, die bei der Gendarmerie oder den örtlichen Polizeistationen eingehen«, erklärt Monsieur Castera bei seinem Amtsantritt. Schon seit vielen Jahren geht der Kommissar, teils auch in seiner Freizeit, solchen Meldungen nach. Die Gründung des Büros zur Aufklärung außergewöhnlicher Fälle legitimiert sein Interesse und verleiht ihm einen offiziellen Charakter – auch wenn manche seiner Kollegen ihn deshalb zähneknirschend verspotten mögen.

2 Die Krankenstation

*»Warum habe ich mich überhaupt ins Wasser
gestürzt?«, dachte die Neuangekommene. [...]
Mein armer Kopf ist nur noch von Algen und
Muscheln bevölkert. Und mir ist ganz danach
zumute, das sehr traurig zu finden, obwohl
ich nicht mehr ganz sicher weiß,
was dieses Wort bedeutet.*

Jules Supervielle, *Das Kind vom hohen Meer*

1.

»Sie kommen zu spät«, erklärte Catherine Aumonier.

Die stellvertretende Leiterin – kräftige Statur, weißer Kittel, strenge Miene, eine Halbbrille auf der Nase – schien etwas verärgert. Hinter ihrem kleinen Metallschreibtisch musterte sie die Polizistin misstrauisch.

»Was soll denn das heißen?«, fragte Roxane.

»Die Unbekannte aus der Seine ist nicht mehr bei uns«, antwortete Aumonier.

Hinter der vorwurfsvollen Haltung der Ärztin spürte Roxane eine gewisse Verlegenheit, ganz so, als hätte man sie auf frischer Tat ertappt.

»Nun erzählen Sie mal die ganze Geschichte von Anfang an«, bat sie.

Es war das erste Mal in ihrer Laufbahn, dass Roxane die Krankenstation der Pariser Polizeipräfektur betrat. Diese medizinische Einrichtung gab es nur in Frankreich, und sie stand einigermaßen in Verruf. Sie fungierte als eine Art psychiatrische Notaufnahme für Menschen, die die Polizei der Hauptstadt aufgesammelt hatte und die offensichtlich unter psychischen Störungen litten. Dieser vor eineinhalb Jahrhunderten gegründeten und der Aufsicht der Präfektur unterstellten Institution wurde regelmäßig intransparentes Gebaren vorgeworfen.

»Unsere Unbekannte wurde am Sonntagmorgen gegen fünf Uhr von der See- und Flussbrigade auf der Höhe des Pont-Neuf aus der Seine geborgen«, begann Aumonier, den Blick auf ihre Notizen gerichtet. »Sie war splitterfasernackt und trug lediglich eine Uhr am Handgelenk.«

Trotz ihres Interesses für diesen Fall fühlte Roxane sich unbehaglich. Das Büro war winzig und lag neben der Gefängniszelle. Das grünliche Licht und der Geruch nach Kohl, der in der Luft hing, verursachten ihr Übelkeit. Jeder Atemzug war eine Anstrengung.

»Am selben Tag gegen 10 Uhr hat man sie nach

einem kurzen Aufenthalt in der Polizeiabteilung des Krankenhauses Hôtel-Dieu zu uns gebracht.«

Aumonier reichte der Polizistin die vom Krankenhaus ausgefüllte ärztliche Bescheinigung. Roxane überflog sie rasch: Der Arzt hatte sich damit begnügt, einige Kästchen anzukreuzen und eine kurze Zusammenfassung hinzuzufügen: *Die Eingelieferte weist psychische Störungen auf, die die Sicherheit anderer sowie ihre eigene gefährden könnten.* Die Unbekannte hatte sich geweigert, ihre Fingerabdrücke nehmen zu lassen, und das Team der Polizeiabteilung hatte sie nicht dazu gezwungen, da ihr keine Straftat zur Last gelegt wurde – außer vielleicht, dass sie nackt in der Seine gebadet hatte.

»Als die junge Frau aus dem Wasser geborgen wurde, war sie desorientiert, völlig durch den Wind. Sie konnte nicht eine einzige Frage beantworten. Im Hôtel-Dieu hat sie sich noch einigermaßen ruhig verhalten, aber als sie bei uns ankam, ist sie komplett ausgerastet.«

Catherine Aumonier öffnete eine Datei auf ihrem Laptop und drehte dann den Bildschirm zu Roxane.

»Alles wurde von den Sicherheitskameras gefilmt. Wir haben ihr Beruhigungsmittel verabreicht, aber die haben nur bedingt gewirkt. Sie war sehr aufgewühlt, kratzte sich und riss sich büschelweise Haare aus.«

Roxane betrachtete die Bilder. Eine vollständig verloren wirkende, junge Frau im Bademantel. Ein langes, gespenstisch aussehendes und sehr schmales Gesicht, gefangen in Traurigkeit und Wahnsinn.

»Und man konnte überhaupt nicht mit ihr kommunizieren?«

»Ich denke, sie hat die meisten der ihr gestellten Fragen nicht einmal verstanden«, antwortete Aumonier.

»Haben Sie eine Diagnose stellen können?«

»Bei so wenigen Elementen ist das schwierig. Eine Mischung aus Wahnzuständen und dissoziativer Amnesie.«

»Ist es möglich, dass sie simuliert hat?«

»Das ist immer möglich, aber meiner Ansicht nach hier nicht der Fall. Sie schien ein starkes Trauma erlitten zu haben. Nach vierundzwanzig Stunden hatte sich ihr Zustand nicht verbessert, aber sie hat dennoch einen Satz gesagt, der mich verwundert hat. Sie wollte, dass wir Marc Batailley anrufen.«

»Hat sie das gesagt?«

»Sie hat es mehrmals wiederholt wie eine Bitte: *Sie müssen Marc Batailley anrufen!*«

»Sie hat es auf Deutsch gesagt?«

»Ja.«

»Und Sie wussten, wen sie meinte?«

»Ja, ich habe Marc oft getroffen, als ich noch am Quai de la Rapée gearbeitet habe.«

»Im Rechtsmedizinischen Institut?«

Aumonier nickte.

»Ich habe Batailley zwei Nachrichten hinterlassen, aber er hat nicht zurückgerufen.«

Bei ihrer Ankunft in der psychiatrischen Krankenstation hatte Roxane nicht erwähnt, dass sie den Anrufbeantworter beim BANC abgehört hatte. Aumonier nahm an, die Präfektur habe sie geschickt, und Roxane hatte sie nicht aufgeklärt.

»Und dann?«

Die stellvertretende Leiterin kratzte sich mit dem kleinen Finger am Ohr. Sie erinnerte an einige der holländischen Bäuerinnen, die van Gogh bei der Vorbereitung seines Gemäldes *Die Kartoffelesser* porträtiert hatte: rotes Gesicht, grobe Züge, niedrige Stirn, Stumpfnase.

»Wir haben das Mädchen noch einige Stunden hierbehalten, aber wir hatten großen Andrang und mussten das Zimmer räumen.«

»Könnte ich es mir ansehen?«

Mühsam erhob sich die stellvertretende Leiterin von ihrem Stuhl.

»Normalerweise haben wir sechs oder sieben Einlieferungen pro Tag, aber am Montag waren es elf.«

Seufzend knöpfte sie ihren Kittel zu, der die Insignien der Präfektur trug.

»Wir wissen wirklich nicht, was im Moment los ist. Fantasten, Süchtige, Paranoide, Obdachlose, Migranten – wir kommen gar nicht mehr nach. Was zu viel ist, ist zu viel.«

2.

Die Flügeltür öffnete sich auf einen langen gelblichen Gang, von dem zu beiden Seiten dunkelrot gestrichene Türen abgingen. Auf der linken Seite lagen die Büros, die Küche, der Ruheraum und der Medikamentenraum, auf der rechten die Zimmer und die Dusche. Fenster gab es nicht. Jegliche Helligkeit schien abgeschirmt zugunsten eines trüben, schmutzigen Lichts.

Ein dumpfes, beunruhigendes Gemurmel hallte von den Wänden wider. Es war Essenszeit. Zwei Krankenschwestern verteilten Tabletts. Auf dem Speiseplan stand gekochter Fisch, Rosenkohl und Quark.

»Rechtmäßig dürfen die Patienten maximal achtundvierzig Stunden hierbleiben«, erklärte Aumonier. »Anschließend werden einige von ihnen ins Krankenhaus eingewiesen, die anderen werden wieder auf freien Fuß gesetzt oder im Rahmen von Ermittlungen wegen eines Verbrechens oder Vergehens in ein Kommissariat überstellt.«

Hinter einer Plexiglasscheibe brüllte ein zahnloser Mann in einem blauen Schlafanzug: »Mir ist kalt! Mir ist heiß! Mir ist kalt! Mir ist heiß! Ich will meinen Sprit! Will nach Knokke le Zoute!«

»Nachmittags hatten wir keine andere Wahl mehr«, fuhr Aumonier fort. »Wir mussten das Mädchen irgendwo anders unterbringen. Mit den Neuaufnahmen hatten wir hier zwanzig Patienten, dabei verfügen wir nur über sechzehn Betten, die auf zehn Zimmer verteilt sind.«

»Und haben Sie eine Unterkunft für sie gefunden?«

»Natürlich! Wir haben alle Hebel in Bewegung gesetzt und schließlich einen Platz im psychiatrischen Zentrum Jules-Cotard für sie aufgetan. Das ist eine kleine Klinik, nicht weit entfernt, in der Nähe des Friedhofs Montparnasse. Aber bei der Überstellung ist dann alles schiefgegangen. Wir haben sie verloren.«

»Verloren? Sie wollen sagen, die Patientin ist geflohen?«

Aufgrund des vorwurfsvollen Tons, den Roxane anschlug, reagierte Aumonier gereizt.

»Normalerweise verfügen wir über vier Sicherheitsleute. Aber der eine hatte seinen freien Tag, der andere ist angeblich krank, und der dritte kommt nicht mehr, seit er seine Versetzung beantragt hat. Der Vorschrift zufolge muss jeder Transfer von zwei Sicherheitsmännern begleitet werden, aber an diesem Nachmittag gab es nur einen.«

Die psychiatrische Krankenstation litt unter dem französischen Syndrom: Das Land war zu hoch besteuert und zu stark verwaltet, aber nichts funktionierte. In einiger Entfernung randalierte der Zahnlose weiter in seinem Zimmer: »Ich will Diesel! Will nach Oberwiesel! Ich will lieber ein Mammut essen als dieses fiese Fressen.«

»Was genau ist passiert?«

»Sie ist dem Sicherheitsmann auf dem Hof der Clinique Cotard entkommen.«

Als sie das Zimmer Nummer 6 erreichten, wischte sich Aumonier die Nase am Ärmel ab und sagte: »Hier ist es.«

Ein Aufseher, gebaut wie ein Kleiderschrank, sperrte ihnen die Tür auf. Es handelte sich um eine kleine Zelle von zehn Quadratmetern ohne Dusche und Fensterläden. Außer einem am Boden verschraubten Metallbett und einer chemischen Toilette, wie sie auf Baustellen oder Campingplätzen zu finden sind, gab es nichts. An den Wänden erzählten Graffitis die Geschichte der Bewohner.

»Du bist nur ein Arschloch, ohne was drum rum«, rief der Patient der stellvertretenden Leiterin zu.

Wie gelähmt saß er im Schneidersitz auf dem Bett und stieß Beschimpfungen aus. Unbehaglich musterte Roxane ihn aus dem Augenwinkel. Mit seinem schiefen Kinn, einem blinden Auge und dem auf den Unterarm tätowierten Anker erinnerte er an Popeye.

»Schick mir deine Mutter vorbei, um dich noch mal zu fabrizieren!«, schrie er weiter.

Aumonier ignorierte den Obdachlosen und kam der Frage zuvor, die Roxane ihr stellen wollte.

»Da wir das Zimmer direkt nach ihrer Überführung desinfiziert haben, wird die Spurensicherung nicht viel finden.«

Roxane überlegte. Sie war nicht sicher, dass die Männer von der Spusi wegen so einer Sache herkommen würden. Das Kommissariat des 14. Arrondissements würde eine Fahndung einleiten. Die Beamten aus der Rue du Maine würden in der Umgebung der Clinique Cotard Patrouille fahren und hoffen, dass das Mädchen wieder auftauchte. Aumonier wusste, dass sie Mist gebaut hatte, aber sie hatte ein Ass im Ärmel.

»Farouk, einer unserer Aufseher, war geistesgegenwärtig genug, die Haare aufzusammeln, die sich das Mädchen ausgerissen hat.«

Sie zog einen kleinen verschlossenen Plastikbeutel aus der Tasche, der eine Handvoll blonder Haare enthielt. Roxane betrachtete ihn skeptisch. Das war besser als nichts, auch wenn sie nicht sicher war, dass genügend Haarwurzeln enthalten waren, um die DNA bestimmen zu können. Ganz zu schweigen von dem Risiko, dass die Probe unbrauchbar sein könnte. Erneut ließ sie den Blick durch das Zimmer wandern und hielt bei der chemischen Toilette inne.

»Haben Sie die gereinigt?«

»Natürlich, das Auffangbecken wird bei jedem Patienten gewechselt. Nach dem Prinzip von Katzenstreu.«

»Versuchen Sie, das Becken der Unbekannten zu finden, und entnehmen Sie, so gut es geht, Proben.«

»Nach was genau suchen wir?«

Roxane zuckte mit den Schultern.

»Ihre Pisse, ihre Scheiße, alles, was Sie finden.«

3.

19 Uhr. Roxane saß auf Valentine Diakités Motorroller. Der eisige Wind lähmte ihr Gesicht, durchbohrte ihren Körper und brannte an ihren Händen. Der Lederblouson und das Langarm-T-Shirt schützten sie nicht ausreichend gegen die beißende Kälte der Nacht.

An der Place Denfert-Rochereau bog sie in den Boulevard Raspail ein, um ihr neues Büro zu erreichen. Die Straße war verstopft, und der Verkehr wurde wegen der nicht enden wollenden Bauarbeiten, die die Hauptstadt verschandelten, teilweise umgeleitet. Roxane war in Paris geboren, aber in einem solchen Zustand hatte sie die Stadt noch nie gesehen. Seit Monaten gab es mehr und mehr Baustellen. Keine Straße, keine Kreuzung, kein Häuserblock ohne aufgebaggerte Bürgersteige. Das Schlimmste war, dass die meisten Baustellen verwaist waren. Die Arbeiter hatten Gräben ausgehoben und waren dann aus unbekanntem Grund woanders eingesetzt worden. Ohne dass sich die Behörden weiter darum kümmerten, blieben die Baugruben wochenlang offen, geschützt durch grässliche, graugrüne Blechbarrieren, die am Wochenende den Demonstranten dazu dienten, die Polizei anzugreifen.

Der Fall der »Unbekannten aus der Seine« ging ihr nicht aus dem Kopf. Dieser Vorfall hatte etwas Poetisches, das ihr gefiel. Er erinnerte sie an einen literarischen

Stoff, an dem sie in ihrem Vorbereitungskurs gearbeitet hatte. Eine junge Frau hatte Ende des 19. Jahrhunderts in der Seine Selbstmord begangen, und man hatte ihre Leiche in der Nähe einer Brücke geborgen. Der Angestellte des Leichenschauhauses war so sehr von ihrer Schönheit fasziniert, dass er heimlich einen Abguss ihres Gesichts angefertigt hatte. Später wurden aus Gips Kopien dieser Totenmaske hergestellt, und im Laufe der Jahre war sie zu einer Ikone geworden, die Anfang des folgenden Jahrhunderts in zahlreichen unkonventionellen Pariser Künstlerwohnungen zu finden war. Louis Aragon erwähnte sie in seinem Roman *Aurélien* und nannte sie »die Mona Lisa des Selbstmords«. Auch Supervielle widmete ihr eine Novelle, und Camus besaß eine Kopie der Maske in seinem Arbeitszimmer. Die Harmonie ihres Gesichts faszinierte, sie war von einzigartiger Schönheit – hohe, ausgeprägte Wangenknochen, glatte Haut, halb geschlossene Augen mit feinen Wimpern und ein kleines mysteriöses Lächeln, erstarrt in Frohsinn, so als hätte der Übertritt auf die andere Seite des Lebens sie in einen Zustand absoluter Glückseligkeit versetzt.

In der Rue de Sèvres riss Roxane ein E-Roller, der ihr in verkehrter Richtung entgegenkam, aus ihren literarischen Betrachtungen. Sie konnte gerade noch ausweichen und entkam schließlich dem dichten Verkehr, indem sie in die Rue du Bac einbog. Halb erfroren fuhr sie mit dem Roller durch das große Tor und im Hof weiter bis zur Nummer 11 a, wo sie parkte. Als sie die Tür zum Glockenturm öffnete, schien ihr die Atmosphäre ihres Büros ein wahres Vergnügen: die Wärme, die beruhigenden Klavierklänge, der Weihnachtsschmuck, der sie an ihre Kindheit erinnerte, und der Sibirische Kater, der sich sofort an ihren Beinen rieb.

There's no place like home ...

Im zweiten Stock saß Valentine Diakité noch immer an ihrem Schreibtisch, und Roxane wurde klar, dass es nicht so leicht wäre, sie loszuwerden.

»Und?«, fragte Valentine strahlend und neugierig, mehr zu erfahren.

Von ihrer Spontaneität gerührt und nicht ohne Hintergedanken, fasste Roxane kurz ihren Besuch in der psychiatrischen Krankenstation zusammen.

»Wenn du mir wirklich helfen willst, dann ist dies der geeignete Moment!«, sagte sie, als sie ihren Bericht beendet hatte.

Sie zog die kleinen Plastiktütchen aus der Innentasche ihres Blousons, das eine enthielt die Haarsträhnen, das andere ein kleines Röhrchen mit der Urinprobe der Unbekannten.

»In einer halben Stunde fährt an der Gare du Nord ein TGV ab, du kannst um 21 Uhr in Lille sein.«

»In Lille?«

»Dort befindet sich das europäische Institut für genetische Fingerabdrücke, eines der wichtigsten Privatlabore im Norden Frankreichs.«

Valentine machte sich bereits Notizen auf ihrem Handy.

»Meine Dienststelle, die Zielfahndungseinheit, arbeitet oft mit ihnen zusammen, als Ergänzung zum Nationalen Institut für Kriminaltechnologie«, fuhr Roxane fort. »Ihre Stärke liegt in der Schnelligkeit, vor allem, wenn man Untersuchungsergebnisse braucht, bevor ein Polizeigewahrsam abläuft.«

»Aber es hat Sie doch noch niemand mit diesem Fall beauftragt!«

»Wer weiß das schon?«, entgegnete Roxane. »Du fährst hin und übergibst das genetische Material einem Typen namens Johan Moers.«

»Um 9 Uhr abends?«

»Das ist kein Problem, der Typ ist etwas *strange*, er schläft sogar dort. Um es dir leichter zu machen, kündige ich deinen Besuch per SMS an.«

Roxane hatte angenommen, Valentines Einsatzbereitschaft würde bei der ersten Schwierigkeit nachlassen, aber mitnichten.

»Alles klar«, sagte die Doktorandin, während sie ihren Helm aufsetzte.

Sie schob die Proben in ihre Lady-Dior-Tasche und reichte Roxane eine elfenbeinfarbene Visitenkarte.

»Schicken Sie mir die Fahrkarten und die Adresse des Labors an meine Mail-Adresse?«

»Wird gemacht. Du bist vor Mitternacht wieder zurück in Paris.«

4.

Froh, allein zu sein, ließ Roxane sich auf dem Chesterfield-Sofa nieder, schrieb eine SMS an Johan Moers, buchte online die Zugtickets, starrte dann eine Weile ins Leere und ließ vor ihrem inneren Auge noch einmal die Aufzeichnungen der Überwachungskamera abspulen. Das Gesicht der Unbekannten, die man aus der Seine geborgen hatte, war zugleich durchschnittlich und faszinierend. Sie erinnerte sie an die Mazonen, die ausgemachten Feinde von Captain Harlock. Pflanzenähnliche Frauen, bestehend aus Pflanzensäften und -fasern, die schön, aber auch gefährlich waren.

In einer anderen SMS erinnerte Roxane Catherine Aumonier daran, ihr den Namen, die Adresse und den Bericht des Sicherheitsmannes zu schicken, der die Unbekannte hatte entkommen lassen. Dann rief sie im Hôpital Pompidou an, um sich nach Batailleys Zustand zu erkundigen. Sie wurde unzählige Male weiterverbunden, ehe sie endlich einen Arzt am Telefon hatte. Die Nachrichten waren nicht gut – der Polizist hatte zahlreiche Frakturen und ein schweres Schädeltrauma. Man hatte ihn in ein künstliches Koma versetzt, um operieren und die Hämatome absaugen zu können. Sein Zustand war zurzeit zwar stabil, aber dennoch lebensbedrohlich.

Sie beendete ihre Kommunikationsarbeit mit einem

SMS-Austausch mit Louise Veyron, der Koordinatorin der Direktion für öffentliche Ordnung, der die See- und Flussbrigade unterstand. Die beiden Frauen, die sich ein wenig kannten, verabredeten für den nächsten Tag ein formloses Treffen mit dem Taucher, der die Unbekannte in der Nacht von Samstag auf Sonntag aus der Seine geborgen hatte.

Roxane sah kurz ihre Wohnung vor sich – Beton, grau, kalt, einsam, der Ruf des Nichts – und fühlte sich nicht in der Lage, nach Hause zu gehen. Auch wenn sie keine saubere Kleidung hatte, beschloss sie, in der gemütlichen Atmosphäre des Glockenturms zu verweilen.

In der Küche entdeckte sie neben dem Kühlschrank einen kleinen Weinvorrat. Sie begutachtete ihn und entschied sich für eine Flasche Weißwein – Pessac-Léognan, Domaine de Chevalier 2011. Sie schenkte sich ein erstes Glas ein, das sie trank, obwohl es ihr nicht schmeckte. Nur um den Alkohol im Blut zu spüren. Das zweite war schon wesentlich besser, der Wein war hervorragend, fruchtig und leicht holzig mit einer Note von weißem Pfirsich und Haselnuss. Batailley hatte Geschmack.

Sie nahm die Flasche mit in den obersten Stock und machte sich an dem alten Gusseisenheizkörper zu schaffen, um seine Leistung zu erhöhen. Kälte hatte ihr nie etwas ausgemacht, aber in letzter Zeit wurde sie immer empfindlicher. Ganz unvermittelt überkamen sie Kälteschauer, die ihr bis ins Mark drangen und sie lähmten. Sie hüllte sich in ein großes schottisches Wollplaid, das zusammengefaltet auf dem Sofa lag, und sah sich Batailleys Plattensammlung an. Auch hier hatte er eine gute Wahl getroffen. Der Polizist liebte offensichtlich klassische Musik. Es gab einen großen Stapel CDs, zum Teil noch ungeöffnet. Seine Vorliebe galt Schubert, Beethoven und Satie, interpretiert von Klaviergrößen wie Krystian Zimerman, Daniel Barenboim, Martha Argerich, Milena Bergman, Aldo Ciccolini.

Das Beben der Glasscheiben unter dem Ansturm der Windböen verstärkte den Eindruck, sich in einem Leuchtturm zu befinden. Die Nacht war klar. Von hier oben sah Roxane die Stadt aus einer ganz neuen Perspektive. In einer Ecke des Zimmers entdeckte sie einige zusammengeklappte Holzstufen. Einmal ausgefahren, gewährten sie Zugang zu einer Schiebetür, die auf eine winzige Terrasse neben dem Wassertank führte.

Der Wind blies stark, war aber auch belebend. Dieser Turm hatte ihr auf der Stelle gefallen, und sie hatte sich hier sofort zu Hause gefühlt. Als sie jetzt auf dem Zinkdach saß, fühlte sie sich wie die Hüterin der Hauptstadt, die in ihrem Ausguck über der Pariser Nacht schwebte. Das Treiben und die Lichter waren hypnotisierend. Immer wieder gab es eine Kleinigkeit, die ihre Aufmerksamkeit erregte. Roxane zog das Plaid fester um die Schultern, während vor ihrem inneren Auge ein neues Bild erschien: die Zinnen einer Burg. Hier fühlte sie sich vorübergehend sicher. Hier würde niemand sie suchen.

Und falls doch, hätte sie Zeit genug, sich zu verteidigen.

Dienstag, 22. Dezember

3 Milena Bergman

> *Man weiß nichts von ihr ... eine Unbekannte ...*
> *die sich in die Seine gestürzt hat,*
> *eine junge Frau, sie hat die Augen*
> *über ihrem Geheimnis geschlossen ...*
> *warum hat sie das getan? Aus Hunger, aus Liebe ...*
> *Man kann sich ausdenken, was man will ...*
>
> Louis Aragon, *Aurélien*

1.

Als Roxane, vom Licht geweckt, die Augen aufschlug, wusste sie zunächst nicht, wo sie sich befand: Eingehüllt in ein dickes schottisches Plaid, ein Sibirischer Kater an ihre Beine geschmiegt, schwebte sie über den Dächern, mitten im Himmel, mit reflektierenden Zink-, Kupfer- und Schieferplatten.

Sie erhob sich, rieb sich die Augen und kam langsam zu sich. Es war stickig und heiß. Ihr T-Shirt war durchgeschwitzt, und die Decke klebte ihr an den Beinen. Sie drehte den Heizkörper herunter, der zwar nur mühsam in Gang gekommen, dann aber die ganze Nacht über auf Hochtouren gelaufen war. Das Positive: ein meteorologischer Festtag. Zum ersten Mal seit Tagen gewährte die Sonnenkönigin der Hauptstadt ihre Gunst.

Wie die Prinzessin auf der Erbse massierte Roxane Nacken und Schultern bis hin zu den Wirbeln. Das Chesterfield-Sofa machte zwar viel her, war aber als Bett völlig ungeeignet – erst recht, wenn man auf die vierzig zuging.

Von Poutine gefolgt, stieg sie hinab in den ersten Stock, wo sie eine Kaffeemaschine entdeckt hatte. Um dem Miauen des Tiers ein Ende zu bereiten, gab sie etwas Trockenfutter auf einen Teller und stellte einen Napf mit Wasser dazu. Dann fand sie über der Küchentheke eine Steckdose, an der sie ihr Handy aufladen konnte. Sie hatte leichte Kopfschmerzen, aber durchaus schon Schlimmeres erlebt. Während sie sich einen Kaffee machte, konsultierte sie ihre Nachrichten. Aumonier hatte ihr den Bericht und den Namen des Sicherheitsmannes geschickt, der die Unbekannte hatte entkommen lassen – ein gewisser Anthony Moraes, der im Viertel Saint-Philippe-du-Roule wohnte. Vor allem aber hatte sie einen Anruf in Abwesenheit von Johan Moers, dem Biologen aus Lille, dem Valentine die Haarproben gebracht hatte. Sie rief ihn gleich zurück.

»Ich habe deine Ergebnisse, Roxane.«

»Schon? Ich hatte Angst, die Proben könnten kontaminiert sein oder nicht genügend Follikel enthalten.«

»Die Technik der Haaranalyse hat sich in den letzten Jahren recht gut weiterentwickelt«, antwortete der Kriminaltechniker. »Ich habe die Untersuchung nicht selbst vorgenommen, aber mein Assistent hat zwei oder drei Haarzwiebeln gefunden, die genügend genetisches Material enthielten. Ich sehe die Ergebnisse auf meinem Bildschirm.«

»Super! Könntest du sie an meinen Stellvertreter Botsaris mailen?«

»Ich müsste ihn in meinen Kontakten haben, lass mich nachsehen ... Ja, da ist er. Wusstest du, dass jeder Mensch täglich durchschnittlich fünfzig bis hundert Haare verliert?«

»Nein, aber dank deiner Hilfe beginne ich den Tag mit dieser guten Nachricht.«

»Wenn wir schon bei den guten Nachrichten sind – in der ersten Januarwoche bin ich in Paris. Gehen wir zusammen mittagessen?«

»Klar.«

»Das antwortest du jedes Mal und sagst dann doch kurz vorher wieder ab.«

»Du misst der Unterhaltung mit mir zu viel Bedeutung bei, Johan.«

»Ehrlich gesagt, ist es nicht so sehr die Unterhaltung, die mich interessiert ...«

»Also Salut, Johan.«

Zufrieden beendete sie das Gespräch. Das erste Hindernis des morgendlichen Hürdenlaufs hatte sie gut gemeistert. Die zweite Etappe war Botsaris.

Als sie gerade die Nummer wählen wollte, hörte sie das Quietschen der Eingangstür. Kurz darauf erschien Valentine Diakité herausgeputzt, elegant und energiegeladen in der Küche.

»Ich komme nur kurz vorbei, bevor ich ins Krankenhaus gehe. Ich wusste nicht, dass Sie vorhatten, hier zu schlafen.«

»Ich auch nicht«, stammelte Roxane, der es unangenehm war, direkt nach dem Aufstehen überrascht zu werden.

»Ich habe Croissants mitgebracht, wollen Sie eines?«

Roxane bedankte sich für Valentines Reise nach Lille am Vorabend und fasste die Informationen zusammen, die sie ihrerseits bekommen hatte.

Die Doktorandin verabschiedete sich ebenso schnell, wie sie aufgetaucht war. Roxane blieb eine Weile reglos an der Küchentheke sitzen. Verunsichert und überrascht fragte sie sich, ob dieses Intermezzo real gewesen war. Mit einem Ruck befreite sie sich aus der intensiven Duftwolke von Valentines Parfum – ein süßlicher, honigartiger Geruch nach hellem Holz und Lindenblüten – und bekam sich wieder so weit in den Griff, dass sie die Nummer ihres Stellvertreters wählen konnte.

»Hallo, Botsa.«

»Roxane? Wie geht es dir? Freut mich, von dir zu hören.«

»Hast du zwei Minuten Zeit?«

»Ich bin gerade mit Gibernet und einem Beamten vom OCRVP, der Zentralstelle zur Bekämpfung von Gewalt gegen Personen, auf dem Weg nach Nantes. Wir müssen etwas im Fall Claret-Tournier überprüfen.«

Roxane schloss die Augen. Im Hintergrund hörte sie den Verkehrslärm und einige Fetzen einer angeregten Unterhaltung. Die raue Tonspur der Arbeit vor Ort war voller Dringlichkeit und Adrenalin, die ihr heute vorenthalten wurden.

»Sorbier hat es mir erzählt«, fuhr Botsaris fort. »Ich wollte dir eine Nachricht hinterlassen, aber ...«

Sie unterbrach ihn und kam direkt zur Sache: »Mach dir keine Sorgen um mich. Kannst du mir einen Gefallen tun?«

»Lass erst mal hören, bei dir weiß man ja nie.«

»Johan Moers mailt dir ein DNA-Profil, ich möchte, dass du es mit der nationalen Gendatenbank Fnaeg abgleichst.«

»Roxane! Das ist sehr riskant!«

»Schmuggel es einfach heimlich bei einer anderen Ermittlung unter. Das haben wir doch schon, ich weiß nicht, wie oft, so gemacht!«

Aber Botsaris war zu vorsichtig, um am Telefon einzugestehen, dass er widerrechtlich die nationale Gendatenbank konsultiert hatte.

»Bitte, verwickele mich nicht in deine …«

»Ich will nur etwas überprüfen.«

»Nicht heute.«

»Es ist wichtig für mich.«

»Du wirst dich nie ändern. Das ist deprimierend.«

»Danke, Botsa.«

2.

Nachdem sie geduscht hatte, zog sie ihre Kleidung vom Vortag an und beschloss, angesichts des schönen Wetters zu Fuß zum Quai Saint-Bernard zu gehen, wo sie einen der Taucher treffen sollte, der Samstagnacht die Unbekannte aus der Seine geborgen hatte. Bei Sonnenschein war der Weg angenehm: Saint-Germain, Odéon, la Sorbonne, dann die Kais. Die widerwärtige Feuchtigkeit der letzten Wochen war kalter, trockner Luft gewichen, und das gute Wetter änderte alles.

Unterwegs begann sie ihre Jagd nach Neuigkeiten und ärgerte sich über die administrative Trägheit des Kommissariats des 14. Arrondissements. Die Sache war keinen Deut vorangekommen. Am Vorabend war eine Suchmeldung herausgegeben worden, und ein Streifenfahrzeug fuhr in der Gegend des psychiatrischen Zentrums Jules-Cotard Patrouille, ohne bisher etwas Auffälliges bemerkt zu haben. Dasselbe bei der zivilen Einsatztruppe BAC: Keiner der Diensthabenden hatte bei den nächtlichen Kontrollfahrten die Unbekannte gesehen. Roxanes letzter Anruf galt der Koordinatorin der Direktion für öffentliche Ordnung und Verkehr, die sie vor Ort erwartete.

Nachdem Roxane beim Überqueren der Schnellstraße beinahe überfahren worden wäre, musste sie eine gute Weile nach dem Weg suchen, der zu den Kais führte. Das Hauptquartier der See- und Flussbrigade bestand aus vier geometrischen und ziemlich hässlichen Gebäuden am Quai Saint-Bernard. Der gesamte Komplex erhob sich auf einem zementierten Anlegesteg und erinnerte eher an modulare Baucontainer; auf beiden Seiten fuhren Schlauchboote, Zodiacs und ein Patrouillen-Schnellboot. Aber das Gebiet war von Platanen, Trauerweiden und japanischen Zierkirschen gesäumt, die ebenso wie der silbrige Schimmer der Seine ein angenehmes Panorama schufen.

Louise Veyron rauchte eine Zigarette, während sie vor dem Hauptgebäude wartete. Neben ihr stand ein großer dunkelhaariger Mann, der direkt aus seiner Thermoskanne Kaffee trank. Die Koordinatorin machte sie miteinander bekannt.

»Brigadier Bruno Jean-Baptiste, Capitaine Roxane Montchrestien. Bruno hat den Einsatz geleitet, der Sie interessiert.«

Das Gespräch begann etwas zäh. Die See- und Flussbrigade machte eine schwierige Phase durch, nachdem zwei Jahre zuvor der Tod einer Taucherin bei einem

Training einen Schock ausgelöst und dem Ruf der Brigade geschadet hatte. Um mit dem Kapitel abzuschließen, hatte man sogar die Kontrollinstanzen ausgetauscht, aber die Wunde war noch nicht verheilt. Ihr »Hauptkonkurrent«, die Hafenfeuerwehr, hatte ihr in manchen Medien den Rang abgelaufen und die Stelle des »Schutzengels der Seine« eingenommen.

Roxane versuchte, die Atmosphäre zu entspannen, indem sie mit offenen Karten spielte: Sie wollte nur die Unbekannte identifizieren, die die See- und Flussbrigade zwei Tage zuvor geborgen hatte.

»Erinnern Sie sich an den Einsatz?«

»Natürlich. Letzten Samstag gab es eine Unwetterwarnung für Paris«, erklärte der Brigadier. »Es hat bei heftigen Windböen vierundzwanzig Stunden durchgeregnet. Im Übrigen hat das Rathaus um 17 Uhr die Schließung der öffentlichen Parks bekannt gegeben.«

Jean-Baptiste musste an die zwei Meter groß sein. Mit der gebräunten Haut und dem schwarzen, nach hinten gekämmten Haar wirkte er wie ein Klotz, und die zarte Stimme passte so gar nicht zu dem athletischen Körperbau.

»Der Anruf ist um 4:28 Uhr eingegangen«, fuhr er fort, den Blick auf eine Doppelseite mit dem Einsatzbericht gesenkt. »Ein Mann behauptete, von seinem Fenster aus beobachtet zu haben, wie jemand auf der Höhe des Pont-Neuf ertrank.«

»Woher kam der Anruf?«

»Die meisten melden sich bei der Feuerwehr oder bei der Polizeinotrufzentrale, aber das war hier nicht der Fall.«

Der Taucher machte eine Kopfbewegung in Richtung des Gebäudes.

»Er hat uns direkt angerufen. Vermutlich hat er die Nummer im Internet gefunden. Das ist zwar selten, aber es kommt vor.«

»Hat er Kontaktdaten hinterlassen?«

Jean-Baptiste reichte Roxane das Blatt, und sie fotografierte die Information ab: Jean-Louis Candela, 12, Quai du Louvre.

»Wir sind direkt mit dem Cronos losgefahren – ein zweimotoriges Festrumpfschlauchboot mit zweimal hundertfünfzig PS.«

»Wie viele waren dabei?«

»Wie üblich waren wir zu dritt: ein Einsatzleiter, ein Bootsführer und eine Taucherin.«

»War es ein schwieriger Einsatz?«

»Strömender Regen kompliziert die Dinge immer. Ganz zu schweigen von den Sturmböen, die neunzig Stundenkilometer erreichten, aber trotz dieser Probleme waren wir in zwei Minuten vor Ort. Im Winter ist bei Selbstmordkandidaten oder Alkoholikern immer Eile geboten. Bei Strömung und Kälte kann es in fünf Minuten zu spät sein.«

»Haben Sie das Mädchen sofort gesehen?«

»Ja, sie war in der Tat am Ertrinken. Aber unsere Taucherin Myrielle hat sie ohne Probleme herausgeholt.«

»Wie viel Grad hatte das Wasser an diesem Abend?«

»Fünf oder sechs Grad.«

»In welchem Zustand war das Mädchen?«

»Na ... wie jemand, der eine ganze Weile nackt im kalten Wasser getrieben ist. Sie war völlig unterkühlt, im Schockzustand und hatte leichte Atemprobleme.«

Der Brigadier machte eine Pause und nahm einen großen Schluck Kaffee. Roxane beschirmte die Augen mit der Hand, um sich vor der Sonne zu schützen, die sich in der Seine spiegelte. Der Himmel war so klar wir selten. Am Horizont zeichneten sich die beiden Metallbögen des Pont de Sully ab, und im Hintergrund erkannte man die Westspitze der Île Saint-Louis mit der Silhouette der beiden im Wiederaufbau befindlichen Türme von Notre-Dame.

»Haben Sie sie ins Krankenhaus gebracht?«

»Zunächst haben wir den Quai de Conti angesteuert«, erklärte Jean-Baptiste. »Als wir ankamen, war die Polizei vom Revier Saint-Geneviève im 5. Arrondissement vor Ort. Man hatte sie gerufen, weil eine Drohne den Senat überflogen hatte. Im Moment ist es ein Kreuz mit diesen Dingern. Jeden Tag gibt es mindestens einen Alarm. Sie haben die Verantwortlichen nicht erwischt, aber angeboten, uns zu helfen. Das Krankenhaus Hôtel-Dieu liegt genau nebenan. Wir haben das Mädchen auf den Quai aux Fleurs gebracht, und die haben sie zur Notaufnahme gefahren.«

»Sie war in der Krankenhausnotaufnahme? Ich dachte, sie wäre direkt bei der psychiatrischen Krankenstation eingeliefert worden?«

Der Brigadier verzog das Gesicht.

»Wegen des Infektionsrisikos war es besser, sie zuerst in die Notaufnahme zu bringen.«

»Ist das Wasser jetzt nicht sauberer als früher? Die Pariser Bürgermeisterin Annie Hidalgo hat doch versprochen, dass man bis zu den Olympischen Spielen 2024 in der Seine baden kann.«

»Das Wasser war schon mal schmutziger«, pflichtete der Brigadier bei, »aber die bakteriologische Verseuchung ist noch ziemlich hoch. Da kann man sich alles Mögliche holen, vor allem *Escherichia Coli*, die führen zu Durchfall und Harnwegsentzündungen. Der Urin und die Rattenleichen, die im Wasser treiben, können schwere Fälle von Leptospirose auslösen.«

»Auch wenn man nur wenige Minuten im Wasser war?«

»Bei dem Mädchen waren vor allem die frischen Tätowierungen problematisch. Dadurch wird die Gefahr einer Hautinfektion erheblich erhöht.«

Roxane glaubte, wegen des Lärms, den die an einem Schlepper arbeitenden Mechaniker verursachten, nicht recht gehört zu haben.

»Das Mädchen hatte Tätowierungen?«

»Ja, an den Knöcheln.«

Die Sache mit den Tätowierungen war eine ernst zu nehmende Spur. Davon hatte Catherine Aumonier nichts erwähnt. Die psychiatrische Krankenstation der Polizeipräfektur hatte wirklich saumäßige Arbeit geleistet.

»Da das Mädchen nackt war, wäre es schwierig gewesen, diese Tattoos zu übersehen. Aber am meisten ist mir aufgefallen, dass sie auf die Schnelle und schlecht gemacht waren.«

»Was für ein Motiv war es?«

Jean-Baptiste kniff leicht die Augen zusammen und dachte nach.

»Das erste war einfach, es handelte sich um Efeublätter, die sich um den Knöchel wanden. Das andere war undeutlicher, es erinnerte mich an ein geflecktes Fell, so in die Richtung eines Leoparden, verstehen Sie? Wenn Sie wollen, kann ich versuchen, sie aufzumalen.«

»Das wäre sehr gut!«

Louise Veyron, die während des gesamten Gespräches geschwiegen hatte, zog einen Block und einen Stift aus ihrer Tasche. Nachdem der Brigadier sich an die Arbeit gemacht hatte, stellte Roxane ihm die letzten Fragen.

»Das Mädchen trug eine Uhr, nicht wahr?«

»Eine Uhr und ein Armband.«

Schon wieder eine Ungenauigkeit der psychiatrischen Krankenstation.

»Was glauben Sie, wie sie ins Wasser gelangt ist? Hat man sie hineingestoßen, oder ist sie gesprungen?«

»Woher soll ich das wissen? Auf alle Fälle wies ihr Körper keine offensichtlichen Angriffsspuren auf.«

Er ließ sich Zeit, um seine Zeichnung fertigzustellen, und meinte dann spöttisch: »Vielleicht war ja Magie im Spiel, so als hätte der Fluss sein Innerstes nach außen gekehrt.«

3.

Eine halbe Stunde später trommelte Roxane an die Tür einer kleinen Wohnung in der Rue du Commandant-Rivière im Viertel Saint-Philippe-de-Roule.

»Polizei!«

Die junge Frau, die ihr öffnete, war im Begriff, die Wohnung zu verlassen: zugeknöpfter Parka, um den Hals ein Schal und Umhängetasche über der Schulter. Sie hatte slawische Züge, helle Haut, und ihr Gesicht wirkte trotz des Make-ups müde.

»Capitaine Montchrestien, ich suche Anthony Moraes.«

»Tony ist gerade gegangen.«

»Wer sind Sie?«

»Seine Freundin. Wenn man so sagen kann.«

»Darf ich hereinkommen?«

»Nein, warum?«

Roxane warf einen Blick durch die geöffnete Tür, aus der der schale Geruch der Nacht drang. Die Wohnung bestand aus zwei zusammengelegten ehemaligen Dienstbotenkammern. Offensichtlich befand sich der Sicherheitsmann nicht dort.

»Wo finde ich Moraes?«

»Ich vermute, in seinem Stammcafé.«

»Wo ist das?«

»La Cavalina, an der Straßenecke.«

»Wie heißt du?«

»Warum duzen Sie mich?«

»Mach keine Zicken. Dein Name?«

»Stella Janacek.«

»Also hör gut zu, Stella. Wenn du in den kommenden zehn Minuten deinem Typen von meinem Besuch erzählst, wird dein Leben eine schwierige Wendung nehmen. Kapiert?«

Die Drohung schien zu wirken. Das zumindest wollte Roxane angesichts des Kopfnickens glauben, das sie als ein »Wenn Sie glauben, für diesen Kerl würde ich ein Risiko eingehen« interpretierte.

Roxane lief die Treppe hinunter. Sie wollte den Sicherheitsmann überraschen. Sie fand die Brasserie problemlos an der Ecke Rue Faubourg-Saint-Honoré. Es handelte sich um ein gediegenes Etablissement mit schwarzer Vorderfront, goldenen Zierblenden und einer kleinen von künstlicher Vegetation umrandeten Terrasse, die mit Kohlebecken beheizt wurde. Sie warf einen Blick ins Innere, ohne Anthony Moraes, dessen Foto sie in den sozialen Netzwerken gefunden hatte, zu entdecken. Nachdem sie die Tür geöffnet hatte, sah sie ihn schließlich, er saß an einem Tisch unter dem Glasdach und starrte auf sein Handy.

»Salut, Tony«, sagte sie und nahm ihm gegenüber Platz.

Der Wachmann zuckte zusammen, blickte erstaunt auf und steckte sein Samsung in die Tasche seines Blousons. Er war klein, hatte ein rundliches Gesicht, einen gelblichen Teint und buschige schwarze Brauen, die über der Nase zusammengewachsen waren.

»Wer sind Sie?«

»Capitaine Montchrestien von der Zielfahndungseinheit.«

»Was soll ich denn jetzt schon wieder angestellt haben?«

»Ich will, dass du mir von deinem gestrigen Missgeschick erzählst.«

Moraes zuckte mit den Schultern.

»Ich habe schon alles bei meiner Befragung gesagt.«

»Nein, du hast nur ein paar Fragen für den Bericht über den Zwischenfall beantwortet, das hat nichts mit einer Befragung zu tun.«

»Spielt keine Rolle, ich habe die Wahrheit gesagt. Da lasse ich mir nicht am Zeug flicken. Die psychiatrische Krankenstation ist chronisch unterbesetzt. Das weiß doch jeder! Aumonier hätte mich diese Überstellung nie allein durchführen lassen dürfen.«

»Stimmt. Niemand will dir etwas anhaben. Erklär mir nur, wie es passiert ist.«

Der Sicherheitsmann seufzte und trank seinen Espresso aus, ehe er einen eiligen Bericht begann.

»Cotard ist ein kleines Gebäude, da gibt es weder einen Innenhof noch einen Parkplatz. Ich habe in zweiter Reihe auf der Rue Froidevaux gehalten. Und als ich die Tür des Krankenwagens geöffnet habe, ist das Mädchen abgehauen. Das ist alles.«

»Die Krankenpfleger hatten ihr ein Beruhigungsmittel gegeben.«

»Ja, zwei Ampullen Loxapac. Normalerweise hätte sie das quasi betäuben sollen. Und den ganzen Weg über war sie auch teilnahmslos.«

»Wie ist sie geflohen?«

»Sie hat mir einen unglaublich heftigen Schlag versetzt.«

Während er sprach, deutete er mit dem Zeigefinger auf einen tiefen Schnitt am linken Teil der zusammengewachsenen Augenbrauen.

»Wie hat sie das gemacht?«

»Mit einem Fußtritt! Dieses Dreckstück!«, erklärte er wütend.

»Was hatte sie an?«

»Für die Überstellung gibt man den Patienten normalerweise ihre Kleidung wieder. Da sie aber keine hatte, hat ihr die Krankenstation einen Pyjama, eine Daunenjacke und ein Paar Crocs gegeben.«

Roxane schwieg lange, ehe sie bluffte und die einzige Karte ausspielte, die sie im Ärmel hatte.

»Meine Theorie ist, dass du versucht hast, ihr die Uhr zu stehlen.«

»Was?«

»Und dass sie dich geschlagen hat, weil sie es sich nicht gefallen lassen wollte.«

»So ein Quatsch!«

Tony wollte sich erheben, doch Roxane fasste ihn bei der Schulter und drückte ihn wieder auf seinen Sitz.

»Als ich kam, warst du im Internet auf Chrono 24, der Spezialseite für gebrauchte Uhren, unterwegs.«

»Na und? Ist das etwa verboten?«

»Du wolltest die gestohlene Uhr verkaufen.«

»Pah«, machte Tony, um die Anschuldigung zu entkräften.

»Wir wollen es uns nicht unnötig schwer machen, Tony. Ein Anruf von mir genügt, und du bist deinen Job als Sicherheitsmann los. Mit dieser Diebstahlgeschichte hast du eine Vorstrafe und keine Chance mehr, im Sicherheitsdienst zu arbeiten. Du hast dich in eine sehr unangenehme Lage gebracht.«

»Sie nerven!«

»Wie du meinst.«

Der Wachmann zog seinen Blouson zusammen und verschränkte die Arme.

»Ich habe die Uhr nicht mehr«, sagte er schmollend. »Ich habe sie bei einem Verkäufer in Kommission gegeben.«

»Na ja, du verlierst ja keine Zeit ...«

»Ich habe sie gestern Abend in einem Gebrauchtwarenladen in der Rue Marbeuf versetzt.«

Roxane kannte einige dieser Geschäfte.

»In welchem: Romaine Réa, MMC?«

»Nein, ein anderes nebenan, es heißt *Le Temps retrouvé*.«

»Die wiedergefundene Zeit, wie der Roman von Proust?«

»Was?«

»Vergiss es. Sonst hast du mir nichts zu sagen, Tony?«

Moraes schüttelte mürrisch den Kopf.

»Dann verschwinde. Ich will meinen Kaffee in Ruhe trinken.«

4.

Um ihren kleinen Sieg zu feiern, bestellte Roxane einen doppelten Espresso und ein paar *biscotti*. Während sie auf ihr Frühstück wartete, suchte sie in ihrem Handy nach den Öffnungszeiten des *Le Temps retrouvé*. Das Geschäft für den Verkauf gebrauchter Uhren öffnete erst um 11 Uhr. Also blieb ihr noch eine halbe Stunde.

Sie konnte nicht widerstehen und gab in Google den Namen Valentine Diakité ein, aber die Doktorandin gehörte offenbar zu den wenigen Personen ihres Alters, die keine digitale Identität hatten. Schließlich rief sie sie an. Valentine wartete in der Halle des Krankenhauses Pompidou darauf, einen Arzt abzufangen, der ihr Auskunft über Marc Batailleys Zustand geben könnte.

»Ich habe Arbeit für dich!«

»Jederzeit zu Diensten!«

»Ich möchte, dass du die größten Tattoo-Studios in der Pariser Region anrufst, um herauszufinden, ob eines von ihnen kürzlich an zwei Knöcheln Tätowierungen vorgenommen hat, die Efeuranken und ein geflecktes Fell darstellen.«

»Ich bin nicht sicher, dass ich mir das richtig vorstellen kann.«

»Ich schicke dir die zwei Skizzen per SMS.«

»Okay!«

Während Roxane ihren Kaffee trank, tätigte sie mehrere Anrufe, um den Namen der Hausverwaltung des Anwesens Nummer 12 am Quai du Louvre herauszufinden. Sie nahm Kontakt mit ihr auf, aber es stellte sich heraus, dass es weder unter den Besitzern noch unter den Mietern einen Jean-Louis Candela gab. Der Typ, der die See- und Flussbrigade in jener Nacht verständigt hatte, hatte also offensichtlich eine falsche Identität angegeben. An sich bewies das nicht viel – unvorbereitet mit einer solchen Situation konfrontiert, kam es sogar häufig vor, dass die Leute einen erfundenen Namen verwendeten oder Angaben zur Person verweigerten, wenn sie die Polizei anriefen. Bei einer normalen Ermittlung hätte Roxane veranlassen können, dass man ausfindig machte, wem die Telefonnummer gehörte. Sie hätte auch eine Nachbarschaftsbefragung vorgenommen und die Aufzeichnungen der Überwachungskameras in der Nähe der Pont-Neuf ausgewertet. Aber in diesem Fall verfügte sie weder über ein Team noch über die nötigen Kompetenzen. Das war zugleich eine Chance und eine Einschränkung für ihre Ermittlungen.

Als sie gerade bezahlte, vibrierte ihr Handy. Auf dem Display erschien Botsaris' kantiges Gesicht.

»Roxane? Ich habe Cruchy gebeten, deine DNA mit der nationalen Gendatenbank abzugleichen.«

»Und?«

»Es gibt einen Treffer, eine gewisse Milena Bergman.«

Schmetterlinge im Bauch – sie hatte es geschafft, der Unbekannten aus der Seine einen Namen zu geben.

»Eine deutsche Musikerin«, erläuterte Botsaris.

Milena Bergman ...

Der Name war ihr nicht unbekannt. Sie hatte ihn am Vorabend gelesen, als sie in dem Turm die klassischen CDs durchstöbert hatte. Milena Bergman gehörte zu jenen Pianisten, von denen Marc Batailley Aufnahmen besaß.

»Weshalb wurde sie erfasst?«

»Eine alte Geschichte. Diebstahl einer Bulgari-Handtasche in einem Geschäft in der Avenue Montaigne im Jahr 2011. Damals hatte das Mädchen eine kleptomanische Tendenz.«

Roxane steckte den Kopfhörer ins Ohr und öffnete während des Gesprächs mit dem Lieutenant in ihrem Handy Wikipedia. In der Online-Enzyklopädie gab es einen Eintrag zu der Pianistin. Ohne den Artikel zu lesen, betrachtete sie das Foto der Unbekannten: eine junge blonde Frau mit langem, vollem Haar, deren Profil mit der Beschreibung der Rechtsmedizin übereinstimmte.

»Woher hast du das genetische Material dieser Frau?«, fragte Botsaris.

Sein Tonfall verriet Roxane, dass er auf eine böse Überraschung gefasst war. Sie entschloss sich, ihm die Wahrheit zu sagen.

»Die See- und Flussbrigade hat sie vor zwei Tagen aus der Seine gefischt.«

»Was?«

»Vermutlich eine Selbstmörderin. Man hat sie in die psychiatrische Krankenstation gebracht, aber bei der Überstellung ist sie entwischt.«

»Es würde mich sehr wundern, wenn sie das wirklich wäre«, versicherte der Lieutenant.

»Warum?«

Botsaris ließ einige Sekunden verstreichen und sagte dann: »Weil Milena Bergman vor einem Jahr gestorben ist.«

Milena Bergman ist eine deutsch-schwedische Pianistin, *7. Juli 1989 im Linköping, †bei einem Flugzeugabsturz am 8. November 2019 vor dem portugiesischen Archipel Madeira.

Biografie

Als einzige Tochter eines deutschen Luftfahrtingenieurs und einer schwedischen Musiklehrerin lebt sie bis zum Umzug der Familie nach Hamburg im Jahr 1996 in Schweden. Das Klavierspiel erlernt sie zunächst bei ihrer Mutter, später dann am Johannes-Brahms-Konservatorium und in der Klasse von Margarita Anke an der Hochschule für Musik und Theater in München.

Neben ihrem Studium nimmt sie an zahlreichen Master Classes großer Meister wie Aldo Ciccolini und Regina Noack teil, unter anderem in Italien, Frankreich und den Vereinigten Staaten.

Während ihrer Ausbildung erhält sie mehrere internationale Auszeichnungen, unter anderem den ersten Preis bei der Arthur Rubinstein International Piano Master Competition in Tel Aviv (2002), die Goldmedaille des Fürstentums Monaco oder den zweiten Preis beim Internationalen Tschaikowski-Wettbewerb im Jahr 2007.

All diese Würdigungen ermöglichen ihr eine internationale Karriere als Konzertmusikerin an der Seite der bekanntesten

Dirigenten an den größten Häusern: im großen Saal des Moskauer Tschaikowsky-Konservatoriums, im Sankt Petersburger Mariinsky-Theater, in der Berliner Philharmonie, der Fondation Vuitton, Paris, der Royal Festival Hall, London, Carnegie Hall, New York, und der Suntory Hall, Tokio.

Ihre bei der Deutschen Grammophon erschienene Interpretation der acht Impromptus von Franz Schubert wird von vielen Kritikern gelobt und begeistert das Publikum so sehr, dass die Aufnahme dieses Werks sofort als Referenz gilt.

Wenn Bergman sich vor allem als Schubert-Spezialistin einen Namen gemacht hat, ist sie doch auch eine herausragende Interpretin von Debussy und Ravel. Sie wird ebenso wegen ihrer virtuosen Technik geschätzt wie auch wegen ihres subtilen Anschlags und des fesselnden und poetischen Klangs. Die als Perfektionistin bekannte Pianistin nimmt nur wenige Platten auf, gibt aber häufig Konzerte, vor allem in Asien, wo sie sich großer Beliebtheit erfreut.

Die sehr zurückhaltende Milena Bergman, die nur selten in den Medien auftritt, hat zu mehreren Gelegenheiten versichert, dass die Leidenschaft für das Klavier nicht das Wichtigste in ihrem Leben ist. Sie gönnte sich übrigens auch einige Sabbatperioden, um zu studieren, zu lesen und sich dem Reitsport zu widmen.

Sie ist eines der 178 Opfer, die 2019 auf dem Weg von Buenos Aires nach Paris bei dem Flugzeugabsturz in der Nähe von Madeira ums Leben kommen.

Diskografie

2007 Franz Schubert: Impromptus D 899 & D 935

2009 Franz Schubert: Sonaten D 959 & D 960

2011 Johannes Brahms: Konzert für Klavier und Orchester Nr. 2, NHK Symphony Orchestra (Tokio)

2012 Claude Debussy: Preludes, Buch 1&2

2013 Claude Debussy: Images 1&2, Children's Corner

2015 Maurice Ravel: Trio und Sonaten (mit Renaud Capucon und Yukiko Takahashi)

2016 Mozart: Piano Concertos nos 23 und 26, Seoul Philharmonic Orchestra, Dir. Chung Myung-whun

2018 Philip Glass: Piano Etudes

2020 The Last Recording, Orquesta Filamónica de Buenos Aires

Dieser Artikel ist teilweise oder gänzlich ein Auszug aus dem englischsprachigen Eintrag »Milena Bergman« (siehe Autorenverzeichnis)

4 Die Passagierin des Flugs AF 229

Die menschliche Existenz ist eine traurige
Farce, die die Götter erfunden haben.

Serge Filippini, *Der flammende Mensch*

1.

»Sie sind von der Polizei, nicht wahr?«

Das *Le Temps retrouvé* war ein lang gezogenes Geschäft, eingezwängt zwischen den Edelboutiquen der Rue Marbeuf. Ausstattung und Atmosphäre erinnerten an das Innere einer Luxuslimousine. Der mit hellen Ledersitzen rund um einen Couchtisch aus Wurzelnussbaum möblierte Raum ahmte einen kleinen Salon nach. Das behagliche Surren der Heizung und der frische Duft luden ein, sich Zeit zu nehmen, die Chronografen der großen Uhrmacher zu bewundern. Am Ende des Raums stand hinter einem grünen Marmortresen der gut gekleidete Uhrmacher: tailliertes Jackett, gefaltetes Einstecktuch, Hornbrille, Weste mit Paisley-

muster, an der die Kette einer Taschenuhr befestigt
war.

»Ich habe Ihren Besuch erwartet«, fügte er statt einer
Begrüßung hinzu.

»Tatsächlich?«

»Sie sind von der Polizei und wollen mit mir über
die ›Résonance‹ sprechen.«

Roxane legte ihren Dienstausweis auf den Tresen.

»Gewonnen, ich bin Polizistin. Ich würde Ihnen gern
einige Fragen über eine Armbanduhr stellen, die gestern Abend ein gewisser Anthony Moraes bei Ihnen in
Kommission gegeben hat.«

»Das sagte ich ja, die ›Résonance‹.«

Roxane runzelte die Stirn. Mit seinem taillierten
Jackett, seiner Taschenuhr und seiner gestelzten Aus-
drucksweise erinnerte der Uhrmacher sie an das weiße
Kaninchen aus *Alice im Wunderland*. Am liebsten hätte
sie ihn geohrfeigt.

»Sobald der junge Mann mein Geschäft verlassen
hatte, habe ich sofort Ihre Kollegen vom Kommissariat
des 8. Arrondissements verständigt«, versicherte er und
holte eine kleine Holzschachtel mit Einlegearbeiten
heraus.

Darin lag eine Platinuhr mit einem originellen Gehäuse in Form einer flachen Schildkröte.

»Warum haben Sie die Polizei so schnell informiert?
Waren Sie sicher, dass sie gestohlen war?«

»Ganz sicher.«

Roxane breitete die Arme aus.

»Und warum?«

»Weil diese Uhr ein Unikat ist und ich sie ihrem Besitzer verkauft habe.«

Roxane nickte. Die Sache nahm eine interessante Wendung.

»Möchten Sie einen Kaffee, Mademoiselle? Pardon, einen Kaffee, *Capitaine*?«

»Gern, Espresso ohne Zucker.«

Während das weiße Kaninchen sich an der Kaffeemaschine zu schaffen machte, betrachtete Roxane die Uhr genauer. So etwas hatte sie noch nie gesehen. In einem bläulich schimmernden Perlmutt-Zifferblatt gab es zwei völlig symmetrische Uhrwerke, die sich zu spiegeln schienen.

»Das ist das Besondere an dieser Uhr«, erklärte der Mann. »Sie hat zwei Unruhen, die in perfektem Einklang ticken.«

»Und wozu ist das gut?«

»Zu nichts«, antwortete er lächelnd. »Es ist nur eine großartige Herausforderung bei der Herstellung und vor allem ein wundervolles Symbol.«

»Ein Symbol für was?«

»Ihr erster Besitzer, der Maler John Lorentz, sah darin zwei Herzen, die im Gleichklang schlagen.«

Der Ausdruck gefiel ihr, denn er erinnerte sie an Aragons Gedicht: *Ich legte mein Herz in deine Händ'/Im Gleichklang schlägt's, als wär es deins.*

Der Uhrmacher kam mit einem Silbertablett zurück, auf dem zwei Porzellantassen standen.

»Nach Lorentz' Tod kaufte die Frau des Schriftstellers Romain Ozorski die Uhr als Geschenk für ihren Mann. Sie hat die Inschrift auf die Rückseite gravieren lassen.«

Roxane drehte die Uhr um und las: *Du bist gleichzeitig die Ruhe und die Aufregung meines Herzens.*

»Das stammt aus einem Brief Kafkas an Felice Bauer. Hübsch, nicht wahr?«

Mit einem Schlag hatte sich etwas verändert. Jetzt fand Roxane diese Schöpfung ebenfalls wundervoll und poetisch. Auch sie hatte den Wunsch, sie zu tragen, das Gehäuse der Uhr an ihrem Handgelenk zu spüren, dessen Ticken ihr Herz elektrisierte.

»Nach seiner Scheidung wollte Ozorski die Uhr nicht mehr behalten, und ich habe sie ihm im Auftrag eines meiner Kunden abgekauft.«

»Für wen?«

»Berufsgeheimnis.«

Roxane verdrehte die Augen.

»Meines Wissens sind Sie weder Richter noch Arzt oder Anwalt.«

Das weiße Kaninchen zierte sich nicht lange.

»Mein Kunde war ein Bewunderer Ozorskis – es handelt sich um den Romanschriftsteller Raphaël Batailley.«

Verwirrt stellte Roxane ihre Kaffeetasse ab.

»Gibt es eine Beziehung zu Kommissar Batailley?«

»Natürlich, er ist sein Sohn.«

Sie schüttelte den Kopf. Was hatte Batailleys Sohn in dieser Geschichte verloren?

»Diese Uhr gehört also Raphaël Batailley?«

»Ganz genau.« Er holte sein Handy aus der Jackentasche. »Ich habe übrigens versucht, ihn gestern Abend zu erreichen. Er ist nicht ans Telefon gegangen, aber ich habe ihm eine Nachricht hinterlassen.«

»Und hat er Sie zurückgerufen?«

»Nein.«

Roxane machte eine Bewegung mit dem Zeigefinger, um dem Uhrmacher zu bedeuten, ihr sein iPhone zu reichen. Sie nutzte seine kooperative Haltung, um einen Blick auf Raphaël Batailleys Eintrag zu werfen, der auch seine Adresse enthielt: *The Glass House* 77a, Rue d'Assas im 6. Arrondissement.

»*The Glass House*?«

»Wie der Name schon sagt, handelt es sich um ein Haus aus Glas, erbaut in den 1960er-Jahren von einem amerikanischen Architekten, das Monsieur Batailley gekauft hat. Anscheinend lohnt es den Besuch.«

Roxane wandte sich wieder der Uhr zu und legte sie um ihr Handgelenk.

»Was ist so ein Schmuckstück wert?«

»Ein kleines Vermögen.«

Sie zog das Foto der Unbekannten hervor.

»Diese Uhr wurde am Handgelenk einer jungen Frau gefunden, die man in der Nacht von Samstag auf Sonntag aus der Seine geborgen hat. Kommt Ihnen ihr Gesicht bekannt vor?«

»Sie ist hübsch. Sie erinnert mich an die Ophelia von Arthur Hughes.«

»Aber Sie haben sie noch nie gesehen?«

Das Kaninchen schüttelte den Kopf und deutete in Richtung Uhr.

»Vergessen Sie nicht, sie mir zurückzugeben, bevor Sie gehen.«

»Nein, ich behalte sie. Sie können sich darauf verlassen, dass ich sie ihrem Besitzer zurückgebe!«

2.

Am Pont de l'Alma stieg Roxane in den RER, der sie zum Pont-du-Garigliano direkt am Krankenhaus Pompidou brachte. Sie nutzte die Fahrt, um noch einmal Johan Moers anzurufen.

»Es gibt ein Problem mit den DNA-Ergebnissen.«

»Warum?«

»Sie überschneiden sich mit denen einer Toten, die Haare stammen aber von einem Mädchen, das vor zwei Tagen lebendig aus der Seine gefischt wurde.«

»Wenn es einen Irrtum gibt, dann liegt der nicht auf meiner Seite«, verteidigte sich der Wissenschaftler.

»Mach trotzdem eine neue Sequenzierung«, befahl Roxane. »*Du selbst*, nicht dein Assistent.«

»Okay.« Er seufzte.

»Und schau, was du bei der Urinanalyse herausfindest. Ich hatte dich bereits darum gebeten.«

Dann suchte sie schnell im Internetbrowser ihres Handys nach Informationen über Raphaël Batailley. Vierzig Jahre, eher gut aussehend und schon eine lange Karriere. Batailley war ein Vielschreiber. Er hatte etwa zwanzig Bücher verschiedenster Genres verfasst – vom Krimi über Horrorromane bis hin zu Kinderbüchern. Der eher zurückhaltende Mann wurde von einer Heerschar treuer Leser bewundert, die all seine Projekte verfolgten. Diese Anhängerschaft und seine Chamäleon-Tendenz verliehen ihm in der Literaturszene eine besondere Stellung, jenseits der überheblichen und selbstverliebten Saint-Germain-Fans und der großen Bestseller-Maschinerie. Sein letzter Roman war *La Timidité des cimes*. Da ihr der Titel gefiel, kaufte Roxane das E-Book und nahm sich vor, später einen Blick darauf zu werfen.

Die riesige, geometrische Konstruktion des Hôpital Pompidou erhob sich am Quai André-Citroën am Seine-Ufer, ganz in der Nähe des Boulevard Périphérique. Es handelte sich um ein nicht sehr harmonisches Agglomerat von gläsernen Gebäuden, die rund um einen von einer Glaskuppel beschirmten Innenhof miteinander verbunden waren. Obgleich das Bauwerk modern und kaum zwanzig Jahre alt war, vermittelte es den Eindruck von Alter und Schmutz. So als

hätte es sich dem heutigen Gesamtbild der Stadt ange-
passt.

Roxane irrte lange durch das Atrium, ehe sie heraus-
fand, wo die Intensivstation war. Der Aufzug brachte
sie in den ersten Stock, wo ihr eine Hilfsschwester
Marc Batailleys Zimmernummer nannte. Nach einem
Irrweg durch das Labyrinth von den mit Metallrollwä-
gen verstellten Gängen erreichte sie die Nummer 18.
Sie warf einen Blick auf den Zettel, auf dem der Name
des Patienten, seine Befunde, die Behandlung und die
Untersuchungsergebnisse verzeichnet waren. Durch
die Glasscheibe entdeckte sie Valentine, die ihr mit einer
Handbewegung bedeutete, hereinzukommen. Nervös
öffnete Roxane die Tür und trat ein.

Batailley hatte das Glück, in einem Einzelzimmer zu
liegen – auch wenn ihm das in ebendiesem Moment
ziemlich egal sein dürfte. Um die Atmung zu erleichtern, hatte man den Polizisten intubiert und in Seiten-
lage gebracht. Durch das Gewirr von durchsichtigen
Schläuchen sah Roxane den Mann so, wie sie ihn sich
vorgestellt hatte: massive Statur, strubbelige graue
Mähne, tiefe Falten und Dreitagebart. Um das Bett
herum standen ein EKG-Gerät, mehrere Infusionsstän-
der und das Sauerstoffgerät zur Beatmung des Patienten, dessen Geräusch an ein Akkordeon erinnerte, welches stets dieselbe kurze und monotone Note spielte.

Valentine, die neben dem Bett saß, hob den tränen-
verschleierten Blick zu Roxane.

»Ich habe mit dem Arzt gesprochen«, erklärte sie mit brüchiger Stimme. »Sein Zustand ist unverändert. Marc hat einen durchbohrten Lungenflügel und zahlreiche Brüche an Schädel, Rippen und Wirbeln.«

Roxane holte sich einen Stuhl und setzte sich neben die Studentin. Da sie keine tröstenden Worte fand, kam sie direkt auf ihre Ermittlungen zu sprechen.

»Kennst du Milena Bergman?«

»Natürlich«, antwortete Valentine und wischte ihre Tränen ab. »Sie war die Freundin von Marcs Sohn Raphaël. Sie ist bei dem Flugzeugabsturz ums Leben gekommen, über den so viel berichtet wurde.«

Roxane schluckte. Sobald sie die weißen Gänge betreten hatte, war ihr der Krankenhausgeruch entgegengeschlagen: die Mischung von Desinfektionsmitteln, Medikamenten und schlechtem Essen.

»Warum sprechen Sie von ihr?«, fragte Valentine.

»Weil die DNA, die du Johan Moers gebracht hast … mit der von Milena übereinstimmt.«

»Ernsthaft? Wie ist das möglich?«

»Genau, es ist eben *nicht* möglich.«

Die Polizistin sah auf »ihre« Uhr und fuhr fort: »Hast du Milena schon einmal persönlich getroffen?«

»Nein, sie ist gestorben, bevor ich Marc kennenlernte, aber er hat mehrmals sehr stolz von ihr erzählt. Ihr Tod hat Raphaël zugrunde gerichtet. Marc sagte, er sei froh, bei ihm zu wohnen, weil er sonst Angst hätte, zu was ihn seine Verzweiflung treiben könnte.«

»Und kennst du ihn, den *Schriftsteller*?«

»Ja, ein genialer Typ. Nett, witzig, intelligent. Und noch dazu sieht er super aus. Finden Sie nicht?«

Roxane machte eine vage Handbewegung.

»Nicht wirklich mein Typ.«

Bei der Erwähnung von Raphaël Batailley hatte Valentine ihr Lächeln wiedergefunden, und ihre Augen funkelten. Ein echtes Groupie.

»Wann hat diese Romanze mit der Pianistin angefangen?«

Valentine dachte eine Weile nach.

»Ich würde sagen, ungefähr ein Jahr vor dem Flugzeugabsturz. Letzten Monat gab es einen Artikel über ihre Beziehung in der Zeitschrift *Week'nd*. Das hat Raphaël sehr geärgert, weil das vorher nicht bekannt war.«

»Wer hat geplaudert?«

»Das weiß man nicht.«

Roxane erhob sich. Sie erstickte. Die Krankenhausatmosphäre hatte ihr stets den Atem genommen. Sie hatte den Eindruck, der Tod treibe sich mit seinem beängstigenden und klangvollen Gefolge überall herum: das Piepen der Monitore, das Klappern der Metallwägen, das Quietschen der Gummisohlen auf dem abgetretenen Linoleum. Und dazu die lächerlichen Phantome in ihren verblassten Papierkitteln, die hier herumgeisterten.

»Eines verstehe ich nicht«, fuhr sie fort. »Warum ist Batailleys Sohn nicht hier? Ich habe auf dem Weg hierher versucht, ihn anzurufen, aber er antwortet nicht.«

»Wahrscheinlich weiß er nicht einmal, was seinem Vater zugestoßen ist. Wenn er schreibt, zieht er sich oft wochenlang zurück, ohne dass irgendjemand wüsste, wo er sich aufhält.«

»Künstler.« Die Polizistin seufzte.

»Haben Sie seine Bücher gelesen?«

Roxane schüttelte den Kopf. »Ich lese nur tote Autoren.«

»Das ist der Gipfel an Snobismus.«

»Die Zeit wird entscheiden. Und hast du sie gelesen?«

»Die meisten. Ich finde sie super. All seine Romane sind seiner Schwester gewidmet, die im Alter von vier Jahren verstorben ist.«

Roxane erinnerte sich an das, was Sorbier ihr gesagt hatte.

»Ich habe vage von der Geschichte gehört.«

»Marc war eine wahre Legende bei der Polizei, wissen Sie das?«

»Ja, ja, in den 1990er-Jahren bei der Kripo in Marseille, der Serienkiller und das ganze Affentheater um den Gärtner.«

Als Hüterin der Batailley-Legende bedachte Valentine sie mit einem unwilligen Blick.

»Marc war mit einer ehemaligen Tänzerin am Nationalballett von Marseille verheiratet. Sie haben ihr kleines Mädchen unter tragischen Umständen verloren.«

»Welcher Art?«

»Wirklich grauenvoll.« Sie deutete mit einer Geste auf den reglosen Körper im Bett. »Ich will nicht vor ihm darüber reden. Nach dem Drama hat das Paar sich getrennt, und Batailley wurde nach Paris versetzt.«

»Eine durchgeknallte Familie.«

»Sie sind herzlos.«

»Nein, aber ich würde gern einen Kaffee trinken. Ich wäre froh, wenn du mir einen holen könntest. Ich wäre auch froh, wenn du aufhören würdest, mich zu siezen.«

Roxane war mit einer präzisen Idee hierhergekommen, aber um sie auszuführen, musste sie allein sein. Gutmütig, wie sie war, erhob sich Valentine und suchte in ihrer Tasche nach Geld für den Kaffeeautomaten.

»Wie möchten Sie Ihren Kaffee?«

»Espresso und ohne Zucker.«

»Das hätte ich mir denken können!«

Kaum hatte die Studentin das Zimmer verlassen, eilte Roxane zum einzigen Schrank des Zimmers. Darin fand sie Marc Batailleys persönliche Habe: eine Jeans, ein Paar Boots, ein Hemd, einen Pullover mit V-Ausschnitt, eine schwarz-rote Seiko-Armbanduhr, Modell UFO aus den 1960er-Jahren. Auf einem Bügel hing ein abgewetzter dreiviertellanger Ledermantel, in dem sie ein noch geladenes iPhone und einen Schlüsselbund entdeckte. Letzteren schob Roxane in ihre Tasche.

»Ach, werden hier die Taschen der Kranken geleert?«

Sie schrak zusammen. Ein Arzt hatte das Zimmer betreten, vermutlich, um die Medikamentenverordnung zu aktualisieren. Er war hochgewachsen, hatte einen flammend roten Bürstenhaarschnitt und grüne Augen, die so rund waren wie Murmeln.

»Ich nehme seine Schlüssel an mich, um ihm saubere Kleidung zu bringen«, verteidigte Roxane sich.

»Klar, in dem Zustand, in dem er sich befindet, braucht er in den nächsten Tagen dringend einen Dreiteiler.«

»Er wird doch nicht sein ganzes Leben lang so bleiben, oder?«

Der Arzt war nicht gerade ein Vorbild an Anstand.

»Ihr Kumpel hat einen zertrümmerten Körper. Die Notärzte haben ihn sozusagen mit einer Pinzette vom Boden aufgekratzt. Bei den Verletzungen und Brüchen ist es gut möglich, dass er nicht durchkommt.«

Er überprüfte die Vitalfunktionen auf dem Bildschirm, den Sauerstoffgehalt des Blutes am Oximeter und entwirrte die Schläuche.

»Heute Nachmittag wollen die Chirurgen versuchen, einen der Wirbel zu operieren«, erklärte er. »Wir werden sehen, wie das verläuft, bevor wir Wahrsagerei betreiben.«

Als der Rotschopf mit dem strengen Gesichtsausdruck eines alten Erziehungsberaters gerade das Zimmer verlassen wollte, traf er auf Valentine, die von der Kaffeemaschine zurückkam.

»Ich habe da an etwas gedacht«, erklärte die Studentin und reichte Roxane einen Becher. »Und wenn Milena nun eine Zwillingsschwester gehabt hätte? Das würde doch die Möglichkeit einer identischen DNA erklären, oder?«

»Vergiss es. Die Sache mit den Zwillingen gibt es nur in Krimis. Und auch nicht in den guten.«

»Sie könnten zumindest herumtelefonieren, um diese Möglichkeit wirklich auszuschließen«, entgegnete Valentine verärgert.

»Konzentrier dich lieber auf die Tätowierer, das ist zwar ein undankbarer Job, aber nützlicher.«

»Ich habe schon einige angerufen, aber es hat nichts ergeben. Ein Efeukranz kommt nicht häufig vor. Die Leute bevorzugen Lorbeerkränze als Zeichen des Sieges. Und auch von Damwild- oder Falkenhaut wusste niemand etwas. Im Zweifelsfall sind noch Hirschköpfe beliebt, die Überlegenheit oder Wiedergeburt symbolisieren.«

»Mach weiter«, bat Roxane, während sie die Tür öffnete. »Ich versuche, Raphaël Batailley aufzutreiben.«

3.

Das Taxi steckte in der Rue de Vaugirard fest. Wütend verfluchte der Fahrer die »Radwege der hirnrissigen Alternativen«, »die Idioten von Grünen« und das Pariser Rathaus, das ihm zufolge »Paris, die Stadt des Lichts, in eine Müllhalde« verwandelt hatte. Die Kommunalwahlen waren vorbei, aber der Mann machte noch immer Wahlkampf.

»Kennen Sie das Paris-Syndrom?«, fragte er und sah Roxane im Rückspiegel an.

Ohne eine Antwort abzuwarten, legte er seine Philosophie dar.

»Die Ausländer erleiden eine Art intensiven psychologischen Schock, wenn sie die Hauptstadt besichtigen. Man hat ihnen *Die wunderbare Welt der Amélie* und den Charme von Montmartre vorgegaukelt, aber was sie entdecken, ist der RER B, Porte de la Chapelle, den Crack-Hügel und Annie Hidalgos Pissoirs unter freiem Himmel.«

Roxane konnte ein Lächeln nicht unterdrücken. Sie setzte ihre Kopfhörer auf und lud in ihrem Handy die letzte Aufnahme, die Milena Bergmans Plattenfirma auf den Markt gebracht hatte. Unter dem Titel *The Last Recording* konnte man einen Mitschnitt des Konzerts hören, das Bergman – begleitet vom Orquesta Filarmónica – im Teatro Colón von Buenos Aires gegeben hatte. Zwei Tage später war die Pianistin bei einem der verheerendsten Flugzeugabstürze der französischen Zivilluftfahrt ums Leben gekommen.

Um ihre Erinnerungen aufzufrischen, hatte Roxane mehrere Artikel aus verschiedenen Zeitschriften heruntergeladen. Sie verdarb sich die Augen auf dem kleinen Display ihres iPhones und versuchte, sich ein Maximum an Details zu merken.

Der Air-France-Flug 229 war am 8. November 2019 über dem Meer abgestürzt und hatte alle einhundertsiebzig an Bord befindlichen Passagiere in den Tod gerissen, zehn von ihnen waren Besatzungsmitglieder.

Da der Unfall noch nicht lange zurücklag, waren die juristischen Verfahren noch nicht abgeschlossen. In Frankreich waren zwei Hauptermittlungen eingeleitet worden: eine »gerichtliche« wegen fahrlässiger Tötung und eine »technische« unter Leitung des Büros für Flugunfallermittlung. Neben den Berichten und Gutachten herrschte in einigen Punkten Einigkeit. Als die Maschine verschwand, befand sie sich irgendwo zwischen Teneriffa und Madeira über dem Atlantik. Sie war am frühen Nachmittag in Buenos Aires gestartet, und die Ankunft in Paris war für 7 Uhr morgens geplant gewesen. Es war ein schwieriger Flug bei schlechten Wetterverhältnissen, und die wiederholten Gewitter hatten auf der gesamten Strecke zu Turbulenzen geführt. Ein großer Teil der Maschinen, die an diesem Tag das Absturzgebiet hätten überfliegen sollen, hatten beschlossen, den Sektor zu meiden, doch der Kapitän des Fluges AF 229 hatte anders entschieden.

Nach den ersten absurden Hypothesen – ein Terroranschlag durch Luftpiraten, ein totaler Stromausfall durch einen Blitzeinschlag, eine Übernahme des Flugzeugs durch Fernsteuerung – hatten die Zwischenberichte des Büros für Flugunfallermittlung den Absturz in einem logisch zwingenderen Licht dargestellt. Das Durchfliegen einer Gewitterzone in großer Höhe hatte zur Bildung von Eiskristallen an den Sonden des Flugzeugs geführt. Die Vereisung der Messgeräte hatte vorübergehend die Geschwindigkeitsanzeige im Cockpit gestört und den Autopiloten abgeschaltet.

Zurückhaltend erwähnte der Bericht »ein Fehlverhalten der Piloten«, sodass die Maschine von ihrer Flugroute abkam. Die Auswertung der Flugschreiber war erschreckend und zeigte allgemeine Panik und mangelnde Kontrolle. Die Piloten waren sich zu keinem Zeitpunkt darüber bewusst gewesen, was da gerade passierte.

Typischerweise starteten gewisse Presseorgane, die sich ihrer unbefleckten Tugend rühmen, eine Hetzkampagne und machten den Besatzungsmitgliedern den Prozess, ohne sich zu scheuen, deren Privatleben zu durchleuchten und »einen erbärmlichen Haufen kleiner Geheimnisse« ans Tageslicht zu bringen. Unter dem Vorwand von Recherchen wurde nichts ausgelassen – Geliebte, Scheidung, Psychotherapie, Schlafmittelkonsum, Feierfreudigkeit, Besuche im Rotlichtmilieu von Recoleta. Jeder hatte sich etwas vorzuwerfen. So widerwärtig solche Praktiken auch waren, eine Tatsache blieb: Keinem der drei Piloten war es gelungen, das Flugzeug unter Kontrolle zu bekommen, und sie hatten es bis zum Aufschlag weiter absinken lassen.

Auf den letzten Seiten des Berichts erfuhr man, fast erleichtert, dass den meisten Passagieren höchstwahrscheinlich nicht bewusst war, dass sich das Flugzeug in einer Notlage befand. Es war Nacht, die Fenster waren verdunkelt, und viele hatten ihren Sicherheitsgurt geöffnet.

Alles war sehr schnell gegangen, zwischen dem Überziehen und dem Aufschlag der Maschine mit vollem Tempo auf die Wasseroberfläche waren keine drei Minuten verstrichen. Die Passagiere waren auf der Stelle tot. Die Flugzeugteile sanken in einem relativ flachen Bereich, sodass es gelungen war, die Flugschreiber dank der noch funktionierenden Ultraschallsignale zu lokalisieren und in Sicherheit zu bringen. Nach wenigen Monaten war ein großer Teil des Wracks aus dem Meer gehoben worden. Von den einhundertsiebzig Passagieren konnten einhunderteinundzwanzig tot geborgen und zu ihren Familien überführt werden.

Unter ihnen befand sich auch die Leiche von Milena Bergman.

5 Das Glashaus

Beifall der anderen ist ein Ansporn,
dem zu misstrauen manchmal guttut.

Paul Cézanne, *Brief an Louis Aurenche*

1.

Den Eingang zu Raphaël Batailleys Haus in der Rue d'Assas konnte man leicht verfehlen. Man erreichte es durch ein kleines Metalltor und über einen schmalen, baumbestandenen Weg, der gut zwanzig Meter am Botanischen Garten der pharmazeutischen Fakultät entlangführte, ehe er in den begrünten Hof einer Gemeinschaftsanlage mündete. Mit seinen vielen Bäumen und Pflanzen hatte er etwas Ländliches, das man in Paris nur selten findet. Roxane, die sich an den Garten ihrer Großmutter erinnert fühlte, erkannte eine Oleanderhecke, zwei Silberlinden, einen Ahornbaum und sogar einen Ginkgo. Dann lag plötzlich hinter einer Reihe blattloser Platanen das Glashaus vor ihr.

Der Uhrmacher hatte nicht gelogen. *The Glass House* war ein großer, lichtdurchlässiger Quader, der auf einem kleinen dreistöckigen Gebäude aus ockerfarbenen Ziegeln thronte. Roxane hatte im Taxi gelesen, dass es in der Tat in den Sechzigerjahren von einem amerikanischen, in Paris lebenden Architekten, einem gewissen William Glass, erbaut worden war, dessen Familienname im Einklang mit seinen Entwürfen stand. Glass war offensichtlich von der Theorie der Lichtdurchlässigkeit besessen. Zu seinen Arbeiten zählten so bekannte Projekte wie das *The Glass Hall Theatre* von Kopenhagen, die Architekturschule in Bilbao und der Firmensitz von Green Cross in New York ...

Roxane ging um das Haus herum. Ein Bewohner war nicht zu entdecken. Der große Vorzug des Gebäudes lag in der Klarheit der Konzeption. Ein architektonischer Traum für Minimalisten. Eine einfache Struktur aus mattgrauem Metall, in die anstelle von Mauern Glasscheiben eingelassen waren. Erstaunlicherweise sah man vom Garten aus nicht viel vom Inneren, denn Himmel, Sonne, Wolken, Zweige und Blattgrün, die in ständiger Bewegung waren, spiegelten sich in einem hypnotischen Spiel in den Scheiben.

Als sie der Eingangstür aus satiniertem Glas näher kam, vernahm Roxane ein Klicken und stellte verwundert fest, dass diese sich geöffnet hatte. Einer der Schlüssel, die sie im Krankenhaus an sich genommen hatte, enthielt vermutlich einen elektronischen Chip, der automatisch die Tür öffnete, wenn man sich näherte. Sie betrat eine Art Loft. So etwas hatte sie noch nie gesehen. Es gab keine einzige Wand. Die einzelnen Bereiche waren durch niedrige Möbel aus unbehandeltem Holz abgeteilt. Wo auch immer man sich befand, konnte man den ganzen Raum übersehen. *Eine Wohnung mit 360-Grad-Blick,* dachte sie, als sie über den Boden aus rotem Ziegelstein ging, die wie bei einem alten Parkettboden im Fischgrätenmuster verlegt waren.

Was suchte sie eigentlich hier? Das wusste sie selbst nicht genau. Sie wollte in die Atmosphäre eintauchen, da diese oft das Abbild ihrer Bewohner war. Und inzwischen interessierte die Familie Batailley sie ebenso sehr wie Milena Bergman. Vor allem aber wollte sie sich so lange wie möglich an diese Ermittlungen klammern. Sie waren ein unverhoffter und guter Rettungsring. Sorbier, Botsaris und die anderen hatten geglaubt, sie aufs Abstellgleis zu schieben, aber das Schicksal – jenes verdammte Schicksal, das ihr so oft in die Parade gefahren war – hatte sie auf die Spur einer außergewöhnlichen Geschichte gebracht, die ebenso faszinierend wie mysteriös war.

Sie wandelte gleichsam auf Batailleys Spuren und lief durch die Wohnung, als wäre sie hier zu Hause. Zunächst erinnerte der Ort sie an ein kleines Privatmuseum. Wie sein Vater hatte auch der Schriftsteller einen guten Geschmack. Die Kunstwerke – Gemälde und Skulpturen – fügten sich mit bewegter Anmut in den Raum. Sie erkannte eine der typischen monumentalen Skulpturen von Bernar Venet: verbogene Kreise aus patiniertem Metall, die sich bis ins Unendliche zu winden schienen, ein riesiger Minotaurus aus rußigem Eisengewebe und eine große Lithografie von Hans Hartung mit Schraffuren und Wellen, vorwiegend in nachtblauen Tönen.

Aber das überwältigendste Kunstwerk war eigentlich der Blick nach draußen. Die Öffnung auf die Natur, die den Eindruck vermittelte, dass Bäume und Pflanzen Teil des Hauses waren. Das brachte Roxane dazu, sich die Frage zu stellen, warum der Romancier nicht in diesem betörenden Umfeld schrieb.

Überall an den Wänden und in den Regalen sah sie Fotos, die den Schriftsteller und die Pianistin zeigten. Milena und Raphaël in New York, Milena und Raphaël auf den Skipisten des Wintersportortes Courchevel, Milena und Raphaël an der Côte d'Azur usw. Mit flatterndem Haar und strahlendem Lächeln stellte das Paar seine Liebe zur Schau. Ein Glück, das vielleicht einen Hauch übertrieben war beziehungsweise inszeniert wirkte. Ein Glück, das man mehr den anderen zeigt, als dass man es selbst erlebt. Nein, Roxane musste sich korrigieren und zugeben, dass sie nur neidisch war. Sie schämte sich für diese Mittelmäßigkeit, die aus Groll resultierte, weil sie selbst stets nur beschissene Liebesgeschichten erlebt hatte. In Wahrheit war Milena Bergman eine außergewöhnliche Schönheit. Auf jeder Aufnahme war ihre blonde Haarpracht mit einem Lichthof von Sternenstaub umgeben. Sie strahlte eine Art ätherische Melancholie und große Anmut aus. Die Wahrheit war ganz einfach, dass Roxane neidisch war. Das gestand sie sich innerlich ein, und gleich darauf bedauerte sie das unheilvolle Schicksal der Pianistin.

In dem Raum war es eiskalt. Sicher gab es aus ästhetischen Gründen eine Fußbodenheizung, denn sie konnte keinen einzigen Heizkörper entdecken. An einer kleinen Steinmauer bemerkte sie die Brenner eines Gaskamins. Roxane schaltete ihn ein, und sofort tanzten lange orangefarbene Flammen über einem weißen Kieselbett.

Das Feuer war so angenehm, dass sie in der Nähe blieb. Auf einem der Lounge-Sessel, die zu beiden Seiten des Kamins standen, fand sie unter einer alten Strickjacke die Ausgabe von *Week'nd,* von der Valentine ihr erzählt hatte. Die Zeitschrift, die sowohl die Bereiche Nachrichten als auch Lifestyle und Promi-News abdeckte und sich qualitativ anspruchsvoll gab, war irgendwo zwischen *Vanity Fair* und *M, le magazine du Monde* angesiedelt. Die Seite mit dem Artikel, der ein Jahr nach dem Flugzeugabsturz auf der Route Buenos Aires–Paris die Beziehung zwischen Milena und Raphaël enthüllte, war aufgeschlagen.

Zum Spaß und wie um die Anwesenheit von Raphaël Batailley vorzugaukeln, schlüpfte sie in die Jacke, die ein subtiles Parfum, eine Mischung von Jod und Orangenblüte, verströmte. Sie ließ sich in den Sessel sinken und überflog den Artikel – ein seltenes Vergnügen, das sie sich normalerweise nicht einmal im Friseursalon gestattete.

Sie verstand, dass der Beitrag Raphaël zutiefst verärgert hatte, denn er ließ den Schmerz wieder aufleben und machte eine persönliche Tragödie zum Gegenstand von Klatsch. Sie begriff auch, warum Raphaël Batailley und Milena Bergman sich zueinander hingezogen gefühlt hatten: zwei bekannte, aber unnahbare Künstler, die von ihrer Arbeit lebten, sie aber fernab von der Öffentlichkeit betrieben. Milena wurde nicht so vergöttert wie andere Stars ihrer Generation – etwa eine Hélène Grimaud, Khatia Buniatishvili oder Yuja Wang. Aber das wollte sie auch gar nicht. Sie hatte ständig wiederholt, die Leidenschaft für das Klavier sei nicht das Wichtigste in ihrem Leben.

Die Lektüre des Artikels warf sofort zwei Fragen auf: Warum war er erst jetzt erschienen? Und wer hatte dem Journalisten, einem gewissen Corentin Lelièvre, die Informationen, privaten Fotos und zahlreichen vertraulichen Details preisgegeben? Ihr kam eine Idee. Sie suchte im Internetbrowser ihres Handys, und über die Redaktion gelang es ihr, Kontakt mit Lelièvre aufzunehmen. Der Journalist war sehr unsympathisch und stets auf der Hut, er schien sich für Bob Woodward zu halten. Er wies sie schnell in ihre Schranken und hielt ihr einen Vortrag über die Geheimhaltung von Quellen, bevor er einfach das Gespräch beendete.

Roxane atmete tief durch, bewahrte die Ruhe und nahm sich vor, später auf anderem Weg ihr Ziel zu erreichen. Und da sie schon einmal ihr Handy in der Hand hatte, nutzte sie die Gelegenheit, um den Romancier noch einmal anzurufen. Überraschung! Im Raum war ein leiser Klingelton zu vernehmen. Sie verfolgte, woher er kam, und entdeckte Raphaëls iPhone in der Schublade seines Nussbaumschreibtischs neben seinem Pass, dem Autoschlüssel, dem Scheckheft und einer Parkhauskarte für den Parking André-Honnorat. Sie versuchte, das Handy einzuschalten, aber mangels Akkuleistung erlosch es.

Seltsam, dass Batailley gegangen war, ohne sein Handy mitzunehmen.

2.

Noch immer in die Strickjacke gehüllt, kehrte Roxane zum Kamin zurück und machte es sich in dem Lounge-Sessel bequem. Sie schloss die Augen und ließ die Bilder von dem Flugzeugabsturz an sich vorbeiziehen. Die Angst, die Schreie, die plötzliche Bewusstwerdung des bevorstehenden Todes. Sie musste am Ausgangspunkt ansetzen: die Identifikation von Milenas Leiche. Das war das Einzige, was ihr Klarheit verschaffen konnte. Eine Weile dachte sie über die beste Vorgehensweise nach und verlor sich in den Mäandern der Polizeidienststellen. Diese Komplexität war lähmend und kontraproduktiv. Die geringste Nachforschung wurde von einer kafkaesken Bürokratie, der Konkurrenz zwischen den Dienststellen und der der französischen Verwaltung immanenten Trägheit behindert.

Doch sie wollte sich nicht entmutigen lassen und ging im Geist ihre Kontakte beim Institut für Kriminalitätsforschung der französischen Gendarmerie durch. Schließlich entschloss sie sich, es bei Bertrand Passeron – wegen seiner Herkunft aus Toulouse, der Heimat des berühmten französischen Sängers Claude Nougaro, Nougaro genannt – zu versuchen, der einer der Veteranen der nationalen Einheit für strafrechtliche Ermittlungen war. Sie bezweifelte, dass er ihr direkte Informationen geben würde, aber vielleicht konnte er den Kontakt zu einer anderen Einheit herstellen. Vor allem aber mochte Passeron sie gern, seit sie kurzfristig bei einer Nebenermittlung des Falles Dupont de Ligonnès zusammengearbeitet hatten – eines der größten Fiaskos in der Geschichte der Zielfahndungseinheit.

»Adiou, Roxane«, begrüßte er sie mit seinem singenden Toulouser Tonfall.

Passeron musste kurz vor der Rente stehen, und obwohl er während seiner gesamten Laufbahn in Paris gearbeitet hatte, sprach er noch immer mit dem starken Akzent aus dem französischen Südwesten.

Sie erklärte ihm, sie sei auf der Suche nach Informationen bezüglich der Leichen des Absturzes auf der Flugroute Buenos Aires–Paris.

»Ah, für solche Anfragen ist die U21 zuständig.«

Damit hatte Roxane gerechnet. Die Ermittlungs- und Identifizierungseinheit war vor fast dreißig Jahren anlässlich des Unfalls am Mont Sainte-Odile ins Leben gerufen worden. Ihre Mitglieder wurden zu allen Katastrophen geschickt – Flugzeugabstürze, große Verkehrsunfälle, Attentate im Ausland –, bei denen es französische Opfer gab.

»Könntest du mir jemanden nennen, der mich über die Identifikation einer Leiche unterrichten könnte?«

»Da muss ich nachdenken. Was genau suchst du?«

»Ich möchte zwei, drei Details überprüfen.«

»Ich versuche, jemanden zu finden«, versprach Nougaro. »Lass mir etwas Zeit.«

Roxane beendete das Gespräch und sagte sich, dass ihr Spielchen nicht lange unentdeckt bleiben würde. In den letzten Stunden hatte sie Hilfe gefunden, weil ihre Gesprächspartner glaubten, sie arbeite für die Zielfahndungseinheit. Aber früher oder später würde sich herumsprechen, dass man sie aufs Abstellgleis abgeschoben hatte. Bis dahin hatte sie für ein paar Tage die Freiheit, um eine Ermittlung ohne Papierkram und Zwänge führen zu können. Und sie war entschlossen, diese zu nutzen.

Eine Flut von SMS riss sie aus ihren Gedanken. Valentine. Die Studentin hatte die Deutsche Grammophon und Milenas Agenten angerufen. Wie Roxane vermutet hatte, hatte die Pianistin keine Zwillingsschwester, sie hatte überhaupt keine Geschwister. Ihr Vater war seit Langem tot. Die Mutter hatte wieder geheiratet und lebte jetzt mit einem Professor im Ruhestand in Dresden.

»Ruf den Verlag von Raphaël Batailley an und versuche, herauszufinden, wo er sich aufhält«, bat sie die Studentin.

Dann schloss sie die Augen und nutzte die Wärme und Ruhe im Raum, um ihre Überlegungen fortzusetzen.

Sie hatte recht gehabt, sich für diesen Fall zu begeistern. Allerdings mangelte es ihr an Abstand, um die Hintergründe und Ergebnisse zu erkennen. Es gab sehr viele Details, aber ohne ein Ermittlungsteam konnte sie sich nicht den Luxus leisten, sich zu verzetteln. Um voranzukommen, musste sie sich auf zwei Ziele konzentrieren – das Mädchen identifizieren und finden.

»Was tun Sie hier?«

Sie schrak hoch, öffnete die Augen und richtete sich auf. Vor ihr stand eine Frau, bewaffnet mit einem Eimer und einem Dampfreiniger. Um die vierzig, rundlich, bekleidet mit einem gelben T-Shirt und einer Latzhose. Sie hatte wasserstoffblondes Haar und trug eine Butterfly-Brille mit dicken Gläsern.

»Ich bin von der Polizei, Madame«, antwortete Roxane und zückte ihren Dienstausweis.

»Und darum haben Sie das Recht, sich in diesem Sessel breitzumachen? Wer hat Ihnen erlaubt, hereinzukommen?«

»Meine Ermittlungen.«

»Haben Sie einen Durchsuchungsbeschluss?«

Die Frau war nicht angenehm. Roxane versuchte, das Kräfteverhältnis umzukehren.

»Und wer sind Sie?«

»Josefa Miglietti, die Hausmeisterin. Ich komme jeden Dienstag zum Putzen.«

Sie öffnete die Tür eines Holzbuffets, das Putzmittel enthielt.

»Ich suche Raphaël Batailley, um ihm mitzuteilen, dass sein Vater gestern Morgen einen schweren Unfall hatte.«

»Wirklich?«, fragte Josefa ernsthaft betroffen.

»Wissen Sie, wo er ist?«

»Ich habe ihn seit mindestens zwei Wochen nicht mehr gesehen.«

Roxane zeigt ihr den Artikel im *Week'nd*.

»Und kennen Sie diese Frau?«

»Die Pianistin? Milena soundso?«

»Ja, haben Sie die kürzlich hier irgendwo in der Gegend gesehen?«

»Kürzlich? Sie ist seit einem Jahr tot! Sie sind aber echt nicht auf dem Laufenden!«

»Oder jemanden, der ihr ähnlich sieht?«, erkundigte sich Roxane.

Die Hausmeisterin schüttelte den Kopf.

»Ich habe nur ein einziges Mal mit ihr gesprochen, und das war vor gut einem Jahr. Da hat sie ein paar Tage hier verbracht.«

»Wann war das genau?«

»Ich weiß es nicht mehr. Im Sommer vielleicht. Zu der Zeit, als wir alle glaubten, Monsieur Marc würde an seinem Lungenkrebs sterben.«

»Und Sie haben in den letzten Tagen nichts Verdächtiges in der Anlage bemerkt?«, beharrte Roxane.

»Außer Ihnen?«

»Natürlich außer mir!«

Josefina kratzte sich am Kopf.

»Letzte Woche hat ein Journalist zweimal versucht, mich auszufragen.«

»War er hier?«

Die Hausmeisterin nickte.

»Er hat gesagt, er hieße Constantin Lelièvre oder so.«

»Was wollte er wissen?«

»Ungefähr dasselbe wie Sie. Er hat mir Fragen über die Pianistin gestellt.«

Roxane zog ihr Handy heraus, das in ihrer Tasche vibrierte. Neue Nachricht von Valentine: *Die Verlegerin von RB behauptet, er sei in London, aber sie weiß nicht, wo er wohnt.*

»So, und jetzt habe ich zu tun«, erklärte Josefa und schickte sich an, Roxane mit dem Stiel ihres Reinigungsinstruments wegzuschieben.

Das ließ die Polizistin sich nicht zweimal sagen. Batailley konnte nicht in London sein. Seit dem Brexit benötigte man einen Pass, um nach England einzureisen, und der des Schriftstellers lag in seiner Schreibtischschublade. Diese Verlegerin erzählte Unsinn, und sie würde ihr einen Besuch abstatten. Es war an der Zeit, diesem Ameisenhaufen von Schwätzern einen Fußtritt zu versetzen.

3.

In der Hoffnung, ihre Hände vor der eisigen Kälte schützen zu können, hatte Roxane die Ärmel ihres Pullovers heruntergezogen. Während sie die Schritte beschleunigte, blies sie auf ihre Finger, um sie zu wärmen. Die eisigen Temperaturen ließen ihr Tränen über die Wangen rinnen.

Glücklicherweise brauchte Raphaël Batailley nicht durch ganz Paris zu laufen, um zu seinem Verlag zu gelangen. Außerdem war es ein eher angenehmer Spaziergang: der Jardin des Grands-Explorateurs, die Avenue de l'Observatoire, der Boulevard Montparnasse. Und schließlich die kleine Rue Campagne-Première. Eine von Roxanes Lieblingsstraßen in der Hauptstadt. Sie betrat sie mit demselben Elan, den Sonne und Wind an den Tag legten. Auch dieses Viertel war nicht von Bauarbeiten verschont geblieben. Die Straße war nicht schöner geworden, seit sie das letzte Mal hier gewesen war. Inmitten der Häuser mit den alten, bunten Fassaden erhob sich ein tristes graues Immobilienprogramm, umhüllt von einem Metallnetz.

Immer siegt das Hässliche …

Das war eines der traurigen ehernen Gesetze der Zeit. Während sie die Straße entlangging, kamen ihr viele Erinnerungen in den Sinn. Das passierte ihr in letzter Zeit immer häufiger. Völlig unangekündigt überfiel sie wie eine Hitzewelle eine ganze Flut von Reminiszenzen, die unglaublich präzise waren. Plötzlich hatte sie wieder vor Augen, wie sie in ebendieser Straße an einem Juniabend im Jahr 1997 mit ihren Freundinnen ihr Abitur gefeiert und sich darauf gefreut hatte, im Herbst den Vorbereitungskurs Louis-le-Grand zu einer Elitehochschule zu beginnen.

Es war der Tag des Musikfestes. Und es war sehr warm gewesen. Lionel Jospins Linke hatte gerade die Wahlen gewonnen. Die Gruppe Baby Rockers spielte vor dem Hotel *Istria* ihr Lied *Champagne Supernova*. Damals schien ihr das Leben vielversprechend, voller Hoffnungen und Möglichkeiten. Heute war ihr Leben eine Mauer, eine Abfolge von zu lösenden Problemen, eine Verkettung von Angriffen, die sie abwehren musste, ohne selbst in die Offensive gehen zu können. Die Hoffnung auf jegliche Verbesserung oder persönliche Entfaltung hatte sie aufgegeben, ihr war klar, dass sie nicht mehr wusste, wo sie stand. Sie hatte erkannt, dass sich die Welt definitiv verändert hatte und dass sie in diesem neuen Universum nie mehr ihren Platz finden würde.

Sie erreichte die Nummer 13 a, ein Haus aus rosafarbenen Ziegeln, in dem sich der Sitz der Éditions Fantine de Vilatte befand. Sie klingelte und trat in die dunkle, schmale Halle, die sich auf einen gepflasterten Innenhof öffnete. In dessen Mitte stand ein efeuumwucherter Brunnen, der von zu Wohnungen umgebauten, ehemaligen Künstlerateliers umgeben war. Im größten, einem Gebäude, das mit seinem Glasdach an ein Gewächshaus erinnerte, befanden sich die Verlagsräume.

»Ich möchte Fantine de Vilatte sprechen.«

»Wenn Sie keinen Termin haben, ist das nicht möglich.«

Die junge Frau am Empfang hatte ihr in einem herablassenden Ton geantwortet, der sie irritierte. Roxane zog ihren Dienstausweis heraus und legte ihn auf den Glastresen.

»Ich bin von der Polizei, meine Liebe, also setz dich in Bewegung und ...«

»Ich bin Fantine de Vilatte«, verkündete eine Stimme hinter ihr.

Die Verlegerin stand im Sonnenlicht. Die elegante Sechzigjährige trug ein buntes Schultertuch. Ihr aschblondes Haar war zu einem raffinierten Knoten zusammengesteckt, der ihr etwas von einer mittelalterlichen Heldin verlieh.

»Capitaine Montchrestien von der Zielfahndungseinheit. Im Rahmen von Ermittlungen bin ich auf der Suche nach Raphaël Batailley.«

»Und wie kann ich Ihnen helfen?«

»Indem Sie mir sagen, wo er sich befindet, zum Beispiel.«

Fantine zog das Seidentuch enger um ihre Schultern.

»Rapha ist in London. Vermutlich in einem Hotel oder einem Ferienhaus, aber ich weiß absolut nicht, wo, und habe auch keine Möglichkeit, es herauszufinden.«

Mit dieser Antwort hatte Roxane gerechnet. Sie nahm den Reisepass aus der Tasche, den sie in seinem Haus gefunden hatte.

»Er hat seinen Pass nicht dabei, also ist er nicht in London, also erzählen Sie mir Unsinn, und also werde ich gleich ärgerlich.«

Fantine de Vilatte antwortete ihr mit einem friedlichen Lächeln und einem offenen Blick, um ihr zu zeigen, dass sie nicht so leicht zu beeindrucken war.

»Sein Vater hatte einen schlimmen Unfall«, fügte Roxane hinzu.

»Ich kann Ihnen wirklich nichts sagen. Wir haben einen Vertrauenspakt. Wenn er schreibt, möchte Rapha allein sein. Sie kennen sicher Thomas Manns Definition, ›dass ein Schriftsteller ein Mann ist, dem das Schreiben schwerer fällt als allen anderen Leuten‹.«

Roxane änderte die Taktik.

»Sie kennen die Pianistin Milena Bergman.«

»Hm ... vom Namen her schon«, erwiderte die Verlegerin und verzog leicht das Gesicht, »aber nicht persönlich.«

»Dabei war sie die Freundin Ihres ›Rapha‹. Hat er sie Ihnen nie vorgestellt?«

»Nein, er hat mir gegenüber nie von ihr gesprochen.«

»Das ist doch merkwürdig, oder?«

»Nein, Raphaël erzählt mir von seinen Figuren. Für einen Romancier wie ihn sind Bücher wichtiger als das Leben.«

»Das sind nur Worte«, meinte Roxane.

»Ja, das sind nur Worte, Madame, aber unterschätzen Sie ihre Macht nicht.«

Roxane seufzte. Wie anmaßend diese Leute waren!

»Für viele Schriftsteller«, fuhr Fantine fort, »ist Schreiben ein Ausweg. Das ist das Wunder der Fiktion: Sie kann sie vorübergehend von der Realität befreien. Aber ich habe nicht die Absicht, mit Ihnen darüber zu diskutieren.«

Vilatte war hartgesotten und eine gute Schauspielerin. Aber das Schlimmste war, dass sie wirklich an diesen Unsinn glaubte.

»Ich denke, Ihnen ist die Lage nicht wirklich klar. Marc Batailley liegt im Krankenhaus und schwebt in Lebensgefahr. Wie können Sie es rechtfertigen, seinem Sohn diese Information vorzuenthalten?«

»Sie bringen mich in eine unangenehme Lage.«

»Nein, ganz im Gegenteil, ich zeige Ihnen einen Ausweg. Glauben Sie mir, wenn sein Vater stirbt, ohne dass man Raphaël über seinen Krankenhausaufenthalt informiert hat, wird er kein einziges Buch mehr bei Ihnen veröffentlichen.«

Dieses Argument schien zu greifen. Die Verlegerin schwieg eine Weile und packte dann endlich aus.

»Raphaël befindet sich in einer psychiatrischen Klinik«, sagte sie leise.

Roxane hatte von Anfang an mit einer verrückten Geschichte gerechnet, und sie wurde nicht enttäuscht.

»Wo ist er eingesperrt?«

»Er ist nicht *eingesperrt*. Er hält sich freiwillig dort auf.«

»Halten Sie mich für blöd?«

»Er ist in der Fitzgerald-Klinik am Cap d'Antibes. In den letzten Jahren hat Rapha all seine Bücher dort geschrieben.«

»Warum?«

»Weil er die Atmosphäre, die Umgebung und die Nähe zur Geisteskrankheit mag, sie löst eine Art Schwindelgefühl in ihm aus, das ihn beim Schreiben stimuliert.«

»Sie arbeiten wirklich mit Verrückten.«

»Sie können das nicht verstehen.«

»Natürlich nicht, wir Bullen sind einfach zu blöd.«

Roxane wandte sich von Fantine de Vilatte ab und trat hinaus in den Hof. Sie setzte sich auf eine weiße

Steinbank in der Nähe des Brunnens, öffnete den Internetbrowser ihres Handys und rief die Air-France-Seite auf. Um diese Tageszeit gab es stündlich Flüge von Orly nach Nizza. Wenn sie sich beeilte, konnte sie den Flughafenbus um 14:15 Uhr erreichen. Ihr Fall befand sich an einem Scheideweg. Sie war inzwischen davon überzeugt, dass ihre Suche nach Milena Bergman über Raphaël Batailley führte. Und sie war fest entschlossen, ihn aufzusuchen.

6 Ein Schriftsteller bei den Irren

Ein Narr ist ein Mensch,
der einen Abgrund sieht und hineinfällt.

Honoré de Balzac, *Theorie des Gehens*

1.

Meine Damen und Herren, da wir gleich zur Landung an-
setzen, bitten wir Sie, auf Ihre Plätze zurückzukehren und
Ihre Gurte anzulegen. Sorgen Sie dafür, dass Ihr Hand-
gepäck unter dem Sitz vor Ihnen oder im Gepäckraum über
Ihnen verstaut ist. Die Notausgänge müssen frei bleiben.
Das Wetter in Nizza ist wolkenlos, die Temperaturen liegen
bei sechzehn Grad.

Den Kopf an das kleine runde Fenster gelehnt, war
Roxane noch immer wie benommen. Trotz der ganzen
Aufregung durch die Ermittlungen war sie kurz nach
dem Start plötzlich müde geworden und hatte während
des gesamten Flugs geschlafen. Jetzt schmerzte ihr

Rücken. Eine beginnende Migräne pochte hinter ihren Schläfen. Die Kleidung, die sie seit dem Vortag trug, fing an, sie zu stören. Sie spürte den Schweiß und kam sich vor wie ein altes, feuchtes, zerknittertes Laken.

Schon vor der Landung schaltete sie ihr Handy wieder ein und entdeckte eine Nachricht von Lieutenant-Colonel Najib Messaoudi von der Gendarmerie-Einheit zur Identifikation von Katastrophenopfern, der sie aufforderte, ihn zu kontaktieren. Passaron hatte also Wort gehalten und einen Kontakt hergestellt. Diese Information konnte ihr immerhin ein Lächeln entlocken. Am liebsten hätte sie Messaoudi gleich angerufen, doch das Gedränge beim Aussteigen hielt sie davon ab. So war kein entspanntes Gespräch möglich.

Sobald sie im Terminal ankam, erwog sie, einen Wagen zu mieten, begnügte sich dann aber mit einem Taxi. Die Luft in Nizza war angenehm, die Temperatur frühlingshaft und der Himmel tiefblau. Roxane wartete, bis sie sich auf der Route Nationale entlang der Küste befanden, um den Taxifahrer zu bitten, das Radio leiser zu stellen, damit sie Najib Messaoudi anrufen konnte. Fest entschlossen, ihren Gesprächspartner nicht zu überfallen, hielt sie sich zunächst bedeckt.

»Ich danke Ihnen im Voraus, mir etwas Zeit zu opfern, Lieutenant-Colonel. Ich werde Sie nicht lange stören. Im Rahmen einer Ermittlung interessiere ich mich für den Flug 229 und würde gern einige Punkte mit Ihnen besprechen.«

»Ja bitte.«

»Ich habe gelesen, dass etwa zwei Drittel der Leichen gefunden wurden.«

»So ist es, hunderteinundzwanzig von hundertachtundsiebzig.«

»Und wer genau hat die Leichen geborgen?«

»Wir, die Gendarmerie, in Zusammenarbeit mit der portugiesischen Armee und dem argentinischen Innenministerium. Die ganze Operation hat sich über sechs Monate hingezogen, doch die meisten Leichen wurden in zwei Phasen aus dem Meer geborgen. Ein Teil während der Tage kurz nach dem Crash und ein weiterer mittels eines U-Boots, nachdem der Rumpf des Flugzeugs gefunden worden war.«

»In welchem Zustand befanden sie sich?«

»In einem eher guten. Die niedrige Wassertemperatur und der Druck haben den Verwesungsprozess verzögert. Erst wenn man sie aus dem Wasser zieht, beginnen die Probleme.«

»Wegen der Oxidierung?«

»Genau. Solange sich die Leichen im Wasser befinden, sind sie dem Phänomen der Saponifikation oder Verseifung unterworfen, die die Verwesung blockiert. Im Kontakt mit der Luft aber zersetzen sie sich sehr schnell.«

Roxane ließ ihr Seitenfenster herunter. Sie waren soeben am Hippodrom von Cagnes-sur-Mer vorbeigefahren. Anders als in der Hochsaison war der Verkehr jetzt flüssig. Das Meer und der Himmel verschmolzen in ihren Blautönen. Diese friedliche Stimmung erinnerte an die Riviera von einst und stand im Gegensatz zu den Worten des Lieutenant-Colonels.

»Und dann?«, fragte Roxane. »Wie wird die Identifikation vorgenommen?«

»Wir haben zwei verschiedene Teams, die daran arbeiten. Eine Sektion *post mortem,* die die Proben entnimmt, und eine Sektion *ante mortem,* die die Familien kontaktiert, um möglichst viele Informationen, einschließlich der genetischen, von den Opfern zu erhalten.«

»Laut dem Bericht des Büros für Flugunfallermittlung waren alle Passagiere sofort tot.«

»Ja«, bestätigte Messaoudi. »Bei dieser Geschwindigkeit zerbirst die Maschine in Sekundenschnelle. Das erkennt man anhand der wenigen durchgeführten Autopsien: Die Passagiere sind nicht durch Ertrinken gestorben, sondern durch Polytraumen.«

»Und nicht die geringste Chance, dass jemand dem hat entkommen können?«

»Nein, ich wüsste nicht, wie.«

Nach dieser Einleitung kam Roxane zur Sache.

»Ich will nicht um den heißen Brei herumreden, Colonel. Ich brauche Informationen zu einem bestimmten Opfer: die Pianistin Milena Bergman.«

»Dafür müssen Sie den Dienstweg einschlagen. Ich glaube nicht, dass ich Ihnen diese Art von Informationen telefonisch geben kann.«

»Was ändert das, außer dass ich auf diese Weise Zeit verliere?«

»Das ist die Vorschrift, ganz einfach. Sonst noch was?«

»Bitte, dieser Papierkram, der unser Leben verkompliziert, macht mich ganz verrückt. Können Sie mir wirklich nichts sagen?«

Najib Messaoudi seufzte.

»Was wollen Sie wissen, Capitaine?«

»Zunächst einmal das Datum, an dem ihre Leiche aus dem Wasser geborgen wurde.«

Sie hörte einen Mausklick am anderen Ende der Leitung, dann das Tippen auf einer Computertastatur.

»Der 21. April 2020, wenige Tage nachdem wir den größten Teil des Flugzeugrumpfs lokalisiert hatten. Sie gehörte zu den Opfern, die noch angeschnallt waren.«

»War es leicht, sie zu identifizieren?«

»Ja, wir hatten die Qual der Wahl. Um Ihnen alles zu sagen: Wir hatten eine Zwei-Faktor-Identifizierung. Zunächst bei dem Vergleich der beiden DNA-Fragmente, dem, das von ihrer Leiche entnommen wurde, und dem des Ante-mortem-Teams und schließlich der panoramischen Dental-Radiografie, die uns ihre Familie überlassen hatte. Mehr hätten wir nicht erhoffen können.«

»Haben Sie Fotos von der Leiche?«

»Ja, aber erwarten Sie bloß nicht, dass ich sie Ihnen schicke.«

»Wurde die Leiche der Familie überstellt?«

»Ja, so wie alle anderen, die wir geborgen haben.«

»Wissen Sie, was dann mit der Leiche geschehen ist?«

Erneuter Mausklick.

»Milena Bergman wurde am 18. Mai letzten Jahres in Deutschland, Dresden, eingeäschert.«

2.

Der Wagen fuhr jetzt am Cap d'Antibes entlang, Richtung Presqu'Île de l'Îlette. Die Umgebung war bezaubernd, und der Geruch der Pinien verbreitete einen wahrhaftigen Ferienduft. Um das Bild perfekt zu machen, fehlte nur noch der Gesang von Zikaden. Roxane dachte über das nach, was Messaoudi ihr gesagt hatte: Milena Bergman war tot. Ohne jeden Zweifel. Sie war von den besten Experten der Gendarmerie identifiziert worden. Warum hatte dann die Haarprobe der Unbekannten in der DNA-Datenbank einen Treffer ergeben? Sie hielt sich erneut vor Augen, was Botsaris ihr erklärt hatte: Milena Bergman befand sich in der DNA-Datenbank, weil sie neun Jahre zuvor wegen eines Diebstahls in einer Luxusboutique verurteilt worden war. Gab es zu jener Zeit Fehler bei der genetischen Untersuchung? Hatte die Presse von dieser Festnahme berichtet? Existierten Fotos von dem Vorfall? Das alles würde sie überprüfen müssen.

Das Taxi hielt vor einem hohen eisernen Tor, bewacht von zwei Kameras.

»Sind Sie sicher, dass es hier ist?«

»So sagt es mein Navi«, erwiderte der Fahrer und deutete auf den Bildschirm: »Clinique Fitzgerald.«

»Warten Sie hier auf mich.«

»Der Zähler läuft. Sie zahlen.«

Roxane klingelte, stellte sich vor und wartete eine ganze Weile, bis die beiden Torflügel sich auf einen baumbestandenen Park öffneten. Sie lief über einen Kiesweg, der ein gutes Stück durch den Wald führte. Inmitten der Kiefern und Eukalyptusbäume erhob sich ein großes neoklassizistisches Gebäude, wie man sie aus den Goldenen Zwanzigern kannte.

Es waren die kürzesten Tage des Jahres. Innerhalb weniger Minuten hatte sich die Luft deutlich abgekühlt. Die Sonne würde bald untergehen und überzog den Himmel mit rosafarbenen Streifen. Im Park beendeten die Patienten gerade eine Partie Kricket, andere spielten Boules, und wieder andere saßen auf einer Bank und rauchten, den Blick ins Leere gerichtet. Die Zeit war verlangsamt, die Umgebung zeitlos, etwas zwischen einem Altersheim, einem Kindergarten und einer Suchtklinik. Nichts verriet tatsächlich, in welcher Zeit man sich befand. Es hätte durchaus ein Jahrhundert früher sein können. Roxane dachte an die Luxushotels, die während des Ersten Weltkriegs zu Militärkliniken umfunktioniert worden waren.

Einer Eingebung folgend, lief sie, statt das Haus zu betreten, weiter auf dem Weg bis zu einem felsigen Plateau, das zum Meer abfiel. Und da erblickte sie ihn, ein wenig abseits in einer Strohhütte, die einem Musikpavillon glich. Sie beobachtete ihn eine Weile. Raphaël Batailley saß vor seinem Computer und mit einer Weißweinflasche an einem Gartentisch, sein Blick verlor sich am Horizont.

Sogar als sie sich langsam näherte, schien er sie nicht zu bemerken. Über einem weißen Hemd trug er eine dicke marineblaue Strickjacke, genauso geschnitten wie die, die sie am selben Morgen im Glashaus gesehen hatte. Aus der Nähe betrachtet hatte er für sie zunächst die Aura eines englischen Aristokraten mit einer Haltung wie aus einem Roman von E. M. Forster. Aber die Seite des Kopfes, die im Schatten lag, erinnerte sie an Filmschauspieler: eine Mischung aus dem Dandytum eines Rupert Everett und den Qualen eines Montgomery Clift.

»Sind Sie bereits beim Aperitif, oder ist das noch die Flasche vom Frühstück?«, fragte sie.

Etwas anderes fiel ihr nicht ein, um das Gespräch zu beginnen.

Der Schriftsteller mit den schwarzen Haaren wandte ihr abrupt seine hellen Augen zu, ungehalten, gestört zu werden.

Die Polizistin blieb beim Weinthema. »Bieten Sie mir ein Glas an?«

Provozierend reichte er ihr die schon zu einem guten Teil geleerte Flasche – ein Meursault-Perrière, der nicht mehr ganz frisch war –, und aus Trotz nahm sie einen Schluck direkt aus der Flasche.

»Mein Name ist Roxane Montchrestien«, sagte sie und setzte sich auf den freien Stuhl ihm gegenüber.

»Das ist ein perfekter Name für eine Romanheldin«, verkündete er nach eingehender Überlegung.

»Danke für das Kompliment.«

»Sind Sie neu hier?«

»Ich bin keine Patientin.«

»Ach, sind Sie die neue Krankenschwester, von der hier jeder spricht? Ich hatte Sie mir jünger vorgestellt.«

»Auch das nicht.«

Die Miene immer noch verschlossen, runzelte er die Stirn und kratzte sich am sprießenden Bart. Seine Augen schimmerten seltsam, so als hätte er Drogen genommen oder wäre betrunken. Oder beides.

»Sind Sie wenigstens keine Journalistin?«, fragte er, wobei er sie genau musterte. »Nein, Sie sehen nicht nach so 'ner Zeitungstante aus.«

»Sehe ich denn nach einer Polizeitante aus?«

Ob es Valentine gefiel oder nicht – aus der Nähe sah der Schriftsteller gar nicht so toll aus. Vernachlässigte Kleidung, müde Augen, abgenutzter Charme. Batailleys Miene verfinsterte sich, als er bemerkte, dass Roxane seine Strickjacke trug.

»Was hat mein Pulli auf Ihren Schultern zu suchen? Sie waren doch wohl nicht unerlaubt bei mir zu Hause?«

Verlegen biss sie sich auf die Unterlippe.

»Ich werde es Ihnen erklären.«

»Ich hoffe, Sie lassen sich etwas Vernünftiges einfallen und die Polizei kann Ihnen einen Anwalt bezahlen.«

Roxane versuchte, die Wogen zu glätten.

»Ich bin hier, um Ihnen etwas zu bringen.«

Roxane löste die Uhr, die sie am Handgelenk trug, und legte sie auf den Tisch. Raphael Batailley betrachtete sie zunächst scheinbar gleichgültig. Dann drehte er sie um und las die Inschrift.

»Wo haben Sie die gefunden?«

»Es ist Ihre Uhr, stimmt's?«

»Es war meine, ja. Aber ich habe sie jemandem geschenkt.«

»Und wem?«

Batailley fuhr sich mit der Hand durchs Haar.

»Irgendetwas sagt mir, dass Sie es bereits wissen.«

»Der Frau, die Sie einst geliebt haben, Milena Bergman. Wissen Sie, ob sie die Uhr getragen hat, als sie gestorben ist?«

»Offensichtlich nicht. Sie wäre nicht in diesem Zustand, wenn sie sechs Monate im Wasser gelegen hätte. Wo haben Sie sie gefunden?«

»Jemand hat gestern versucht, sie an einen Uhrmacher in der Rue Marbeuf zu verkaufen.«

»Und wer?«

»Ein Mitarbeiter des Sicherheitspersonals der psychiatrischen Klinik von Paris.«

»Und woher hat er sie?«

»Vom Handgelenk einer Patientin der 13P, der Krankenstation der Polizeipräfektur.«

»Und von wem hat die sie?«

»Genau das will ich herausfinden.«

Roxane hatte den Eindruck, dass Raphaëls Interesse nachließ, dass der Schriftsteller nicht begriff, inwiefern diese Geschichte von einer gestohlenen Uhr ihn etwas anging.

»Okay«, sagte er und legte die Uhr um sein eigenes Handgelenk. »Danke, dass Sie sie mir gebracht haben. Muss ich etwas unterschreiben oder aussagen?«

3.

»Warten Sie, das war noch nicht alles! Lassen Sie mich die Geschichte der Reihe nacherzählen.«

»In dem Zustand, in dem ich mich befinde, empfiehlt sich das. Aber machen Sie schnell.«

»Am letzten Wochenende hat die See- und Flussbrigade auf der Höhe des Pont-Neuf eine junge Frau aus dem Wasser gefischt, die kurz davor war, zu ertrinken. Das Mädchen war nackt, völlig desorientiert und konnte sich an nichts erinnern. Das Einzige, was sie am Leibe trug, war diese Uhr.«

Raphael rieb sich heftig die Augen.

»Bei der DNA-Analyse des Haars dieses Mädchens haben wir eine Entsprechung in der Nationaldatei der genetischen Fingerabdrücke gefunden.«

»Mit wem?«

»Mit Milena Bergman.«

Der Schriftsteller schüttelte den Kopf.

»Ich wüsste nicht, warum Milenas DNA in der Nationalen Datenbank registriert sein sollte.«

»Wegen eines Diebstahls 2011.«

Skeptisch zuckte Raphaël mit den Schultern.

»Es kann sich hier nur um einen Irrtum handeln.«

Roxane zeigte ihm die Fotokopie des rechtsmedizinischen Berichts.

Batailley warf einen kurzen Blick darauf. Das Foto schien ihn stutzig zu machen, ohne ihn zu verunsichern.

»Ein unscharfes Schwarz-Weiß-Foto, das besagt gar nichts.«

Roxane hielt ihm ihr Handy hin und ließ die Bilder der Überwachungskameras der psychiatrischen Krankenstation abspielen.

Diesmal war Raphaël wie vor den Kopf gestoßen. Sein Gesicht verzerrte sich: Seine Augen waren weit aufgerissen, seine Lippen verzogen sich, sein Kiefer verkrampfte sich.

»Soll das ein Witz sein, oder was?«

»Ich weiß nicht, wie ich es erklären soll«, gestand Roxane. »Was meinen Sie, ist sie es?«

»Nein. Das kann *unmöglich* sie sein. Milena war in dem abgestürzten Flugzeug. Ihre Leiche wurde identifiziert. Es hat nie den geringsten Zweifel gegeben.«

»Ich möchte, dass Sie mir helfen, diese Frau wiederzufinden.«

»Wie – sie *wiederfinden*?«

»Sie ist während eines Transfers in eine andere Krankenstation entwischt, und niemand hat sie seither gesehen.«

Wütend stieß Raphaël den Eisentisch zurück, erhob sich und machte aufgeregt ein paar Schritte auf dem Felsplateau. Sein unruhiger Schatten zitterte im Gegenlicht. Der Horizont loderte. Die Konturen der Kiefern hoben sich gegen den rötlichen Himmel ab.

»Draußen vor dem Eingang wartet ein Taxi. Kommen Sie mit mir nach Paris zurück«, sagte sie und trat zu ihm an den Steilhang, der ins Mittelmeer eintauchte.

Er hob die Stimme und drohte ihr mit dem Zeigefinger.

»Nein, ich werde Ihnen nicht in dieses Delirium folgen. Milena ist tot. Es war für mich schlimm genug, das zu akzeptieren. Sie war schwanger mit unserem Kind. Das hat mir …«

Seine Stimme brach.

»Das wusste ich nicht«, sagte Roxane leise.

»Verschwinden Sie.«

»Es tut mir leid, diese schmerzhaften Erinnerungen geweckt zu haben, aber …«

»HAUEN SIE AB!«, brüllte er.

Das Geschrei des Schriftstellers hatten die Pflegekräfte alarmiert. Roxane warf einen Blick zurück über die Schulter. Wie aus dem Film *Einer flog über das Kuckucksnest* bemerkten zwei weiß gekleidete Typen sie plötzlich und stürzten in ihre Richtung. Ihr Handlungsspielraum reduzierte sich. Zumal Batailley ihr allmählich Angst machte, und das umso mehr, als er unmittelbar am Felsabhang stand.

»Ich muss Ihnen etwas sagen, Raphaël, und leider ist es eine schlechte Nachricht.«

Der Romancier kam näher und hob die Arme. Einen kurzen Augenblick lang glaubte Roxane, er würde sie bei den Schultern packen und ins Meer werfen, aber er begnügte sich mit einer Handbewegung, um ihr zu bedeuten, weiterzusprechen.

»Ihr Vater hatte gestern Morgen einen schweren Unfall. Er ist im Krankenhaus.«

»Wie?«

»Er ist auf der Treppe seines Büros gestürzt und liegt im Koma.«

»Hätten Sie mir das nicht eher sagen können!«

»Kommen Sie mit mir nach Paris«, flehte sie.

Die Hände in die Hüften gestemmt, verzog Raphaël Batailley das Gesicht und holte tief Luft wie ein Fußballspieler, der nach einem schlechten Tackling wieder auf die Beine gekommen ist.

»Lassen Sie mir fünf Minuten zum Packen«, sagte er

und machte dabei eine beruhigende Geste in Richtung der Krankenpfleger, die sich näherten.

Während er ins Klinikgebäude zurückkehrte, sprach Roxane mit den beiden Männern, die sie flankierten und bis zum Tor führten. Sie stieg hinten ins Taxi und bat den Fahrer, noch einen Moment zu warten. Dieser Schriftsteller hatte etwas Verrücktes an sich. Es würde nicht leicht mit ihm werden. Aber sie brauchte ihn in Paris für ihre Ermittlungen.

Während sie auf Raphaël wartete, überprüfte sie ihre eingegangenen SMS. Johan Moers hatte versucht, sie zu erreichen. Sie rief ihn sogleich zurück.

»Hör zu, Roxane, ich habe die Analyse auf Grundlage weiterer aus den Haaren extrahierter DNA-Fragmente selbst noch einmal vorgenommen. Es sind dieselben genetischen Fingerabdrücke wie heute Morgen. Ein Irrtum ist ausgeschlossen.«

»Und der Urin?«

Der Wissenschaftler erwiderte kategorisch: »Unmöglich, das geringste Fragment zu extrahieren.«

»Warum?«

»Zunächst, weil sich in der Pisse nur wenig DNA befindet und die sich sehr schnell auflöst, aber vor allem, weil deine Probe durch Desinfektionsmittel in der Kloschüssel kontaminiert war.«

»Verdammt!«

»Aber ich habe eine Info, die dich interessieren könnte.«

»Nun sag schon!«

»Für alle Fälle habe ich noch ein paar andere Analysen vorgenommen. Und eines der Resultate hat mich stutzig gemacht.«

»Heraus mit der Sprache, Johan!«

»Ich habe im Urin Spuren des Hormons Beta-HCG gefunden.«

»Und was bedeutet das?«

»Dass das Mädchen schwanger ist«, entgegnet Moers. »Deine Unbekannte aus der Seine erwartet ein Kind.«

Als Roxane auflegte, schoss ihr ein Gedanke durch den Kopf: Das Büro zur Aufklärung außergewöhnlicher Fälle hatte soeben nicht nur seine Türen geöffnet, sondern würde erneut hoffähig werden.

Actualité   >   Le Point, avec AFP, 8 octobre 2012

Berühmte Pianistin wegen Diebstahls verurteilt

Die junge deutsche Pianistin Milena Bergman wird des Diebstahls für schuldig befunden und zu einer hohen Geldstrafe verurteilt.

Gestern Nachmittag stand die deutsche Pianistin Milena Bergman wegen des Diebstahls einer Luxushandtasche vor dem Pariser Strafgericht.

Der Vorfall ereignete sich am 18. Dezember 2011, jenem Tag, an dem die Musikerin (23) abends im Théâtre des Champs-Élysées ein Konzert geben sollte. Am frühen Nachmittag hatte die junge Frau in der Bulgari-Boutique auf der Avenue Georges V. eine Tasche entwendet. Das Geschäft entdeckte die Tat auf der Videoüberwachung und alarmierte die Polizei. Es folgte eine turbulente Festnahme in dem Hotel in der Rue de l'Abbé-Grégoire im 6. Arrondissement, in dem die junge Frau wohnte.

Die für ihre Einspielungen von Schubert und Debussy berühmte Interpretin, die zahlreiche internationale Wettbewerbe gewonnen hat, gab bei der Anhörung die Tat zu und entschuldigte sich für ihr Verhalten, für das sie die volle Verantwortung übernahm. Die Angeklagte gab das stressige Tourneeleben und die Einnahme von Medikamenten als Grund für diesen nicht vorsätzlichen »Ausraster« an, plädierte jedoch nicht auf mildernde Umstände. Sie schäme sich für ihr Verhalten und entschuldigte sich auch bei den Polizeibeamten, mit denen sie eine lautstarke Auseinandersetzung gehabt hatte.

Das Gericht verurteilte sie zu einer Geldstrafe von 1500 Euro und zu 2000 Euro Schadensersatz für den Nebenkläger.

II.
DOPPELGÄNGER

7 Raphaël Batailley

*Realität ist das, was nicht
verschwindet, wenn man aufhört,
daran zu glauben.*

Philip K. Dick, *How To Build A Universe*

1.
Paris bei Nacht.

»Sie können hier halten, ich gehe zu Fuß weiter.«

Das Taxi setzte mich an der Ecke Rue d'Assas und
Rue de Vavin ab. Trotz der Kälte musste ich mir ein
wenig die Beine vertreten und frische Luft schnappen,
bevor ich nach Hause ging. Meinen Vater auf der Intensivstation des Hôpital Pompidou zu besuchen, das
war eine große Herausforderung für mich gewesen.
Am Spätnachmittag hatte man ihn an einem Wirbel
operiert. Nach Aussage des Arztes war die Operation
recht gut verlaufen, aber zunächst kam es nicht infrage,
ihn aus dem künstlichen Koma zu holen.

Während ich neben seinem Bett stand, fühlte ich mich an die schweren Stunden des letzten Jahres erinnert, als ich nach der Lungenkrebsdiagnose glaubte, ihn endgültig zu verlieren. Eine kleine Aufmerksamkeit seitens der zwei Schachteln Zigaretten, die er seit seinem fünfzehnten Lebensjahr täglich rauchte, um ihm für seine Treue zu danken. Damals hatte ihn die Chemotherapie stark mitgenommen, und die meisten Pflegekräfte hatten ihn schon aufgegeben, als ihn eine Immuntherapie auf wundersame Weise wieder ins Leben zurückholte. An diesem Abend klammerte ich mich an den damaligen positiven Ausgang und sagte mir, dass der alte Löwe es auch diesmal schaffen würde. *Fluctuat nec mergitur. Das Schiff schwankt, aber es geht nicht unter.*

Ich sah auf meine Uhr – besagte Résonance, die mir Roxane Montchrestien zurückgegeben hatte. 21 Uhr. Es war eiskalt. Obgleich es schon spät war, sorgten so kurz vor Weihnachten die Last-minute-Einkäufe für dichten Verkehr. Ich ging die Straße zweihundert Meter hinauf bis zum Musée Zadkine und dann auf der gegenüberliegenden Seite am Botanischen Garten der pharmazeutischen Fakultät entlang.

Bei Vollmond erinnerte der Ort an ein nächtliches Gemälde des Zöllners Rousseau. Hinter dem Gitter spielte eine ebenso überraschende wie üppige Vegetation in allen nachtblauen Farbschattierungen. Die schwarzen Zweige der blattlosen Bäume ragten in den Himmel und bildeten spinnenartige Netze, in denen sich Wolkenbänder, wie aus Reispapier gemacht, verfingen.

Ich öffnete das Tor zur Nummer 77 und ging über den geteerten Weg zum Glashaus. Die wolkenlose und außergewöhnlich helle Nacht schuf milchige, grünliche Reflexe, die an ein riesiges Aquarium denken ließen. Ich hatte dieses Haus drei Jahre zuvor aus einer Laune heraus von einem kanadischen Geschäftsmann gekauft, der sich aufgrund gewagter Spekulationen in einer Notlage befand. Bei meiner ersten Besichtigung war ich fasziniert von der architektonischen Leistung, der raffinierten Einrichtung und dem Mobiliar, das mir der ehemalige Besitzer ebenfalls überlassen hatte. Doch später hatte mir das Haus trotz seines Komforts und seiner Schönheit stets Angst gemacht. Vor allem, wenn ich allein dort war. Im ersten Jahr war ein Vogel so heftig gegen eine der Scheiben geflogen, dass sie zersplitterte. Ich war derart schockiert, dass ich sämtliche Fenster gegen solche aus unzerbrechlichem Verbundglas hatte austauschen lassen. Aber auch heute noch fühlte ich mich hier unbehaglich und hatte irgendwie den starken Eindruck, exponiert und angreifbar zu sein. Ich wusste, dass sich alles nur in meinem Kopf abspielte. Denn das Glas war so behandelt, dass man von außen nicht sehen konnte, was drinnen geschah. Und dennoch ... Von klein auf hatte ich gelernt, dass die größte Herausforderung meines Lebens darin bestand, das zu beherrschen, was in meinem Kopf vor sich ging.

2.

Ich öffnete die Tür, schaltete die Lichtanlage und dann die Heizung ein. Trotz meiner Befürchtungen war ich froh, die gemütliche Atmosphäre meines Hauses wiederzufinden. Ich stellte mein Gepäck ab und holte mein Handy aus der Schreibtischschublade. Es war ausgeschaltet und der Akku sicher seit Langem leer.

Während ich es lud, rief ich vom Festnetz aus die Hausmeisterin, Madame Miglietti, an. Nachdem sie sich nach dem Zustand meines Vaters erkundigt und von ihrer Begegnung mit Roxane Montchrestien berichtet hatte, erzählte sie mir etwas, das mich beunruhigte: Der Journalist von *Week'nd,* der den Artikel über Milena und mich geschrieben hatte, trieb sich in der Gegend herum. Er hatte ihr Fragen gestellt, die sie ihm – das schwor sie – nicht beantwortet hatte. Dieser Artikel hatte mich furchtbar geärgert. Er ließ einen Teil meiner Vergangenheit aufleben, von dem ich nichts mehr hören wollte. Unter dem Deckmantel des »belletristischen Journalismus« oder der »investigativen Recherche« schlossen sich die einst prestigeträchtigen Nachrichtenmedien den Boulevardzeitungen an und suhlten sich fröhlich im Dreck, während sie sich einbildeten, eine weiße Weste zu behalten. Als der Artikel erschienen war, hatte ich mich gefragt, wer wohl dem Schreiberling die privaten Fotos und Informationen anvertraut hatte. Bei intensiverem Nachdenken fand ich lediglich eine Möglichkeit – es konnte nur ein Mitarbeiter des Hôpital de la Salpêtrière gewesen sein. Als mein Vater im letzten Jahr dort gelegen hatte, um seine Krebserkrankung behandeln zu lassen, hatte er den Krankenschwestern vermutlich sein Leben (und das meine) erzählt. Ich konnte mir gut vorstellen, wie er, ohne sich etwas dabei zu denken, Fotos auf seinem Handy zeigte und Geschichten erzählte. Aber im Krankenhaus haben die Wände Ohren. Alles spricht sich auf der Station herum. Und irgendjemand hatte sein Vertrauen und die aus der Krankheit resultierende Schwäche ausgenutzt und für vier- oder fünfhundert Euro mein Privatleben an einen Schmierfinken verkauft.

Aber warum gerade jetzt? Und warum schnüffelte der Typ weiter wie ein Trüffelschwein in meiner Umgebung herum? Ich warf einen Blick auf mein Handy, das wieder funktionierte. Mit klopfendem Herzen überflog ich die Nachrichten und Anrufe in Abwesenheit, aber nichts hatte den geringsten Bezug zu Milena Bergman.

Normal, da Milena tot ist, flüsterte eine Stimme in meinem Kopf.

Ich erhob mich mit dem unangenehmen Gefühl, beobachtet zu werden, und sah nach draußen. Nur zu gern gab ich meiner Paranoia nach und schaltete die Außenbeleuchtung ein. Die Pflanzen und Sträucher um das Haus herum lagen im grellen Licht, und im Hintergrund zeichnete sich im Halbdunkel eine beunruhigende Landschaft ab.

Ich setzte mich wieder an meinen Schreibtisch und zog die Fotokopie der Akte, die mir Roxane Montchrestien überlassen hatte, aus der Manteltasche.

Während ich die Papiere überflog, horchte ich auf meine Emotionen. Angst, die überwog, mischte sich mit Unverständnis. Warum sollte irgendjemand ein Interesse daran haben, glauben zu machen, dass Milena Bergman lebte? Ich hatte Mühe, das Ziel der Aktion zu verstehen. Erpressung? Ging es um ein Erbe? Ein Betrug, um die Aufmerksamkeit der Medien zu erregen? Nichts von alldem schien mir stichhaltig. Aber die Polizistin, die mich aus Antibes geholt hatte, schien daran zu glauben. Natürlich war die Akte verwirrend – die genetischen Fingerabdrücke, die man anhand der Haare bestimmt hatte, der Schwangerschaftstest –, aber das alles vermochte nicht viel gegen die Tatsachen auszurichten. Melina Bergman befand sich zwei Tage vor dem Flugzeugabsturz in Buenos Aires, das belegte der Mitschnitt des Konzerts auf Canal 7, dem staatlichen argentinischen Fernsehsender, der die Aufnahme bei YouTube hochgeladen hatte. Und wie die doppelte Identifikation (DNA und Panoramaaufnahme des Kiefers) der Polizei bewies, befand sie sich auch an Bord des Fliegers. Alles andere interessierte mich nicht. Diese Zeit meines Lebens hatte mich ausgelaugt. Momentan hatte ich keine Kraft mehr zu irgendetwas.

Es war eine schwierige Phase für mich. Seit meiner Vorpubertät verlief mein Leben zyklisch. Ich durchlebte sehr intensive Höhen und komplizierte Tiefen. Alle wussten, dass meine kleine Schwester Vera unter grauenvollen Umständen ums Leben gekommen war, als ich zehn Jahre alt war.

Aber was niemand wusste, war, dass ich mit ihrem Phantom lebte. Vera erschien mir in unterschiedlichem Alter – als Kind, als Mädchen, als junge Frau und manchmal auch viel älter.

Sie kam, um mit mir zu plaudern, wollte hören, was es Neues gab, manchmal auch Ratschläge geben, vor allem aber verlangte sie, dass ich Bücher für sie schrieb. Ich erzählte ihr Geschichten, so wie ich es früher getan hatte. Darum waren auch all meine Romane ihr gewidmet. Sie ist der Ursprung meiner Berufung, und alles, was ich in meinem Leben geschrieben habe, habe ich für sie geschrieben.

Mit der Zeit hatte ich mich an ihre Anwesenheit gewöhnt. Ich brauchte sie sogar. Ich hoffte und lauerte darauf, aber emotional waren ihre Besuche anstrengend für mich. Auch wenn es manchmal Monate dauerte, bis sie auftauchte, Vera kam immer wieder. Normalerweise, wenn ich am wenigsten damit rechnete oder wenn es mir gerade einigermaßen gut ging, weil ich eine Frau kennengelernt hatte. Sie war resistent gegen alle Psychotherapien und Medikamente. Natürlich war mir immer klar, dass all das nur in meinem Kopf existierte, aber das half mir auch nicht weiter.

Seit Jahren war ich in Behandlung bei einer Schweizer Psychiaterin, Christa Lanzinger, die Einzige, die von meinen Qualen wusste. Aber auch sie hatte ich lange belogen, weil ich einiges verschwiegen hatte. Bis letzten Monat, als ich es nicht mehr aushielt, mit meiner Lüge zu leben, und mich von meinem Geheimnis befreite, indem ich ihr den Ursprung meiner Schuldgefühle hinsichtlich des Todes meiner Schwester enthüllte.

3.

Aubagne, Sommer 1990

Ein provenzalisches Haus oberhalb der Stadt. Die Sommerferien gehen zu Ende. Ich bin zehn Jahre alt. Die Wände meines Zimmers sind mit Postern von Chris Waddle und Éric Cantona dekoriert, daneben ein Plakat des Films *Jack Burton dans les griffes du Mandarin/Big Trouble in Little China*. Im Regal ein beleuchteter Globus, eine Fantomas-Figur, ein Modell von Alain Prosts McLaren, Bücher aus der Reihe »Livres dont vous êtes le héros« sowie eine Gesamtausgabe von *Tout l'Univers*, einige Nummern der Comiczeitschrift *Pif* und eine Schachtel mit dem besten Schnickschnack der letzten Wochen: Filzstifte mit unsichtbarer Tinte, eine fluoreszierende Pif-Brille, ein Kamm mit einklappbarem Stiel, Angstbonbons, Crados-Pulver, ein uralter Bumerang, das Messer und die Kette des Vorzeithelden Rahan.

Ich ziehe mein Olympic-Marseille-Trikot und meine Nike Air Pegasus an, Letztere habe ich von meinem Cousin geerbt, weil sie ihm zu klein geworden waren. Ich laufe in die Garage, schwinge mich auf mein BMX-Rad und fahre den abschüssigen Weg hinunter, der zur Asphaltstraße führt. Begleitet vom modulierten Zirpen der Zikaden, radele ich zu meinem Freund Vincent Merlin, dessen Vater versprochen hat, uns mit dem Auto zum Training des Teams Olympique Marseille im Stadium Luminy im Süden der Stadt zu bringen. Als ich eine Viertelstunde später bei meinem Freund ankomme, liegt dieser im Bett, neben dem seine Eltern und ein Arzt stehen – eine akute Blinddarmreizung. Er muss nach Timone ins Krankenhaus. Bis sie abfahren, bleibe ich bei ihm, um ihn moralisch zu unterstützen, dann fahre ich bitter enttäuscht nach Hause zurück. Auf dem Feldweg erkenne ich in der Ferne neben unserem Audi 80 einen braunen Renault 9, den ich noch nie zuvor gesehen habe. Instinktiv spüre ich eine mögliche Gefahr. Ich steige von meinem Crossrad und verstecke es im Gebüsch. Es ist glühend heiß. Ich mache einen großen Umweg, um mich dem Haus von hinten zu nähern. Auf der Terrasse höre ich Stimmen. Die meiner Mutter und die eines Mannes, die ich nicht zu erkennen vermag. Meine Mutter, Élise Batailley, ist dabei, diesen Mann, der nicht mein Vater ist, auf den Mund zu küssen. Meine Kehle ist wie zugeschnürt. Ich zittere am ganzen Körper. Ich bücke mich, damit sie mich nicht sehen können, und schleiche nach einem kurzen Moment der Verblüffung ins Untergeschoss. Noch immer bebend, hocke ich mich unter den Schornsteinschacht, der es mir, dank der Mysterien der Akustik, ermöglicht, das Gespräch weiter zu verfolgen, so als stünde ich zwei Meter neben ihnen. Endlich kann ich den Mann identifizieren: Joël Esposito, unser Zahnarzt.

Ich bin schockiert, deprimiert, aber nicht überrascht. Meine Mutter war schon immer so – sie existiert und atmet nur dank der Blicke, die die Männer ihr zuwerfen. Ich habe lange gebraucht, um das zu verstehen, und es hat mich gestört. Jegliche Diskussion und jeglicher Austausch mit einem Mann ist für sie ein Akt der Verführung, der uns alle gefährdet, weil er unsere Familie zerstören könnte. Meine Mutter hält sich für eine Künstlerin. Sie war irgendwann mal Tänzerin beim Ballet national de Marseille, und sie erzählt gern, dass sie wegen ihrer Heirat nicht die verdiente Karriere machen konnte. Unzufriedenheit ist einer ihrer maßgeblichen Charakterzüge, der sie zu einem unglaublich egoistischen Verhalten treibt.

Ich bleibe stundenlang im Untergeschoss versteckt, bis der Zahnarzt endlich geht. In den folgenden Tagen verfolgen mich diese Bilder. Aber ich weiß nicht, was ich mit dieser Information anfangen soll. Mit wem soll ich darüber sprechen? Nicht mit meiner Mutter. Und auch nicht mit meinem Vater, der sie trotz dieser Freizügigkeit vergöttert und eine Trennung nicht ertragen würde. Meine Eltern streiten sich oft, auch vor mir, und ich kenne die Drohungen meiner Mutter auswendig: »mit den Kindern gehen«, »deinen Ruf zerstören«, »deinen Rauswurf bei der Polizei provozieren«.

»Ein so intelligenter Junge wie du«, das sagt mir mein Vater oft, um mir Selbstvertrauen zu geben. Ein so intelligenter Junge wie ich müsste in der Lage sein, die Situation zu entschärfen, um die Familie zu retten. Aber was kann ich tun? Ich stelle Dutzende von Hypothesen auf. Doch nur eine scheint mir geeignet: dem Zahnarzt Angst zu machen, um ihn zu zwingen, diesen Ehebruch zu beenden.

Ich hole meinen *Pif*-Schnickschnack heraus und einige alte Fernsehzeitschriften, die im Zeitungsständer im Wohnzimmer liegen.

Ich schneide Buchstaben aus und setze sie zusammen, um einen anonymen Brief zu verfassen, der hoffentlich nicht mein Alter verrät.

ICH WEISS, DASS SIE EIN VERHÄLTNIS MIT ÉLISE BATAILLEY HABEN.
WENN SIE ES NICHT BEENDEN, WERDEN ES AUCH IHR MANN UND IHRE FRAU ERFAHREN.

Mithilfe eines Lineals male ich die Buchstaben der Adresse in Blockschrift auf den Umschlag und schicke ihn an die Praxis des Zahnarztes.

Am übernächsten Tag geraten die Dinge außer Kontrolle. Es ist der 5. September, der erste Mittwoch nach Schulbeginn. Ich komme nach der Schule nach Hause und muss um 14:00 Uhr zum Handballtraining. Meine Schwester Vera, vier Jahre, isst mit mir in der Küche zu Mittag. Plötzlich klingelt das Telefon. Meine Mutter nimmt das Gespräch an und entfernt sich mit dem Apparat. Ich errate, dass »er« es ist. Der Liebhaber. Ich lausche und verstehe, dass er ihr von dem Brief erzählt, den er bekommen hat. »Ich bringe Vera in den Hort und komme dann vorbei«, sagt sie zu ihm.

Als ich mein Fahrrad nehme, um zum Sport zu fahren, bin ich völlig panisch. Ich weiß, dass nun ein Mechanismus ausgelöst wurde, den ich nicht mehr kontrollieren kann. Aber selbst in meinen schlimmsten Albträumen habe ich mir nicht ausmalen können, dass er so zerstörerisch sein würde.

4.

**Eine Vierjährige stirbt in der glühenden Hitze
in einem Auto**
La Provence, 7. September 1990

**Vera Batailley, die Tochter des bekannten Kommissars
von der Kripo Marseille, war im Wagen ihrer Mutter ein-
geschlossen. Das Kind saß in der Falle und konnte nicht
entkommen. Es erstickte in dem überhitzten Auto.**
Ein tragischer Unfall – in diesem Sommer schon der
zweite dieser Art in unserer Region – hat sich gestern
Abend oberhalb von Aubagne ereignet.

Ein wahrer Glutofen
Wie jeden Mittwochnachmittag bringt Élise Batailley,
ehemalige Tänzerin am Ballet national de Marseille, ihre
Tochter in den Kinderhort von Haut-Caroux. Aus uner-
klärlichem Grund vergisst sie, das Kind dort abzusetzen,
und macht sich auf den Weg zu ihrem Termin. Inzwischen ist die Vierjährige hinten im Auto eingeschlafen.
Es ist 14:00 Uhr. Offenbar ohne an ihr Kind auf dem
Rücksitz zu denken, parkt Madame Batailley den Audi 80
in der prallen Sonne auf dem Parkplatz der Siedlung
Val-Claret.
Das Kind ist also in der Gluthitze gefangen und verliert, vermutlich im Schlaf, das Bewusstsein. Erst um

17:30 Uhr bemerkt die Mutter ihr Versehen. In Panik fährt Élise Batailley zur Feuerwache La Bouilladisse, doch die Sanitäter können nichts mehr tun. Das Kind ist schon lange tot.

Das Syndrom des vergessenen Babys

Während der großen Hitzewelle sterben in Frankreich jedes Jahr mehrere Kinder, weil sie von ihren Eltern in einem überhitzten Auto vergessen werden. Diese Dramen – bekannt unter dem Namen »das Syndrom der vergessenen Babys« – passieren zumeist liebevollen und aufmerksamen Eltern, die ihr »Vergessen« nur mit Stress und Müdigkeit erklären können.

»Bei Außentemperaturen von 40 °C verwandelt sich ein Auto in einen wahren Glutofen, der bis zu 70 °C heiß werden kann«, erinnert Anaïs Traquandi. *»Dieser Umstand wird verstärkt durch die Körpertemperatur kleiner Kinder, die viel schneller ansteigt als die Erwachsener, da ihre Körper weniger Wasser binden«*, fügt die Kinderärztin hinzu.

Die Mutter befindet sich in Polizeigewahrsam

Der Oberstaatsanwalt von Marseille hat Ermittlungen wegen fahrlässiger Tötung eingeleitet. *»Momentan erscheint die Hypothese eines Unfalls am wahrscheinlichsten«*, gibt ein bei den Ermittlungen Involvierter an. Keiner der Bewohner der Siedlung hat irgendetwas gehört oder bemerkt. *»Die Autopsie des Mädchens ergab, dass es an Dehydratation gestorben ist. Der Körper weist keinerlei*

Spuren von Schlägen, Gewalteinwirkung oder andere ver-
dächtige Spuren auf«, erklärte der Staatsanwalt.

Am Mittwochabend wurde Madame Batailley in besorg-
niserregendem psychischem Zustand ins Krankenhaus
eingeliefert, heute Nachmittag wurde sie in Polizeigewahrsam genommen, aber schnell wieder freigelassen.
Sie vermag keine andere Erklärung für das Drama zu
geben als einen grauenvollen Moment der Geistesab-
wesenheit.

Die Achtunddreißigjährige war vorübergehend Tänzerin
am Ballet national de Marseille. Ihr Mann, Marc Batailley, Commissaire bei der Kripo Marseille, stand Anfang
des Jahres im Rampenlicht, als sein Team den Mörder
Raynald Pfefferkorn, genannt der Gärtner, der sein Un-
wesen mehrere Monate lang in Marseille und Umgebung trieb, aufspürte und überführte.

ICH WEISS, DASS SIE EIN VERHÄLTNIS MIT ÉLISE
BATAILLEY HABEN. WENN SIE ES NICHT BEEN-
DEN, WERDEN ES AUCH IHR MANN UND IHRE
FRAU ERFAHREN.

8 Die Welt, so wie sie nicht ist

Dionysos ist ein Meister der Illusion,
der [...] seine Anhänger allgemein dazu
befähigt, die Welt zu sehen, wie die
Welt nicht ist.

Donna Tartt, *Die geheime Geschichte*

1.

Paris, 21:00 Uhr

Als sie die Tür zum Turm de l'Horloge öffnete, empfand Roxane erneut das angenehme Gefühl der »Rückkehr ins traute Heim«, das durch die beißende Kälte draußen noch verstärkt wurde. Der Leuchtturm war ein behaglicher, warmer Rückzugsort. Während sich Poutine an ihren Beinen rieb, legte sie im Flur die Sachen ab, die sie auf dem Rückweg vom Flughafen, kurz vor der Schließung des Bon Marché, gekauft hatte: Unterwäsche, Jeans, Langarm-T-Shirt und einen altmodischen Pyjama aus Baumwollsatin verziert mit Calais-

155

Caudry-Spitze. Dieser kleine Ausflug hatte sie die Hälfte ihres Monatsgehalts gekostet. Um die Rechnung noch etwas in die Höhe zu treiben, hatte sie sich auch ein dickes Daunenkopfkissen gekauft, um das harte Sofa auszugleichen. Dann ging sie direkt hinauf in Marc Batailleys Büro, das sie jetzt als das ihre betrachtete. Dort erwartete sie eine Überraschung: Valentine war da und hatte noch dazu zwei Gerichte bei Luca, dem italienischen Restaurant auf der anderen Straßenseite, bestellt. Gerührt von dieser Aufmerksamkeit, verspeiste Roxane ihre getrüffelten Nudeln und trank dazu den Rest des Weißweines, den sie am Vorabend geöffnet hatte.

Die Stimmung entsprach dem Essen: entspannt und stärkend.

Zunächst berichtete Roxane der Studentin von ihrer Begegnung mit Raphaël Batailley.

»Und wie fanden Sie ihn?«

»Ganz schön durchgeknallt. Wusstest du, dass Milena Bergman zum Zeitpunkt des Unfalls schwanger war?«

»Ja, das hat Marc mir erzählt. Für ihn war der Flugzeugabsturz eine doppelte Strafe – er hat nicht nur seine künftige Schwiegertochter verloren, sondern auch sein zukünftiges Enkelkind.«

»Und um das Mysterium noch zu vergrößern, hat mir Moers berichtet, dass das Mädchen, das man geborgen hat, ebenfalls schwanger ist.«

»Als hätte die Zeit ein Jahr lang stillgestanden und Milena wäre wieder aufgetaucht, so wie sie vor dem Absturz war.«

»Glaubst du wirklich daran?«

»Solange das Gegenteil nicht bewiesen ist.«

Beim Dessert angelangt, erkundigte sich Roxane nach den Tätowierern.

»Ja, da gibt es Neuigkeiten. Ich habe den ganzen Nachmittag mit Recherchen verbracht und mich dabei von meiner Intuition leiten lassen: Man darf die Darstellung von Efeu und Rehfell nicht getrennt betrachten, sondern als eine Einheit.«

»Da gebe ich dir recht.«

»Aus diesem Zusammenspiel entstand eine Art Enthüllung, die mich auf eine Idee gebracht hat. Ich habe mich daran erinnert, dass man diese beiden Elemente oft in der griechischen Mythologie findet, vor allem als Attribute des Dionysos und seines Gefolges.«

»Hilf mir auf die Sprünge«, bat Roxane, während es sich der Kater auf ihrem Schoß gemütlich machte und ihr durch die Jeans hindurch die Oberschenkel zerkratzte.

Roxane erinnerte sich an ihren Vorbereitungskurs an der Uni. Die Bilder überlagerten sich in ihrem Kopf. Der göttliche Glanz des Zeus, die grausamen und kleinlichen Streiche der Götter, stundenlanges Brüten über der Übersetzung griechischer Texte, dieser Trojanische Krieg, der nicht enden wollte, die Täuschungen des

Odysseus, der sich Zeit ließ, zu seiner Penelope zurückzukehren ...

»Dionysos ist der einzige Gott, der von einer sterblichen Mutter geboren wurde«, fuhr Valentine fort. »Zeus hatte die schöne Semele verführt. Nachdem sie seine Geliebte geworden war und ihr gemeinsames Kind unter dem Herzen trug, bat die junge Frau ihren Geliebten, ihr in all seinem göttlichen Glanz zu erscheinen. Doch beim Anblick des Zeus mit seinem Feuer und Blitz verbrannte sie. Zeus hatte gerade noch Zeit, den Fötus aus Semeles Leib zu holen und in seinen eigenen Oberschenkel einzunähen, um seine Entwicklung zu ermöglichen. So wurde Dionysos geboren, die Vereinigung von Erde und Blitz.«

Die Schenkelgeburt, erinnerte sich Roxane.

»Aber es wurde nicht nur über den Gott geschrieben, sondern sehr oft auch über den Dionysos-Kult«, fuhr Valentine fort, »denn dieser verrufene und dekadente Kult existierte von jeher.«

Roxanes Erinnerungen wurden präziser. Bilder von Waldorgien, Trinkgelagen und Nymphen, die sich lüsternen Satyrn hingeben, kamen ihr in den Sinn. Oder drastischer ausgedrückt, Sexorgien mitten im Wald.

»Dionysos betörte die Frauen, denen er begegnete. Von einem mystischen Delirium erfasst, wurden sie zu seinen Verehrerinnen. Sobald sie unter seinem Einfluss standen, verschleppte er sie in die Wälder, wo sie sich einem orgiastischen Kult hingaben. Ganz der Verehrung des Dionysos ergeben, bildeten sie zusammen mit den Satyrn eine Gefolgschaft, ein Thiasos, das den Gott der Trunkenheit stets begleitete.«

Obwohl die Ausführungen der Studentin sie interessierten, brachte Roxane das Gespräch wieder auf das ursprüngliche Thema zurück.

»Welchen Bezug gibt es zu den Tätowierungen der Unbekannten aus der Seine?«

»Darauf komme ich gleich. In den Erzählungen und Darstellungen sind diese Begleiterinnen, die Mänaden, und auch die Satyrn oft mit einer Efeukrone und einem Nebrid, einer Tierhaut, dargestellt, die sie als Toga oder Umhang tragen. Zumeist ist der Nebrid aus einer Hirschhaut gefertigt – Damhirsch, Hirschkuh, Rehkitz.«

»Symbolisiert die Hirschhaut die Kraft des Tiers?«

»Ja, seine Vitalität und Wildheit. In der Mythologie ist der Nebrid das Fell eines Tiers, das die Mänaden in Trance gejagt und erlegt haben.«

»Das ist zwar interessant, doch etwas weit von unserem Fall entfernt, oder?«

Valentine lächelte mysteriös.

»Aber ich habe noch etwas entdeckt.«

Die Studentin erhob sich von dem Chesterfield-Sofa, auf dem die beiden Frauen an dem kleinen Couchtisch gegessen hatten, und ging zu dem Nussbaumschreibtisch, zu den Stapeln von Büchern und Akten.

»Vor Kurzem hat Marc Batailley Bücher über den Dionysos-Kult gekauft.«

»Ernsthaft?«

Valentine deutete auf eine zerrissene Stofftasche, die vor dem Arbeitstisch am Boden stand.

»Der Kassenbon liegt noch mit drin. Vier Bände, die er am Samstag, den 12. Dezember, in der Buchhandlung Guillaume Budé gekauft hat.«

Roxane trat zu der Doktorandin. Auf dem Tisch lagen Werke, deren Titel für sich selbst sprachen: *Der Schatten des Dionysos; Dionysos und die Erdgöttin; Dionysos und die Mänaden; Dionysos, der irre Gott.*

Sie schlug sie auf und blätterte darin, die Seiten waren umgeknickt, mit Anmerkungen versehen und Sätze unterstrichen, ganz so, als hätte der Polizist eine wissenschaftliche Arbeit vorbereitet.

»Ich glaube, du hast einen Treffer gelandet«, räumte Roxane ein. »Wir müssen herausfinden, warum Marc Batailley diese Recherchen vorgenommen hat. Hat er dir nie davon erzählt?«

»Darüber habe ich schon nachgedacht, aber nein. Mir ist nur aufgefallen, dass er in den letzten Wochen viel häufiger an seinem Schreibtisch saß.«

»Weil er mit einem Fall beschäftigt war?«

»Womöglich.«

»Ich gehe morgen mal in der Buchhandlung vorbei, um herauszufinden, ob Batailley dort vielleicht gesprächiger war.«

»Und was kann ich noch tun?«

Roxane überlegte kurz.

»Ich möchte, dass du vor Ort ermittelst, wenn du dir das zutraust.«

Sie zog ihr Handy heraus und öffnete eine Instagram-App, die zu einem Konto gehörte, das sie bei ihrem Aufenthalt in Nizza entdeckt hatte.

»Darf ich dir Corentin Lelièvre vorstellen? Freier Journalist bei *Week'nd*. Er hat den Artikel über Raphaël und Milena geschrieben.«

Valentine beugte sich über das Display. Der Kopf des Schreiberlings war kugelrund, die Augen waren so klein wie Stecknadelköpfe, das Bärtchen spärlich, die Geheimratsecken versuchte er unter einer Kappe zu verbergen. Er hatte auch eine Vorliebe für T-Shirts mit einer Message: »Lieber Aperitif als Oper«; »Du kannst nicht alle glücklich machen, du bist keine Waffel«; »Wie brauchen eine Happy-Welt«.

»Wow! Ein unangenehmer Typ«, meinte Valentine lächelnd, während sie durch die Posts scrollte.

Die meisten Aufnahmen zeigten den Schreiberling im alternativen Wohlstandsmilieu. Man hatte den Eindruck, dass er pausenlos in irgendeiner Kneipe saß und Platten voller Wurst, Teller mit Burrata und Bio-Bierflaschen fotografierte. Die Geolokalisierung seiner Posts ließ darauf schließen, dass er seine Gelage vorwiegend in zwei Bars abhielt: *Les Enfants Terribles* am Quai de Jemmapes und *Le Bootlegger* in der Rue du Faubourg-Saint-Denis.

»Und was genau soll ich machen?«

»Versuchen, in Kontakt mit ihm zu kommen.«

»Sozusagen eine Undercover-Ermittlung?«

Roxane lächelte.

»Das ist vielleicht etwas übertrieben ausgedrückt, aber ja, im Grunde geht es darum.«

»Nach was genau suchen wir?«

»Zwei Punkte: Wer hat ihm die Informationen für den Artikel gegeben, und warum spioniert er weiterhin Raphaël hinterher?«

»Okay, das übernehme ich.«

»Aber geh vor allem kein Risiko ein, und spiel nicht die Heldin. Ich verlange nicht, dass du mit ihm schläfst.«

Valentine lachte laut auf.

»Das würde mir schwerfallen.«

»Es wäre gut, wenn du dich gleich heute Abend ans Werk machen könntest. Er hat zwar noch nichts in den sozialen Netzwerken gepostet, aber das will nicht heißen, dass er nicht in einer seiner beiden Lieblingskneipen sitzt.«

»Ich halte Sie auf dem Laufenden«, sagte Valentine, während sie in ihren Parka schlüpfte und den Helm aufsetzte.

Als sie ging, versuchte Roxane, ihr nicht nachzublicken. Dieses Mädchen berührte sie außergewöhnlich stark. Ihre Spontaneität und ihr Lächeln waren ansteckend. Jedes Mal hatte sie in Valentines Gesellschaft den Eindruck, jemand würde ihr eine Dosis Endorphine direkt ins Herz spritzen. Leider hielt die Wirkung in ihrer Abwesenheit nicht lange an. Sobald das junge Mädchen nicht mehr da war, hatte sie eine Art Entzugserscheinung.

2.

Sie ging in das kleine Badezimmer, um zu duschen und sich die Haare zu waschen, dann putzte sie sich die Zähne und zog den Pyjama an, den sie kurz zuvor gekauft hatte. Sie hatte beschlossen, auch heute Abend nicht nach Hause zu fahren, um im Rhythmus und im Fluss der Ermittlungen zu bleiben.

Sie setzte Wasser auf und bereitete sich einen Kräutertee zu, gab ihrem neuen Freund, dem Kater, zu fressen und kämpfte mit den Heizkörpern, um die richtige Temperatur einzustellen. Ehe es zu spät war, rief sie die gerichtsmedizinische Notaufnahme des Hôtel-Dieu an und bat darum, Jacques Bartoletti zu sprechen, den ersten Arzt, der »Milena« untersucht hatte. Er hatte an diesem Abend keinen Dienst, allerdings gelang es ihr durch ihre Hartnäckigkeit, seine Privatnummer zu bekommen. Man konnte nicht gerade behaupten, dass der Arzt erfreut war, zu Hause gestört zu werden.

»Kann ich nach sechsunddreißig Stunden Bereitschaftsdienst nicht mal in Ruhe das Fußballspiel anschauen?«

Roxane versuchte trotzdem ihr Glück.

»Am Dienstagabend gibt es kein Fußballspiel im Fernsehen.«

»Da sind Sie nicht auf dem Laufenden: Olympique Marseille gegen Lens, Nachholspiel des neunten Spieltages.«

»Ganz schön mutig, in diesem Jahr Marseille zu unterstützen.«

»Ich stehe auf der Seite der Rot-Gelben. Warum nerven Sie mich um 10 Uhr abends?«

»Ich möchte Ihnen zwei oder drei Fragen über die Frau stellen, die Sie am Sonntagmorgen untersucht haben.«

»Die Blonde, die ich zur psychiatrischen Krankenstation geschickt habe?«

»Genau.«

»Hat das nicht Zeit bis morgen?«

»Nein. Haben Sie ihre Tätowierungen bemerkt?«

Der Lens-Fan überlegte eine Weile.

»Ja, ich erinnere mich, genau, ebendie haben übrigens die Taucher von der Flussbrigade beunruhigt, und damit hatten sie ganz recht.«

»Warum?«

»Weil die Tattoos ziemlich frisch zu sein schienen und schlecht gemacht waren. Die Zeichnung war verwischt und unregelmäßig. Ganz offensichtlich keine professionelle Arbeit – mit allen Konsequenzen, die das in gesundheitlicher Hinsicht nach sich ziehen kann.«

»Glauben Sie, dass man das Mädchen zu diesen Tätowierungen gezwungen hat?«

»Das wäre möglich. Ehrlich gesagt, ist das das Erste, was mir in den Sinn gekommen ist.«

»Aber ihr Körper wies ansonsten keine Spuren von Gewalteinwirkung auf?«

»Nein, ich habe nach eventuellen Einstichen gesucht, aber nichts gefunden. Falls das Mädchen unter Drogen stand, dann wurden die nicht mit einer Spritze verabreicht.«

Roxane hatte eine letzte Frage.

»Haben Sie bemerkt, dass ...?«

»Verflucht, wegen Ihres verdammten Mists hab ich das Tor verpasst!«, schrie der Notarzt wutentbrannt. »Sie nerven wirklich!«

Er beendete das Gespräch abrupt, sodass es Roxanne nicht ratsam schien, es noch einmal zu versuchen.

Stattdessen stapelte sie die Bücher über Dionysos aufeinander und trug sie zum Couchtisch. Mit Block und Stift bewaffnet, Poutine hinter ihrem Rücken, hockte sie im Schneidersitz auf dem Chesterfield-Sofa und vertiefte sich in die von Marc Batailley gesammelten Bücher.

Valentine hatte etwas herausgefunden, so viel war sicher. Eine noch nicht eindeutige, aber trotzdem vielversprechende Spur. Zunächst begnügte sich Roxane damit, die Abbildungen zu betrachten. Dionysos, Gott der Unordnung, der Machenschaften und der Raserei, wurde häufig auf einem von Panthern gezogenen Wagen dargestellt. Zumeist mit einem Bock- oder Luchsfell bekleidet, schwenkte er wie ein Zepter einen Thyrsos, das heißt einen von Efeu umrankten Stab, gekrönt von einem Pinienzapfen. Hinter ihm sein grausliches Gefolge: zunächst die widerwärtigen Satyrn, halb Mensch, halb Bock, Apostel des wilden, lüsternen Lebens, die ihre ekelhaften Visagen zur Schau stellten. Dann die faszinierenden Mänaden, ekstatische und besessene Verehrerinnen des Dionysos.

Anschließend konzentrierte sich Roxane auf den Text und überflog die zahlreichen Passagen, die Batailley unterstrichen hatte. Als sie die Informationen zusammentrug, entstand das faszinierende Porträt eines mythologischen Wesens, das ihr nur sehr oberflächlich bekannt war. Im Pantheon war Dionysos ein eigenartiger Gott, denn er lebte als Einziger nicht auf dem Olymp. Der stets maskierte, ungreifbar Umherirrende tauchte urplötzlich auf, um dann unangekündigt wieder zu verschwinden, und verbreitete sich wie eine nicht einzudämmende Epidemie.

Wo immer Dionysos in Erscheinung trat, hinterließ er bei denen, die seinem Kult nicht folgen wollten, Schrecken und Tod. Am besten wird diese rachsüchtige Gestalt sicher in Euripides' *Die Bakchen* dargestellt. Nachdem Dionysos in seine Heimatstadt Theben zurückkehrt ist, will er seine Tante Agaue bestrafen, weil sie seine Mutter beleidigt hat, ebenso wie seinen Cousin Pentheus, den Sohn des Königs, der sich weigert, seinen Kult anzuerkennen. Von seinen Mänaden begleitet, gelingt es ihm, Agaue in einen Zustand der Raserei zu versetzen. In ihrer wahnsinnigen Trance köpft sie, von ihren Halluzinationen getrieben, den eigenen Sohn und trägt dessen Haupt auf einen Stock gespießt quer durch die Stadt.

Roxane blätterte die Seiten fieberhaft um. Die Geschichte der Mänaden faszinierte sie besonders, weil sie ein möglicher Schlüssel zu ihrem Fall zu sein schienen. »Milena« war gebrandmarkt und, sicherlich gegen ihren Willen, waren ihr ein Efeukranz und ein Nebrid tätowiert worden – die beiden Attribute der Dionysos-Verehrerinnen. Der Gott hatte, wie einer der von Batailley angestrichenen Absätze erläuterte, die Macht, von ihnen Besitz zu ergreifen und sie zu »reiten«, um so ihren Geist und ihren Körper in seine Gewalt zu bringen. Sobald sie unter seiner Kontrolle standen, lebten sie in einer Welt des Scheins und der Illusion, bezwungen von einem halluzinatorischen Delirium. In einem wutentbrannten Wahnzustand waren sie fähig, ohne jedes Mitleid die schlimmsten Gräueltaten zu begehen, um dem Kult ihrer Gottheit gerecht zu werden. Die Texte berichteten von aufgeschlitzten Wildtieren, erwürgten und zerstückelten Kindern und blutrünstigen Menschenopfern zum Ruhm dessen, den sie »den Esser rohen Fleisches« nannten.

3.

Das Vibrieren ihres Handys riss Roxane aus ihrer Lektüre. Corentin Lelièvre, der Journalist mit der Halbglatze, hatte soeben ein neues Foto auf Instagram gepostet. Es handelte sich um ein Gruppenbild, das er im Restaurant *Le Potager du Marais* aufgenommen hatte. Lelièvre trug ein T-Shirt mit einem zotigen Reim. Lächelnd posierte er mit seinen Freunden vor einer vegetarischen Paella. Unter ihnen erkannte Roxane auch Valentine. *Gute Arbeit,* dachte sie. Die Doktorandin hatte keine Zeit verloren. Vermutlich hatte sie Lelièvre in einer der Bars des 10. Arrondissements ausgemacht und sich geschickt den Bohemiens angeschlossen.

Zufrieden konzentrierte Roxane sich wieder auf ihre Lektüre. Da wimmelte es von Lärm und Wut. Die Wut des Gottes und seiner Mänaden, die, gefangen in einer sich im Wahn steigernden Ekstase, alles zerstörten, was sich auf ihrem Weg befand. Eine faszinierende und erschreckende Feminität, Gegenstück zum Ideal der Stadt: die sanfte und schweigsame Mutter, die sich für die Familie aufopfert.

Die Brutalität dieser Mythologie hatte in der Antike Auswirkungen gezeigt. Historisch praktizierte der Thiasos, also die Gruppierung der Gefolgsleute und Diener des Dionysos, im Rahmen geheimer und dekadenter Zeremonien eine okkulte Verehrung, bei der

Alkohol, Drogen und sexuelle Exzesse an der Tagesordnung waren.

Ein loses, gefaltetes Blatt fiel aus dem Buch auf den Boden. Der Kater bemächtigte sich seiner mit einem Satz, und Roxane musste ihm nachlaufen, um es zurückzubekommen. Es handelte sich um eine – sicher von Batailley angefertigte – Fotokopie eines Auszugs aus dem Bericht des interministeriellen Ausschusses zur Bekämpfung von Sekten. Der Commissaire hatte einen Absatz gelb markiert, in dem es um das aktuelle Wiederaufleben des Dionysos-Kults ging. Es mangelte dem Ausschuss zwar an konkreten Informationen, aber er verwies auf vereinzelte Gruppen, die wie ein Thiasos strukturiert waren und die Mythologie als Vorwand nutzten, um ihren Trips, Trinkgelagen und Sexorgien einen Sinn zu geben.

Roxane drehte das Blatt um. Auf der Rückseite hatte Batailley sich Notizen gemacht, eine Art Memo:

Sich klarmachen, dass der Dionysos-Kult auf einer Verkehrung der Werte und dem Umsturz der Ordnung beruht. Dionysos ist der Feind der Selbstkontrolle und Mäßigung. Die Dionysos-Verehrung bedeutet Trunkenheit, die eine Aufhebung der Vernunft und eine Flucht aus der Welt, aus der Mittelmäßigkeit der Realität ermöglicht. Wir entfremden uns von der Realität. Sie besteht nur aus Langeweile und Unterdrückung. Die Trunkenheit im weitesten Sinne – Alkohol, Drogen, das Gesamtkunstwerk – ist der Zugang zu einer neuen Dimension. Die Trunkenheit ermöglicht den Übertritt in das wahre Leben. Die Verehrung des Dionysos heißt, die Macht der Trunkenheit und Ekstase zu akzeptieren. Den Schwindel, den Verlust der Bodenhaftung und jeglicher Hemmungen, alle Beleidigungen zu akzeptieren. Die Einhaltung der Normen aufgeben, sich der Andersartigkeit und Unterschiedlichkeit öffnen. Diese Trunkenheit gibt dem Menschen für einige Stunden die Möglichkeit, sich zu erheben und mit den Göttern zu verkehren.

Obgleich der Text Roxane sehr interessierte, spürte sie, dass sie müde wurde. Angesichts der vielen neuen Informationen fühlte sie sich etwas verloren. Sie brauchte Schlaf, um all das in die Schubladen ihres Gehirns einzuordnen. Auch wenn sie konkret nicht viel weiter gekommen war, war sie sich sicher, dass sie auf etwas Schwindelerregendes gestoßen war. Unmerklich hatte sich die Natur des Falls verändert. Es ging nicht mehr nur um eine Vermisste. Sie spielte eine Partie Schach gegen einen grausamen und unbarmherzigen Gegner. Gegen Dionysos, den Sohn des Zeus und Meister der Illusion. Den wahnsinnigen Gott.

Mittwoch, 23. Dezember

9 Der Schatten des Dionysos

Ich wünschte, du wärest hier
und würdest an meine Tür klopfen,
und du würdest mir sagen, ich bin's.
Rate mal, was ich dir mitbringe,
und du würdest mir dich selbst mitbringen.

Boris Vian, *Berceuse pour les ours qui ne sont pas là*

1.

Die Alarmanlage zerfetzte mir das Trommelfell. Eine Harpune bohrte sich mir in die Brust und riss mich aus einem endlos tiefen Schlaf. Völlig verwirrt und nach Luft ringend, setzte ich mich in meinem Bett auf. Ganz und gar desorientiert, wie ich war, brauchte ich mehrere Sekunden, um den Tatsachen ins Auge zu sehen: Jemand war in mein Haus eingedrungen. Ich stand langsam auf. Unsicher auf den Beinen, tastete ich nach dem Lichtschalter, stolperte über meine Reisetasche und fiel der Länge nach zu Boden.

Verdammt. Taumelnd richtete ich mich wieder auf, das Gehirn wie in einem Schraubstock, das Trommelfell noch immer durchbohrt von dem schrillen Ton. Die Nacht war grauenhaft gewesen. Albträume, eine heftige Migräne, Wachzustände bis um halb sechs am Morgen. Das Bild von Milena Bergman ließ mich nicht mehr los. Zwei Stunden lang hatte ich dann unruhig geschlafen, und jetzt riss mich ein Einbruch aus dem Bett.

Sobald ich wieder halbwegs bei klarem Verstand war, drängte sich erneut ihr Bild auf. Mein Herz schlug schneller. Endlich der Schalter. Das Licht. Das Holzparkett unter meinen Füßen. Die Treppe bis zum Erdgeschoss.

Und immer noch dieser schrille Ton der Alarmanlage. Dabei war niemand im Wohnzimmer. Die Glastür, der einzige Zugang zum Haus, war fest verriegelt. *Fehlalarm?* Es wäre nicht das erste Mal, dass das Überwachungssystem versagte. Ich tippte den Code ein, um die Sirene zu deaktivieren. Draußen erwachte der Tag. Blau, blass, fast traumhaft. Ein leichter Nebel schwebte über dem Garten, der in der Kälte des frühen Morgens wie erstarrt war. Die schwarzen blattlosen Baumkronen ragten in den Himmel, an dem die Sterne erloschen. Noch verschlafen rieb ich mir die Augen und lief durchs Erdgeschoss zu einer letzten Inspektion.

Obwohl alles ganz ruhig war, bekam ich es mit der Angst zu tun. Ich hatte erneut dieses Gefühl, Gefangener der Zweige und Äste zu sein, die sich über dem Haus krümmten. In den Glasscheiben spiegelten sich ständig unruhige Lichtreflexe, die sich überlagerten und dabei verwirrende Bilder erschufen.

An der Glaswand hinter mir erklang plötzlich ein dumpfes Geräusch. Ich drehte mich um. Der Stoß kam vom hinteren Teil des Gebäudes, der auf die üppigen Lorbeerbäume und die Treibhäuser des Botanischen Gartens der pharmazeutischen Fakultät hinausging. Zu dieser Tageszeit war der Ort gespenstisch. Die weißen mit Raureif überzogenen Hecken erweckten den Eindruck, zum Dekor eines der Hammer-Filme, bevölkert mit ihren dämonischen Kreaturen, zu gehören.

Plötzlich ein Schatten, dann eine Hand, die an die Glaswand schlug. Überrascht wich ich zurück und stieß einen Schrei aus. Ich brauchte einen Moment, um zu begreifen, dass es wirklich *sie* war. »Milena«. Verängstigt, in Panik, das Haar zerzaust, nur mit einem Nachthemd bekleidet, flehte sie mich an, sie hereinzulassen.

»Raphaël, mach mir auf!«

Ihre Stimme, wenngleich gedämpft durch das dicke Glas, zitterte vor Grauen. Ich hatte den Hauptschlüssel in einem Ablagefach beim Eingang deponiert. Ich hielt den elektronischen Schlüssel vor das Lesegerät, doch nichts passierte.

»Beeil dich!«

Ich versuchte es noch einmal, doch das Schloss blieb verriegelt. *Warum?*

»Beeil dich, ich flehe dich an!«

Es war das erste Mal, dass ich im Haus eingesperrt blieb. Das Auslösen des Alarms hatte wohl das verdammte elektronische System gestört.

Ich suchte ihren Blick und gab mir Mühe, selbst ruhig zu wirken und ihr nicht noch mehr Angst zu machen.

»Wir finden eine Lö...«

»Er kommt, Raphaël! Er kommt!«

Wer kommt? Mit den Augen suchte ich den Garten ab, doch ich konnte niemanden entdecken. Aber ich erkannte das nackte Entsetzen in ihrem Blick. Ich stürzte erneut zum Eingang, um mein Telefon zu suchen und eine Visitenkarte, die man mir am Vortag gegeben hatte. Ich brauchte Hilfe und wusste nur eine einzige Nummer, die ich anrufen konnte.

2.

Roxane hatte eine üble Nacht hinter sich. Nach einer Reihe von Albträumen, bevölkert von Satyren, Furien und irren Tätowierern, war sie gegen halb fünf Uhr morgens schweißgebadet aufgewacht. Verfolgt von ihrer abendlichen Lektüre, hatte sie sich auf ihrem Sofa hin und her gewälzt, ohne wieder einschlafen zu können. Ein Gedanke quälte sie: Sie musste mehr über die Aktivitäten von Marc Batailley während der Tage vor seinem Unfall in Erfahrung bringen. Der Polizist war ganz offensichtlich mit Ermittlungen befasst, die im Zusammenhang mit der Mythologie standen. Aber worum genau ging es dabei, und welche Verbindung gab es zu Milena Bergman? Vorerst sah sie nur einen Weg, es in Erfahrung zu bringen.

Trotz der eisigen Kälte hatte sie zu dieser frühen Stunde das Haus verlassen und war mit Riesenschritten die Rue de Sèvres und die Rue Lecourbe bis zum Cimetière de Vaugirard hinuntergejoggt. Das Hôpital Européen Georges-Pompidou (HEGP) lag hinter dem Friedhof. Es wurde gerade erst hell, als sie das Atrium betrat. Im Gegensatz zum Vortag war das Europäische Krankenhaus noch nicht erwacht. Das kalte weißliche Licht, das durch das Glasdach drang, ließ den Ort noch unpersönlicher erscheinen. Sie fuhr direkt zur Intensivstation hinauf. Der Aufzug. Die überheizten Flure. Der Geruch nach Essen und Tod. Die Verhandlungen mit der Pflegerin, um das Zimmer 18 betreten zu dürfen, »fünf Minuten zur Klärung von Ermittlungen«. Die Frau im weißen Kittel hatte ihr den Weg versperren wollen. Roxane hatte sie ignoriert, aber das Mädchen würde, begleitet von Kollegen oder Mitgliedern des Sicherheitsdienstes, zurückkommen. Sie musste sich beeilen. Ein schneller Blick auf den Commissaire. Auf dem Rücken ausgestreckt, struppiges Haar, üppiger Bart, verschwand er unter den vielen Katheterschläuchen, den Messinstrumenten und dem Beatmungsgerät. Sie öffnete den Schrank, griff in die Tasche des ledernen Dreiviertelmantels und fand, was sie suchte: Batailleys iPhone. Die Batterieanzeige stand auf Rot. Zum Glück hatte sie an diese Möglichkeit gedacht und ihr eigenes Ladegerät mitgenommen, sodass sie das Handy an der Steckdose neben dem Bett aufladen konnte. Es war ein neueres Modell mit Face ID. Sie führte den Bildschirm über das starre Gesicht des Flic, und das Telefon entsperrte sich. Ermutigt durch diesen Erfolg, begann sie, den Inhalt zu inspizieren: Mails, SMS, Browserverlauf, Fotos … Doch sehr bald schwand ihre Hoffnung. Ganz offensichtlich vergeudete Marc Batailley seine Zeit nicht im Internet und benutzte sein Smartphone fast nur zum Telefonieren. Die Auflistung der letzten Anrufe war etwas ermutigender. Sie machte Screenshots, die sie per SMS an ihre eigene Nummer schickte. Außerdem ließ sie sich auf der Kartenapp die letzten Orte anzeigen, nach denen Batailley gesucht hatte. Als sie der Ansicht war, genügend Material gesammelt zu haben, schob sie das iPhone zurück in die Manteltasche im Schrank und schlich sich davon.

Entgegen ihren Befürchtungen, begegnete Roxane auf den Fluren niemandem. Die Patienten wachten gerade erst auf, die Pfleger waren bei der Arbeit. Keine Spur von dem unangenehmen Rotschopf oder der Schwesternhelferin. Sie nahm die Treppe und flüchtete ins *Relais H*, das Café, das sie in der Eingangshalle entdeckt hatte und in dem jetzt hauptsächlich die Angestellten saßen. Sie bestellte gleich zwei doppelte Espressi für ihren ersten morgendlichen Koffeinshot und nahm dann an einem der wenigen freien Tische Platz.

Sie machte sich an die Auswertung der Daten auf dem iPhone. Die Kartenapp zeigte, dass Batailley sich zwei Tage vor seinem Unfall ins 9. Arrondissement, 14 Boulevard Montmartre begeben hatte. Sie schickte Valentine sofort eine SMS mit der Bitte, dieser Spur nachzugehen. Danach konzentrierte sie sich auf die letzten Nummern, die Marc angerufen hatte. Zwei davon schienen von besonderem Interesse zu sein. Die erste tauchte im Kontaktverzeichnis des Commissaires auf und lautete auf den Namen Valérie Janvier. Das machte Roxane hellhörig. Janvier war Polizistin. Eine hochrangige sogar. Eine Ehemalige der Kripo. Divisionskommissarin und Leiterin des ersten Hauptstadtbezirks. Sie war sozusagen die »Vorzeigefrau«, wenn es um »die Frauen bei der Polizei« ging. Batailley hatte sie letzte Woche nicht nur zweimal angerufen, sondern Valérie Janvier hatte ihrerseits versucht, den Commissaire in den letzten achtundvierzig Stunden zu erreichen: zwei verpasste Sprachanrufe ohne Nachricht.

Unverfroren und ohne große Hoffnung versuchte Roxane trotz der frühen Stunde, die Kommissarin anzurufen. Wider Erwarten hob diese ab.

»Valérie Janvier.«

Zwei, drei Sekunden lang suchte Roxane überrascht nach Worten. Im Hintergrund vernahm sie Geräusche eines Familienfrühstücks. Die Kaffeemaschine, Nachrichten auf RTL, Kinder, die vor dem Weg zur Schule stritten.

»Guten Morgen, Madame Janvier, ich erlaube mir, Sie zu Hause anzurufen, um Ihnen …«

»Wer sind Sie?«

»Capitaine Roxane Montchrestien von der Zielfahndungseinheit. Ich rufe wegen Marc Batailley an.«

»Um halb acht am Morgen?«

»Marc liegt im Koma im Krankenhaus.«

»Verdammt, wie konnte das passieren?«

»Er hatte vorgestern einen sehr schweren Unfall. Ein Sturz, vielleicht in Verbindung mit dem Fall, an dem er gerade arbeitete.«

Janvier antwortete mit einem langen Schweigen und fragte dann:»Warum haben Sie die Initiative ergriffen, mich zu benachrichtigen?«

»Weil ich weiß, dass Sie während der letzten zwei Tage versucht haben, ihn zu erreichen.«

Ein noch längeres Schweigen folgte.

»Aus welchem Grund und mit welcher Genehmigung haben Sie sein Telefon an sich genommen?«

»Eigenmächtig und ohne jede offizielle Genehmigung. Niemand sonst ist auf dem Laufenden.«

Sie spürte, dass Janvier am anderen Ende der Leitung sehr wohl Bescheid wusste, aber dennoch zögerte.

»Was genau erwarten Sie von mir, Capitaine?«

Roxane wollte unbedingt mehr von Janvier erfahren und versuchte deshalb, sie zu ködern.

»Ich möchte Ihnen gern ein paar Ergebnisse meiner eigenen Recherchen mitteilen.«

Obwohl Janvier das Spiel sicher durchschaute, ließ sie sich darauf ein.

»Ich habe zwischen 13 und 14 Uhr etwas Zeit. Wie wäre es mit einem schnellen Mittagessen im *Select*?«

Roxane ergriff die Chance und dankte der Polizeibeamtin, bevor sie auflegte. Eine weitere Telefonnummer tauchte in Marcs Anrufliste auf, allerdings nicht im Kontaktverzeichnis. Sie rief dort an, geriet aber nur an einen Anrufbeantworter und legte auf, ohne eine Nachricht zu hinterlassen. Erfolglos versuchte sie es mit der Rückwärtssuche im Telefonbuch. Der Teilnehmer musste auf der roten Liste stehen. Als sie noch überlegte, wie sie auf nicht offiziellem Weg die Nummer identifizieren könnte, vibrierte ihr Handy, und der Name Raphaël erschien auf dem Bildschirm.

»Raphaël?«

»Bitte kommen Sie sofort.«

»Wohin?«

»Zu mir, Rue d'Assas.«

»Was ist los?«

»Kommen Sie, verdammt! Und verständigen Sie Ihre Kollegen und einen Krankenwagen!«

3.

Verdutzt ließ ich mein Telefon auf den Boden fallen.

Die Szene, die sich vor meinen Augen abspielte, war irreal.

Im Vordergrund trommelte die junge Frau an die Glaswand. Barfuß, gespenstisch und zitternd in ihrem schimmernden Nachthemd, das blonde Haar, das ihr über die Schultern fiel.

Als Geräuschkulisse ihre vor Angst erstickten Schreie und Schluchzer.

Etwas weiter entfernt, im Gegenlicht, zeichnete sich eine hochgewachsene Gestalt ab. Ich musste unwillkürlich an die Gestalt des Vampirs aus *Nosferatu* denken: kahler Schädel, spitze Ohren, Krallenfinger. Seine Gangart war langsam, abgehackt, aber unerbittlich. Das Biest stürzte sich auf die Schöne.

Panik ergriff mich. Was tun? Ich beschloss, mehrere Fußtritte an die Glasfront zu geben. Zaghaft zunächst, doch dann à la Kung-Fu. Die Glaswand vibrierte in ihrem Rahmen, allerdings ohne zu zerspringen.

Unterdessen hatte sich das Monster genähert, und ich konnte es genauer in Augenschein nehmen. In Sachen Vampir hatte ich falschgelegen. Pan wäre treffender gewesen, die Gottheit der Natur in der griechischen Mythologie. Eine schimärische Kreatur, halb Mensch, halb Bock. Der Tiermensch, mit gebeugtem Rücken auf seinen behaarten Hinterbeinen aufgerichtet, hatte ein faltiges Gesicht und buschige Augenbrauen. Zwei gewundene Hörner ragten aus seinem Haar.

In einen Fellumhang gekleidet, warf sich der Satyr auf seine Beute. Vor meinen Augen verpasste er ihr brüllend mehrere Schläge in die Seiten. Ich hatte keine Waffe zur Hand. *Vielleicht doch!* Mein Vater verwahrte seinen MR73 in einer Schublade. Ich stürzte in sein Zimmer und fand den Revolver ... doch nicht die Patronen. Nichts, was mir wirklich helfen könnte. In meiner Verzweiflung griff ich nach einem Schürhaken neben dem Kamin. Mit aller Kraft begann ich, damit auf die Glasfront einzuschlagen. Der Verrückte versetzte seinem panischen Opfer noch ein paar Ohrfeigen und warf es sich dann über die Schulter, ohne sich auch nur im Geringsten um mich zu scheren. Das Sicherheitsglas begann zu splittern. Meine Finger waren blutig, doch ich schlug weiter, bis sich eine Öffnung auftat. Ich bediente mich des Schürhakens wie eines Brecheisens, um die Glaswand zu durchbrechen, die plötzlich nachgab.

Endlich befreit, lief ich barfuß in den Garten, um die Verfolgung dieser Kreatur aufzunehmen. Ich fand sie am Anfang des geteerten Weges. Bewaffnet mit meinem Schürhaken, war ich schon ganz dicht hinter ihr, bereit, ihr einen Schlag zu versetzen. Plötzlich schnellte sie herum, griff nach dem Ende des Schürhakens und entriss ihn mir. Für eine Sekunde traf mich ihr bestialischer irrer Blick. Um mich zu schützen, presste ich die Hände vor mein Gesicht, doch der Schlag traf mich am Nacken. Mir war, als würde meine Haut Feuer fangen. Ich strauchelte, öffnete den Mund, um loszubrüllen, doch bevor ein Schrei meiner Kehle entweichen konnte, war ich schon am Boden zusammengebrochen.

10 Die Nacht in den Herzen

Feuchte Haare, flinke Beine,
rot gemalte wogende Brüste
schweißüberströmte Wangen,
schäumende Lippen, o Dionysos,
sie opfern dir wieder die Liebe,
die du in sie geworfen hast.

Louÿs Pierre, *Bilitis*

1.

Der rot-blaue Widerschein des Lichts flackerte über den Asphalt. Am Ende der Rue d'Assas vermischte sich der sanfte goldorangefarbene Morgenschein mit dem aggressiven Blaulicht. Das ungeordnete Aufgebot an Polizeiwagen versperrte den Zugang zum Botanischen Garten der pharmazeutischen Fakultät. Vor dem Eingang zur Hausnummer 77 a leiteten Warndreiecke den Verkehr auf eine einzige Spur.

Roxane schlug die Tür des Taxis zu und zeigte dem

wachhabenden Polizisten, der das Tor kontrollierte, ihren Dienstausweis. *So,* dachte sie, als sie über die Gasse lief, die zum Glass House führte, *das ist nicht mehr mein Fall.*

Nachdem Raphaëls panischer Anruf sie erreicht hatte, hatte sie es vorgezogen, sowohl Botsaris als auch das Kommissariat des 6. Arrondissements zu verständigen. Vom Hôpital Pompidou aus hätte es womöglich zu lange gedauert, bis sie vor Ort ankam. Der Lieutenant der Zielfahndungseinheit hatte sie über den Einsatz auf dem Laufenden gehalten. Sie wusste, dass Raphaël wohlauf, die Polizei aber zu spät eingetroffen war, um die Entführung der jungen Frau, die man für Milena Bergman hielt, zu verhindern.

Um das Haus herum herrschte großer Aufruhr. Die Absperrbänder riegelten eine umfangreiche Zone ab, in der sich die Kosmonauten des Erkennungsdienstes zu schaffen machten. Roxane beobachtete die Szene aus der Ferne, um einzuschätzen, wie viele Beamte anwesend waren. Die ganze alte Truppe der Zielfahndungseinheit war angerückt, aber auch die Typen von der 3. Kriminalpolizeidirektion. Beide Gruppen waren vermutlich gleichzeitig eingetroffen. Aufgeregt verhandelte Botsaris mit Serge Cabrera, dem Capitaine der Kriminalpolizeidirektion, um sich die Zuständigkeit für den Fall zu sichern. Etwas weiter abseits stand, eine zusammengefaltete Zeitung unter dem Arm, Commandant Sorbier, schweigsam und mit mürrischer, verschlossener Miene. In einiger Entfernung erkannte sie Raphaël Batailley, der, eine Rettungsdecke um die Schultern, auf einem Campingstuhl saß. Das Haar zerzaust, den Blick ins Leere gerichtet, schien er völlig benommen.

Instinktiv begriff Roxane, dass ihre Kollegen ihr nicht entgegenkommen würden. Wenn sie nicht attackiert werden wollte, durfte sie nicht zu lange bleiben. Sie rief Valentine Diakité an.

»Kannst du mich mit deinem Motorroller abholen?«

»Wo sind Sie denn?«

»In der Rue d'Assas, vor Batailleys Haus.«

»Ist etwas passiert?«

»Das erkläre ich dir später. Wann kannst du hier sein?«

»Wenn ich jetzt losfahre – in einer Viertelstunde. Falls es Ihnen lieber ist, kann ich auch mit dem Auto kommen.«

»Super! Ja, das ist mir lieber.«

Als sie das Gespräch beendete, stand Sorbier neben ihr.

»Können Sie denn keine Ruhe geben, Montchrestien? Geht es bei Ihnen nicht auch mal anders? Scherereien ziehen Sie offenbar magisch an. Jedes Mal das Gleiche.«

»Im aktuellen Fall habe ich eher den Eindruck, dass die Scherereien auf mich zukommen, oder?«

»Mit Ihren Wortspielchen beschäftigen wir uns später, wenn wir die Presse nicht mehr am Hals haben.«

»Was genau meinen Sie, Commandant?«

Sorbier reichte ihr die Zeitung. Die Schlagzeile der

Titelseite des *Parisien* bestand aus einer Frage: »Wer ist die Unbekannte aus der Seine?« Roxane schlug die Tageszeitung auf und überflog den Artikel. Auf zwei Seiten berichtete er über die Bergung einer jungen, an Gedächtnisschwund leidenden Frau aus der Seine, ihre anschließende In-Gewahrsam-Nahme und Flucht aus der psychiatrischen Krankenstation der Präfektur. Der Beitrag war hingeschludert und nicht fundiert recherchiert. Der Name Milena Bergman wurde an keiner Stelle erwähnt. Die Journalistin hatte sich erfinderisch gezeigt und die wenigen Tatsachen, über die sie verfügte – vermutlich von einem kleinen Angestellten der psychiatrischen Krankenstation wie Anthony Moraes –, aufgebauscht. Dennoch, der Schaden war angerichtet. Die Sache war an die Öffentlichkeit gekommen, und nach dem, was heute Morgen geschehen war, würde sie in den Schlagzeilen bleiben.

»Es geht um das Mädchen, das heute Morgen entführt wurde, nicht wahr?«, fragte Sorbier.

»Ich habe keine Ahnung, Commandant.«

»Halten Sie mich nicht zum Narren. Wissen Sie, was das bedeutet, die psychiatrische Krankenstation der Polizeipräfektur in den Schlagzeilen des *Parisien*? Warum haben Sie uns nicht früher informiert?«

»Ja, aber ich …«

In diesem Moment klingelte Sorbiers Handy, er trat ein paar Schritte zur Seite, um zu antworten, und ersparte es Roxane so, ihren Einwand weiter auszuführen. Sie nutzte die Gelegenheit, um sich zu entfernen und eine Runde ums Haus zu machen. Eine der großen Fensterscheiben war zersplittert, und das enorme Loch, das jetzt in dem Glashaus klaffte, ließ es so zerbrechlich erscheinen wie ein Kartenhaus. Sie ging zu Raphaël hinüber. Der Schriftsteller wartete unter Aufsicht eines Kripobeamten auf seine nächste Befragung.

»Tut mir leid, dass ich nicht früher da war«, sagte sie und hob dabei machtlos die Arme. »Haben Sie viel abbekommen?«

Raphaël verzog das Gesicht und schob die Überlebensdecke zur Seite, um ihr das Hämatom zu zeigen, das sich vom Hals bis zum Nacken zog.

»War das Mädchen Milena?«, fragte Roxane.

Noch immer wie betäubt von dem, was er erlebt hatte, schwieg der Schriftsteller.

»Und, haben Sie den Angreifer erkannt? Was ist das für eine Geschichte mit dieser Kreatur? Er war als Satyr verkleidet, nicht wahr?«

Wie sie befürchtet hatte, tauchte Botsaris auf. Zum einen, um ihrer Befragung ein Ende zu setzen, zum anderen, um sie zurechtzuweisen, als wäre sie ein Kind.

»Wir müssen reden, Roxane.«

»Vor allem musst du anders mit *mir* reden, so viel ist sicher.«

Weder der Ton noch die Haltung ihres ehemaligen Lieutenants gefielen ihr. Ein junger Kerl, den sie ausgebildet hatte und der noch vor einer Woche unter ihrem

Befehl gestanden und heute ihren Platz eingenommen hatte, weil man sie ungerechterweise aufs Abstellgleis geschoben hatte.

»Macht es dir Spaß, deine Zeit damit zu vergeuden, deine Kollegen in Schwierigkeiten zu bringen?«, griff Botsaris sie an.

»Ich weiß nicht, was du meinst. Ich habe dich gestern Vormittag mehrmals angerufen, um mit dir über diesen Fall zu sprechen. Und ich hatte nicht den Eindruck, dass er dich besonders interessierte, bevor er in die Schlagzeile des *Parisien* kam.«

»Das ist eine böswillige Unterstellung!«

Sie wusste, dass er äußerst gereizt war, aber sie hatte keine Lust, es ihm leicht zu machen. Mit Sicherheit hatte er sie bei Sorbier angeschwärzt. Sie hielt dem Blick ihres ehemaligen Stellvertreters ungerührt stand. Er schien wütend, vor allem aber völlig fertig zu sein. Botsaris war vor Kurzem Familienvater geworden. Als selbst ernannter Feminist wollte er vorbildlich sein, und so stand er jede Nacht auf, um seinem viermonatigen Sohn das Fläschchen zu geben. Roxane wusste, dass er über Weihnachten Urlaub eingereicht hatte und plante, seine Ferien in der Provence bei den Schwiegereltern zu verbringen. Dieser Fall warf seine Pläne für das Jahresende über den Haufen. Aber sie bedauerte ihn nicht.

»Bleibst du für die Ermittlungen zuständig?«, fragte sie.

»Wir hoffen, dranbleiben zu können, aber wir werden letztlich nur den Sündenbock spielen, darum ...«

»Wir haben etwas gefunden, Botsa!«

Hinter der Lorbeerhecke tauchte Liêm Hoàng Thông auf.

»Hallo, Chef!«, rief er Roxane zu.

»Hallo, Liêm.«

Hoàng Thông gehörte zu ihrem Team. Mit seinen vierzig Jahren war er stets wie aus dem Ei gepellt, von unendlicher Geduld und sehr geschickt, wenn es darum ging, Leute zum Reden zu bringen. Er übernahm auch immer bereitwillig die Nachbarschaftsbefragungen. Und wieder einmal war er dabei erfolgreich gewesen.

»Einer der Nachbarn hat mit seinem Handy eine total irre Szene gefilmt«, erklärte er und schwenkte das Telefon in der Luft. »Es handelt sich um einen der Wächter des Zadkine-Museums auf der anderen Straßenseite. Er sagt, der Alarm hätte ihn geweckt.«

Roxane und Botsaris drängten sich um das Display. Liêm startete die Aufzeichnung. Das von der gegenüberliegenden Straßenseite aufgenommene Video war kurz, aber verblüffend. Batailley hatte keine Märchen erzählt. Tatsächlich war ein als Satyr verkleideter Mann gekommen, um Milena Bergman zu entführen. Man sah ihn, sicherlich, nachdem er Batailley angegriffen hatte, die Pianistin über der Schulter, auf dem geteerten Weg auftauchen und Richtung Rue d'Assas laufen.

Sosehr sich die junge Frau auch wehrte, sie vermochte nichts gegen ihren Angreifer auszurichten. Dann warf die Gestalt – halb Mensch, halb Ziegenbock – sie brutal in den Laderaum eines Lieferwagens und ergriff die Flucht.

»Das ist ja total verrückt. Spiel das Video noch mal ab, ich glaube, man kann das Kennzeichen erkennen«, sagte Botsaris.

Sie sahen sich die Szene erneut an. Sie erinnerte Roxane an alte Found-Footage-Filme, nur dass die modernen Handys leistungsfähiger waren und die Bilder von leicht auszuwertenden Details wimmelten wie der Marke des Fahrzeugs – ein Citroën Jumpy mit Seitentür – und das amtliche Kennzeichen.

»Ja, wir haben die Nummer!«, rief Botsaris. »Wir haben die Nummer! Wir schnappen ihn uns!«

Für Roxanes Geschmack beglückwünschten sich die Jungs etwas zu schnell. Botsaris, der eine Möglichkeit witterte, seine Ferien zu retten, lief zu Sorbier und seinem Kollegen, um sie zu informieren.

Als sie zurückging, wurde Roxane klar, dass sie sich eigentlich keine so schnelle Lösung des Falls wünschte. Gute Ermittlungen waren besserer Stoff als Koks, Sex, Seroplex und Lexomil zusammen. Eine gute Ermittlung gab dem Leben einen Kick, einen Adrenalinstoß. Der Abschluss hingegen hatte etwas Deprimierendes, vergleichbar mit dem Ende eines guten Buches. Man empfand dieselbe Leere, Niedergeschlagenheit und Traurigkeit, weil man die Personen verlassen musste, an die man sich gewöhnt hatte. Wie Katerstimmung, die einen mit der eigenen tristen Realität des Lebens konfrontierte.

Sie entfernte sich vom Haus und lief bis zur Rue d'Assas hinauf. Die Kameras der Fernsehsender BFM und LCI flankierten das Tor. Während sie sich einen Weg zwischen den versammelten Journalisten hindurchbahnte, gelangte sie zu der Überzeugung, dass dieser Fall außergewöhnlich und noch lange nicht abgeschlossen war. Für die nächsten Stunden hatte Roxane einen Vorsprung vor den anderen Polizisten. Ein entscheidender Vorteil, den sie unbedingt nutzen wollte.

Das Hupen eines Wagens riss sie aus ihren Gedanken. Auf der anderen Straßenseite wartete Valentine Diakité am Steuer eines eisblauen Mini-Coopers.

2.

»Was hat denn die ganze Bullerei hier zu suchen?«

»Fahr los, ich erkläre es dir gleich.«

»Wohin fahren wir?«

»Bieg links ab in die Rue Vavin und nimm dann den Boulevard Raspail. Ich möchte der Buchhandlung Guillaume Budé einen Besuch abstatten.«

Auf der Fahrt informierte Roxane die Studentin über die Ereignisse des Morgens.

»Wir ermitteln also nicht mehr allein?«, schloss die Doktorandin mit einem Anflug von Enttäuschung.

»Es ist ganz gut, dass die Zielfahndungseinheit sich an der Suche nach dem Mädchen beteiligt. In logistischer Hinsicht sind sie die Besten. Aber wir folgen weiter unserer Spur: den Nachforschungen, die Marc Batailley vor seinem Unfall angestellt hat.«

Sie öffnete das Fenster und sah ihr Gesicht im Außenspiegel. Sie war furchterregend blass und hatte dunkle Schatten und Falten um die Augen. Ein Desaster. Valentine hingegen war von blühender Frische und so durchgestylt, als wäre sie auf dem Weg zu einem Fotoshooting: blassgelber Lederrock, Mohairpullover, glänzende Strumpfhose und hochhackige Stiefeletten. Das Leben war gemein und ungerecht.

Die Buchhandlung Guillaume Budé befand sich ganz in der Nähe, an der Kreuzung Boulevard Raspail und Rue de Fleurus. Valentine parkte einfach unvorschriftsmäßig mit zwei Rädern auf dem Mittelstreifen und schaltete die Warnblinkanlage ein. Es war zwar erst 9:30 Uhr, aber wie Roxane gehofft hatte, war bereits eine Frau in dem Geschäft, die die Auslagetische für die letzten Weihnachtseinkäufe vorbereitete. Sie klopfte an die Scheibe, um sich bemerkbar zu machen.

»Polizei, Madame«, rief sie und schwenkte ihren Dienstausweis.

Sie betrat die Buchhandlung, die auf Werke der Antike, des Mittelalters und der Renaissance spezialisiert war und sich über siebzig Quadratmeter erstreckte. Die patinierten Regale mit Holzleitern erinnerten an englische Bookshops.

»Wie kann ich Ihnen helfen?«, fragte die Verkäuferin.

Der Stil der knapp Dreißigjährigen stand im Gegensatz zu der klassischen Ausstattung: strohblonde Haare, Doc-Martens-Schuhe, löcherige Jeans, ein Pearl-Jam-T-Shirt und eine oversized Wolljacke, Stil Kurt Cobain.

»Erinnern Sie sich an diesen Kunden?«, fragte Roxane und zeigte ihr ein Foto von Marc Batailley, das sie in der Rue d'Assas mitgenommen hatte.

»Natürlich! Er hat letzte Woche mehrere Bücher gekauft. Ich habe ihn beraten.«

»Was genau suchte er?«

»Werke über die Mythologie. Die Geschichte des Dionysos, seine Attribute, die Bedeutung des Kults ...«

»Hat er Ihnen gesagt, warum?«

»Er hat erzählt, er sei Polizist und würde Ermittlungen über eine Mordserie durchführen.«

Roxane und Valentine wechselten einen halb belustigten, halb skeptischen Blick. Sie konnten sich nur zu gut vorstellen, wie der alte Löwe Storys erfand, um das junge Mädchen zu beeindrucken. Der Buchhändlerin fiel plötzlich etwas ein.

»Ach, ich habe ganz vergessen, ihn anzurufen, sein Buch ist gestern eingetroffen.«

»Welches Buch?«

»Er wollte eines, das ich nicht vorrätig hatte und bestellen musste. Ich hole es«, sagte sie und verschwand hinter einer Mahagonitür.

Roxane sah auf ihr Handy. Eine Nachricht von Liêm Hoàng Thông, der mitteilte, dass die Auswertung des amtlichen Kennzeichens des Lieferwagens ergeben hatte, dass dieser einige Tage zuvor in Courcouronnes als gestohlen gemeldet worden war. Wie sie erwartet hatte, entpuppte sich die Jagd nach dem Satyr als nicht so einfach wie gedacht. Sie zeigte Valentine die SMS und sah sich dann auf den Auslagetischen um. Die Bücher in den Regalen erinnerten sie an ihren Vorbereitungskurs. Wie oft hatte sie bis spätnachts über den Übersetzungen gebrütet ... Die griechischen Reihen waren gelb gekennzeichnet, die lateinischen rot. Athens Eulen gegen die römische Wölfin.

War ihr – die Erinnerungen ausgenommen – noch etwas davon geblieben?

Sie blinzelte. Die hinter der Schaufensterscheibe aufgehende Sonne umgab Valentine mit einem goldenen Schein und sprenkelte den gewachsten Holzboden und die Mahagonitür, die sich jetzt erneut öffnete.

»Hier ist der Band«, sagte die Buchhändlerin und legte ihn auf den Tresen.

Die beiden Frauen beugten sich vor, um den Titel zu lesen: *Große Dionysien. Die Entstehung des klassischen Theaters im alten Griechenland.*

»Wovon handelt er?«

»Es ist eine universitäre Untersuchung, die belegt, dass die Entstehung der Theaterkunst direkt aus dem Dionysos-Kult resultiert.«

»Ich behalte das Buch als Beweisstück.«

»Und wer bezahlt mir das?«

»Ich bringe es Ihnen zurück. Vielen Dank für Ihre Hilfe und schöne Weihnachten.«

3.

Sobald sie auf der Straße waren, liefen die beiden Frauen zu dem Auto, um mit einer Politesse zu verhandeln, die im Begriff war, den Mini aufzuschreiben. Nachdem die Gefahr gebannt war, setzte sich Valentine ans Steuer.

»Fahren wir jetzt zum Boulevard Montmartre?«

Valentine hatte die Adresse des Cafés *Trois Licornes* ausfindig gemacht, wo Marc Batailley am Vortag seines Unfalls verabredet gewesen war.

»Das machen wir später. Zuerst würde ich gern in die Rue Léon-Maurice-Nordmann im 13. Arrondissement fahren, das ist genau neben dem Gefängnis La Santé.«

Valentine wendete auf dem Boulevard Raspail.

»Ich muss Ihnen noch von meinem Abend erzählen. Ich habe auch Neuigkeiten.«

»Ich hatte deinen Ausflug mit Corentin Lelièvre schon total vergessen. Also, wie ist deine Infiltration in die Bohème-Welt ausgegangen?«

»Der Typ ist so blöd wie ein Koffer ohne Griff«, kommentierte Valentine, »aber er ist misstrauisch. Anfänglich hat er mir ein paar Anekdoten aufgetischt, aber als ich nachgehakt habe, hat er dichtgemacht. *Anyway,* es ist mir trotzdem gelungen, eine wichtige Info zu ergattern.«

»Erzähl.«

»Die Informationen für seinen Artikel wurden ihm mitsamt den Fotos vor zwei Monaten von einem Informanten präsentiert. Ich habe versucht, herauszufinden, wer das war, aber er hat eisern geschwiegen.«

Roxane runzelte die Stirn.

»Raphaël hat mir im Flugzeug davon erzählt. Er glaubt, dass es einer der Angestellten des Krankenhauses war, in dem sein Vater letztes Jahr behandelt wurde.«

»Lelièvre hat mir gesagt, sein Informant hätte alles gratis ausgeplaudert. Wenn er kein Geld verlangt hat, deutet das auf einen anderen Grund hin, warum er wollte, dass der Artikel gerade jetzt erscheint.«

»Oder es bedeutet, dass Lelièvre dir Blödsinn erzählt hat.«

»Er hat mich heute Abend auf ein Glas eingeladen, ich werde versuchen, mehr herauszubekommen.«

»Wir müssen vor allem erfahren, warum er Raphaël weiter ausspioniert.«

»Wie Sie sich vorstellen können, habe ich genau das versucht. Er hat natürlich einen Scoop gewittert, aber er war nicht sehr gesprächig. Heute Abend sind wir beide allein, das ist einfacher.«

»Geh trotzdem kein Risiko ein, dieser Typ ist mir nicht geheuer.«

Der Mini hatte den Boulevard Montparnasse verlassen und fuhr Richtung Place Denfert-Rochereau und weiter über den Quai Saint-Jacques. Die Rue de la Santé wurde von der oberirdischen Metrobrücke der Station Glacière geteilt. Der unheilvolle Schatten des Gefängnisses war allgegenwärtig. Die hohen Mauern überlagerten die Straße und überzogen sie mit Traurigkeit.

Dieser beklemmende Eindruck wich erst in der Rue Léon-Maurice-Nordmann, die hell und freundlich war. Valentine parkte ihren Mini zwischen dem Schulgebäude und einem äthiopischen Restaurant mit einer tonbraunen Fassade.

»Wen treffen wir hier?«

»Jean-Gérard Azéma, einen ehemaligen Paparazzo. Ich will, dass er mir hilft, einer Spur zu folgen, ohne die Polizeidienststellen einzuschalten. Ich möchte lieber allein gehen, um das Vögelchen nicht scheu zu machen. Wartest du hier?«

Valentine nickte, verbarg aber ihre Enttäuschung nicht. Roxane stieg aus und ging zu einem schönen weißen Gebäude mit Art déco-Touch. Sie klingelte und fragte den Fotografen über die Sprechanlage, ob sie hinaufkommen könne. Azéma lehnte misstrauisch ab, doch da sie insistierte, erklärte er sich bereit, herunterzukommen.

Roxane rieb sich die Hände, um sie zu wärmen.

Trotz der strahlenden Sonne war es noch immer kalt. Das äthiopische Restaurant bot Kaffee zum Mitnehmen an. Sie ging hinein und holte für sich und den Paparazzo einen doppelten Espresso.

»Aha, du stattest also Jeangégé einen kleinen Besuch ab!«

Die heisere Stimme ließ sie zusammenfahren. Azéma war leise eingetreten. Vermutlich die Überreste einer Berufskrankheit. Der Fotograf kultivierte seinen Look des alten Beau. Hochgewachsen und gut in Schuss, das grau melierte Haar frisch geschnitten, trug er einen Kaschmirmantel und eine getönte Brille. Eine Art Richard Gere des Faubourg Saint-Marcel.

»Hallo, Azéma.«

Sie hatte ihn vor zwei Jahren bei einer Anhörung kennengelernt, weil sein Name in einer Drogengeschichte auftauchte. Der Paparazzo war in der Liste eines Dealers verzeichnet, den die Zielfahndungseinheit suchte. Das hatte ihn nicht weiter beunruhigt, aber Roxane hatte das Profil des Mannes nicht vergessen. Azéma war zunächst Fotoreporter gewesen und dann einer der einflussreichsten Paparazzi der goldenen 1990er- und 2000er-Jahre. Zu jener Zeit, als die Promi-Presse ein Vermögen für ein Foto von Diana und Al Fayed bezahlte oder für Mazarin, der ein Restaurant verließ, in dem Kate Moss eine Linie Koks schnupft. Er hatte viel Geld verdient, aber Drogen, eine Scheidung und das Aus der gedruckten Presse hatten ihn arm gemacht. Seither lebte er bescheiden, verfügte jedoch noch immer über Kontakte.

»Ist das Hühnerbrühe?«, fragte er scherzhaft, als er nach seinem Becher griff.

Roxane hatte gehofft, von der Wärme des Restaurants profitieren zu können, aber der Besitzer gab ihnen zu verstehen, dass sie im Weg standen.

»Also sag mir, warum du gekommen bist. Man friert sich ja halb tot«, beklagte sich Azéma, zurück auf dem Bürgersteig.

Roxane zog ein Post-it aus der Tasche.

»Ich möchte, dass du den Teilnehmer dieser Nummer für mich herausfindest«, erklärte sie und reichte ihm den blassgelben Zettel, »sie ist nicht öffentlich zugänglich.«

»Soll das ein Witz sein? Das kannst du selbst innerhalb weniger Sekunden erledigen.«

»Es geht um was Privates. Ich will die Polizei da nicht reinziehen.«

Jeangégé schüttelte den Kopf.

»Ne, das Ding ist nicht koscher.«

»Es ist eine persönliche Angelegenheit. Eine Sexgeschichte. Eine Nummer, die ich auf dem Handy meines Freundes gefunden habe.«

»Ich glaub dir kein Wort.«

»Tu mir den Gefallen. Ist ja schließlich keine große Sache.«

»Und was springt für mich dabei raus?«

»Dass ich dir etwas schuldig bin.«

»Das ist zu vage. Für dreihundert Euro mache ich es.«

»Verpiss dich.«

»Tut mir leid, meine Schöne, aber die Zeiten sind schwer. Instagram hat meinen Beruf vernichtet«, klagte er. »Die Promis haben uns reingelegt, jetzt enthüllen sie selbst auf den sozialen Netzwerken ihr Privatleben. Und mit diesen verdammten Handys ist jeder ein erfolgreicher Paparazzo.«

Roxane kannte seine Geschichte schon: Der Sieg der Vernetzten und der Storyteller über den »Journalismus«. Sie rieb sich die Augen. Es war der 23. Dezember, aber die Schule gegenüber wurde offensichtlich als Ferienzentrum genutzt, denn vom Pausenhof hörte man das Geschrei der Kinder. Eine der schönsten Tonspuren der Welt.

»Kennst du Milena Bergman?«, fragte sie, um das Thema zu wechseln.

»Nie gehört.«

»Eine Pianistin, die in dem Flieger war, der letztes Jahr abgestürzt ist.«

»Ah ja, vielleicht.«

»Auf der Website von *Week'nd* gibt es einen Artikel über sie. Sieh dir die Fotos an, und sag mir, ob dir etwas Besonderes auffällt.«

»Und das soll ich um deiner schönen Augen willen machen?«

»Das, und vergiss nicht die Sache mit dem Telefon-
anschluss.«

»Da kannst du lange warten.« Er lachte, als er sich
entfernte. »Mach's gut, meine Kleine.«

4.

Rechtes Seine-Ufer. Auf den Großen Boulevards tobte
der Weihnachtswahnsinn. Eine dichte, aber freudlose
Menschenmenge drängte sich auf den Straßen. Müde
Gestalten bei derselben lästigen Pflicht, Opfer des
Zwangs zur Weihnachtsstimmung, die schon seit einer
guten Weile herrschte. Die Straßen wurden von einem
Übermaß an Lichterketten und recycelten Plastikweih-
nachtsbäumen verunstaltet. Selbst die überfrachteten
Schaufenster mit ihren an Baiserhaufen erinnernden
Schneelandschaften wurden nur mit Gleichgültigkeit
oder übertriebenen Ausrufen bedacht.

Roxane und Valentine hatten den Mini in einem
Parkhaus in der Rue de la Chaussée-d'Antin abgestellt.
Roxane erwartete sich nicht viel von diesem Ausflug,
doch die Erfahrung hatte sie gelehrt, dass Ermittler auch
in wenig fischreichen Gewässern ihre Netze auslegen
mussten.

Als sie die Tür zum *Café Trois Licornes* öffneten, be-
traten sie ein Ambiente, dass sich schick und modern
geben wollte. Dutzende von Grünpflanzen rankten vom

Boden bis zur Decke. Überall gekalktes Holz und Pastellfarben, dazu eine weiß gekachelte Bar, steril wie in einem Forschungsinstitut. *Trois Licornes* war kein traditionelles Café, sondern eher eine Bio-Bar. Es wurden Kale-Chips serviert und kalt gepresste Säfte von Gurke und wilder Minze für zwölf Euro. Hier war alles green, healthy, lactose free und teuer.

Roxane zückte ihren Dienstausweis und bahnte sich so bewaffnet einen Weg zur Kasse, wo sie nach der Geschäftsleitung fragte. Die Dame entsprach dem Ort: gespielt freundlich. Sie hörte Roxane zu und überprüfte dann den Zeitplan ihrer Angestellten. Magda, die offenbar am letzten Sonntag Marc Batailley bedient hatte, begann ihre Arbeit erst in einer Viertelstunde.

»Dann warten wir«, erklärte Roxane und nahm an einem Tisch Platz.

Sie wollte einen Kaffee, aber da so etwas in der Juice Bar nicht angeboten wurde, folgte sie Valentines Beispiel und bestellte eine Mandelmilch.

»Kannst du dir Marc Batailley in einer solchen Umgebung vorstellen?«

»Nein, eher gegenüber in einer der kleinen Bars der Passage des Panoramas vor einem Bier und einem Schinken-Sandwich.«

»Wenn er also hier war, dann kam der Vorschlag von jemand anderem. Er war nicht derjenige, der diesen Ort ausgewählt hat.«

Während sie auf die Bedienung warteten, zogen sie

eine Bilanz ihrer bisherigen Ermittlungen. Was an diesem Morgen vor Raphaëls Haus geschehen war – das Auftauchen des als Satyr verkleideten Mannes und Milenas Entführung –, bestätigte die Hypothese einer Verbindung zu den mythologischen Elementen. Hatte der »Satyr« allein gehandelt, oder hatte er Komplizen? Roxane erinnerte sich an Batailleys Notizen zu möglichen Sekten-Phänomenen im Zusammenhang mit dem Dionysos-Kult. Eine Bande von Fantasten und Dionysos-Anhängern hielt vielleicht Milena gefangen und zwang sie, an ihren Zeremonien teilzunehmen. Das wäre möglich. Aber das erklärte noch lange nicht, wie die Pianistin den Flugzeugabsturz überlebt hatte oder warum ihre Leiche als Opfer des Unglücks identifiziert worden war.

Valentines Handy, das auf dem Tisch lag, vibrierte seit gut fünf Minuten.

»Antworte ruhig, wenn es wichtig ist.«

»Nein, das ist ein Typ, mit dem ich letztes Jahr mal vage liiert war und der nicht aufgeben will.«

»Soll ich ihm Angst machen?«

»Nicht nötig, er ist eher aufdringlich als bösartig.«

»Hast du einen Freund oder eine Freundin?«

»Ich wusste nicht, dass ich mich in einem Polizeiverhör befinde!«, brauste die Studentin auf.

Verärgert bedachte Roxane sie mit einem wütenden Blick.

»Ich habe keinen Freund«, fuhr Valentine versöhn-

licher fort. »Ich habe es Ihnen schon zu verstehen gegeben, der Typ, der mir wirklich gefällt, ist ...«

»Sag jetzt bloß nicht Raphaël Batailley!«

»Doch. Ich sollte mich schämen, so etwas zu sagen,
aber ich bin wirklich nicht erfreut, dass die Pianistin
wieder in seinem Leben auftaucht.«

»Das verstehe ich nicht. Der Absturz liegt über ein
Jahr zurück. Wenn Batailley dir gefällt, hattest du Zeit
genug, etwas mit ihm anzufangen.«

»Mich interessiert nur eine ernsthafte Geschichte!
Ich wollte etwas warten, seine Trauer respektieren, nicht
seine Lage ausnutzen und mich nicht auf ihn stürzen
wie eine Ausgehungerte auf ein Stück Fleisch.«

Roxane regte sich auf.

»Ich verstehe sowieso nicht, was du an ihm findest.
Er ist ein Angeber, eine Art Dandy, der den schmerzer-
füllten Künstler spielt ...«

»Ganz und gar nicht, Sie kennen ihn nicht.«

»Und du kennst ihn auch nicht wirklich!«

»Ich habe zumindest seine Bücher gelesen.«

»Und du glaubst, dir würde der Mann gefallen, weil
dir der Schriftsteller gefällt!«

»Drehen Sie mir nicht das Wort im Mund um.«

»Ich traue diesem Typen nicht. Er ist nicht aufrichtig, das sage ich dir! Glaub meiner Erfahrung als Polizistin.«

Die Geschäftsführerin unterbrach ihre Diskussion.

»Magda ist jetzt da«, erklärte sie und stellte ihnen

eine junge Frau mit großen, hellen Augen vor, deren Kopf gänzlich kahl geschoren war.

Britney Spears 2007, dachte Roxane und übernahm das Gespräch.

»Ich will Sie nicht lange aufhalten, aber ich möchte Sie bitten, sich zu konzentrieren.« Sie zeigte ihr Marc Batailleys Foto. »Kennen Sie diesen Mann?«

»Ja, schon möglich.«

Roxane seufzte. Das Mädchen nervte sie bereits bei der ersten Antwort.

»Schon möglich will nichts heißen. Kennen Sie ihn oder nicht?«

»Ja, ich glaube, er war letzte Woche hier. Eher ein Eigenbrötler, der mich ›meine Schöne‹ genannt hat, aber immerhin hat er fünf Euro Trinkgeld gegeben.«

»Hatten Sie ihn vorher schon einmal gesehen?«

»Ne!«

»War er allein oder in Begleitung?«

»Er war mit einer Frau verabredet. Ich glaube, eine Rothaarige, eher älter, mit langen Haaren.«

»Was bedeutet älter für dich?«

»Älter als Sie. Aber sie hatte ich schon ein- oder zweimal gesehen.«

»Arbeitet sie in der Nähe?«

Magda zuckte mit den Schultern.

»Vielleicht.«

»Wie lange sind die beiden geblieben?«

»Eine gute Viertelstunde.«

»Und du hast nicht gehört, worüber sie geredet haben?«

»Nein, aber ich glaube, sie haben sich gestritten.«

»Aggressiv?«

»Eher vehement. Der Typ wollte etwas von ihr wissen, und die Alte wollte nicht antworten.«

»Was wollte er wissen?«

»Keine Ahnung. Eine Auskunft. Einen Namen, eine Adresse ...«

Roxane begriff, dass sie nicht mehr erfahren würde. Sie dankte dem Mädchen und trat hinaus auf den Boulevard. Gleichgültig gegenüber dem Gedränge, hielt sie Ausschau nach einem Taxi.

»Soll ich Sie fahren?«, schlug Valentine vor.

»Lass nur, ich komme schon klar.«

»Sind Sie sauer?«

»Ja, du gehst mir auf die Nerven. Ich weiß, dass Raphaël Batailley nicht vertrauenswürdig ist.«

»Das ist kein Grund, sich so aufzuregen.«

»Okay, lass mich jetzt in Ruhe.«

»Also wenn Sie schlechte Laune haben, ist das nicht gespielt ...«

5.

Die eisige Luft war angenehm belebend. Ich schlug meinen Mantelkragen hoch und lief auf dem linken Bürgersteig die Rue d'Assas hinunter. Die Wirkung des Analgetikums ließ nach, und ich spürte den Schmerz im Nacken und die einsetzende Migräne. Die Polizisten hatten mich über vier Stunden lang verhört. Sie waren derart ahnungslos, dass ich nicht einmal lügen musste. Ich hatte vage und ausweichend oder mit einer Gegenfrage geantwortet. Bereitwillig hatte ich die Abgabe der DNA-Probe, um die sie mich gebeten hatten, akzeptiert. Da sie den Fall nicht wirklich begriffen, schienen sie sich auf die Technik zu verlassen – Überwachungskameras, Telefonverbindungen, DNA, Geolokalisierung. Die Einzige, die etwas cleverer war, war Roxane Montchrestien, aber entgegen ihrer Beteuerung war sie nicht direkt in die Ermittlungen eingebunden.

So konnte es nicht weitergehen. Ich musste zu meiner Verantwortung stehen und die Dinge selbst in die Hand nehmen. Ein bestimmter Teil der Wahrheit, nach der sie noch eine gute Weile suchen würden, war nur mir bekannt. Aber um sie ganz zu verstehen, musste ich zu den Ursprüngen zurückkehren. Zu jenem Moment, in dem sich Milena Bergman »dupliziert« hatte. Jener Moment, in dem das Double, die Unheil bringende Doppelgängerin, durch mein Verschulden in Erscheinung trat, um sie hörig zu machen.

Immer wieder ließ ich den Film vor meinem inneren Auge abspulen: die Schläge ihres Peinigers, seinen Zorn, seine Gewalttätigkeit ... Wer war dieser Mann? Warum diese Aufmachung? Warum diese Hartnäckigkeit? Das war mir nicht klar. Ich musste Ordnung in meine Gedanken bringen. Aber wo sollte ich anfangen? Noch fehlten mir zu viele Elemente, um den logischen Ablauf verstehen zu können.

Ohne den Zebrastreifen zu benutzen, überquerte ich die Straße und ging zum Parkhaus Luxembourg, wo ich meinen Wagen abgestellt hatte. Als ich mich umwandte, bemerkte ich eine Gestalt, die mir bereits folgte, seit ich von zu Hause losgegangen war. Ein Polizist? Durchaus möglich, dass diese Idioten mich im Auge behalten wollten. Ich erreichte die beheizte Terrasse der Liberty Bar an der Ecke Rue d'Assas und Vavin. Ich verlangsamte die Schritte, und mein Schatten tat es mir gleich. Um mir Gewissheit zu verschaffen, betrat ich das Café. Als er mir nach kurzem Zögern folgte, packte ich ihn beim Kragen und stieß ihn auf den Bürgersteig.

»Wer bist du?«

Er wirkte nicht wie ein Polizist. Schmächtige Gestalt, Hipster-Bärtchen, T-Shirt mit antikapitalistischem Aufdruck – #EatTheRich. Dazu einen zu großen Perfecto-Blouson und eine geringelte Wollmütze, die seine tiefen Geheimratsecken schützte.

»Rühren Sie mich nicht an! Ich bin Journalist!«

»Mir scheißegal. Verschwinde!«

Der Typ zupfte nervös an seinem Ziegenbärtchen, so als wolle er es sich ausreißen. Er zog sein Handy heraus und begann, mich zu filmen. Ich hatte verstanden – der Kerl musste dieser erbärmliche Corentin Lelièvre sein, der Zeitungsfritze, der mir seit mehreren Tagen auf den Fersen war. Er richtete sein iPhone auf mich, ganz so, als wäre es zugleich sein Schutzschild und seine Halbautomatische. In drohendem Tonfall rief er mir zu:»Ich stelle Nachforschungen über Sie an und habe Fragen.«

Nach der Polizei hatte ich nicht die geringste Lust, mich erneut einem Verhör auszusetzen, noch dazu durch einen Enthüllungsjournalisten.

Von einem auffälligen Reifenquietschen alarmiert, hob ich den Kopf. Zwanzig Meter vor mir war die Ampel auf Grün gesprungen. Ein Mercedes-Coupé raste los und nahm einem Fahrzeug zu seiner Rechten die Vorfahrt. Mit einem Satz sprang ich zur Seite und warf mich auf den Boden. Das Gefährt schoss wie eine Rakete auf mich zu.

11 Der Palast der Illusionen

Es gibt keine Hindernisse,
das einzige Hindernis ist das Ziel,
lauft ohne Ziel.

Francis Picabia, *Jésu-Christ Rastaquouère*

1.

»Frankreich ist ein ultraliberales Land« – »Macron ist ein echter Diktator« – »Das französische Gesundheits-system ist und bleibt das beste der ganzen Welt« – »François Hollande war kein schlechter Präsident für Frankreich«.

Roxane hob den Kopf in Richtung der beiden Män-ner, die am Nachbartisch saßen. Bei einem Wettstreit, wer von ihnen innerhalb einer Minute den größten Blödsinn erzählte, waren sie beide gleichauf.

Es war 12:45 Uhr. Die Polizistin wartete im *Select* auf Valérie Janvier, die Divisionskommissarin, und überflog unterdessen auf dem Handy ihre Notizen. Die mythi-

sche Brasserie am Boulevard Montparnasse war bei
Weitem nicht voll besetzt. Die »Kantine der literarischen
Welt«, normalerweise das Hauptquartier von Verlegern
und Journalisten, hatte mit ansehen müssen, wie die
Stammgäste in ihre Ferienhäuser im Luberon oder in
der Bretagne abreisten. Mit seiner Glasfront, den Korb-
sitzbänken, dem Stuck, den Zierleisten erinnerte der
Ort an die 1920er-Jahre, so wie sich die Touristen Paris
vorstellten. Plötzlich betrat eine ihr vertraute Gestalt
das Restaurant. Jean-Gérard Azéma. Der Paparazzo ließ
den Blick durch das Lokal schweifen, und als er Roxane
erblickt hatte, trat er mit einem breiten Lächeln auf sie
zu.

»Siehst du, wir bleiben in Kontakt!«

»Wie hast du mich gefunden?«

»Das ist mein Metier!«, erwiderte er und nahm ihr
gegenüber Platz.

Jeangégé rief eine Bedienung herbei und bestellte
einen Pastis mit Sirup.

»Seit wann speisen die Bullen im *Select*? Du gönnst
dir so einiges, könnte man sagen.«

»Hast du Infos für mich?«

»Vielleicht. Was bekomme ich im Gegenzug?«

»*Nada*, das habe ich dir schon heute Morgen gesagt.«

Sie hatte gehofft, dass der Paparazzo schließlich doch
wiederkommen würde. In diesen mageren Zeiten war
die Geschichte von Milena Bergman ein verlockender
Köder.

»Okay«, meinte er. »Als Beweis meiner guten Absichten nenne ich dir die Identität des Teilnehmers, dessen Nummer nicht öffentlich zugänglich ist.«

Er gab ihr den Klebezettel zurück, den sie ihm wenige Stunden zuvor zugesteckt hatte. Azéma hatte einen Namen darauf hinzugefügt.

»Gaétan Yordanoff?«

»Allem Anschein nach ein Kollege von dir.«

»Ein Flic?«

»Ja, einer von der Finanzbrigade. Ist doch toll, wenn Bullen jagen. Das hat was.«

Roxane fand die Info interessant. Ein neuer Beweis dafür, dass Batailley sein gesamtes Netzwerk aktiviert hatte.

Ein Kellner brachte Jeangégé seinen Cocktail. Er trank in gierigen Schlucken, als hätte er gerade die Sahara ohne Feldflasche durchquert.

»Ahhh! Tut das gut! Es gibt nichts Besseres als den Pastis. Der erinnert mich an Urlaub, Boulespiel, Saint-Paul-de-Vence, La Colombe d'or ...«

»Ich erwarte jemanden, also wenn du mir nichts weiter zu sagen hast, kannst du deinen Aperitif ja auch an der Bar trinken.«

»Nicht so eilig, meine Schöne, ich habe einen Blick in deinen Artikel geworfen. Gar nicht uninteressant ...«

Azéma war nicht blöd. Trotz seines Alters blieb er auf der Lauer, witterte den Scoop, das Dämonische, den Pesthauch der Seele. Wobei er seine profanen Ziele

in den Deckmantel der »Suche nach der Wahrheit«
hüllte.

»Erklär mir bitte, warum sich die Flics für diese Geschichte interessieren.«

»Das ist die 1000-Riesen-Frage, Jeangégé, aber wenn
ich eine Info herausgeben muss, wirst du der Erste
sein, der auf dem Laufenden ist.«

»Versprochen?«

»Hoch und heilig – aber jetzt verschwinde, mein
Date muss jede Minute eintreffen. Und sag dem Typen
an der Bar: Dein Drink geht auf meine Rechnung.«

12:55 Uhr. Roxane machte einen Anruf, um sich die
Info bestätigen zu lassen. Der Fotograf hatte tatsächlich fast einen Volltreffer gelandet. Gaétan Yordanoff
war Polizist, allerdings nicht wirklich bei der Finanzbrigade, sondern bei der Finanzrecherche- und Ermitt-
lungsbrigade. Sie rief die Dienststelle an, stellte sich
mit Namen und Funktion vor und bat darum, mit Yordanoff zu sprechen, allerdings ohne sich wegen des
Datums und der Uhrzeit große Hoffnungen zu machen. Da das Mädchen am Apparat sympathisch war,
versuchte Roxane, Yordanoffs Durchwahl herauszubekommen, jedoch ohne Erfolg.

»Wir hatten ein höllisches Jahresende. Gaétan würde
es mir sehr übel nehmen. Er spricht seit Monaten nur
noch von seinen Ferien.«

*Die Franzosen und ihre Ferien – eine unverwüstliche
Lovestory.*

»Schicken Sie ihm doch wenigstens eine SMS mit meinen Daten und dem Vermerk, dass ich ihn wegen Marc Batailley sprechen möchte.«

Sie legte auf, ohne sich viel von diesem »Köder« zu versprechen.

2.

»Ich war Anfang 2000 die Dritte in Marc Batailleys Gruppe bei der Kripo. Von ihm habe ich alles gelernt.« Hosenanzug, Bubikopf, Marken-Sneakers – so kam Valérie Janvier äußerst schick und dynamisch daher. Urlaub verpflichtet, sie wurde von ihrer Tochter begleitet, ein Mädchen von sechs oder sieben Jahren, ein wenig geistesabwesend, vertieft in die Lektüre eines Bands von Geronimo Stilton.

Anders als von Roxane befürchtet, stimmte die Chemie zwischen ihnen sofort. Die ranghohe Kommissarin war nicht nur sympathisch, sondern auch entspannt, fast gleichgültig, so als könnte sie in diesem Beruf nichts mehr überraschen. Nachdem sie sich nach Batailleys Gesundheitszustand erkundigt hatte, erzählte sie von ihren Anfängen unter der Führung des alten Löwen.

»Marc war damals noch immer traumatisiert vom Tod seiner Tochter. Er machte Höhen und Tiefen durch, aber er war ein guter Teamchef, auch wenn wir Zweifel an der Hierarchie hatten. Wir hatten kaum spektakuläre Fälle zu bearbeiten, weil man uns keine anvertraute, doch wir haben unseren Job gemacht, ohne uns für die Resultate schämen zu müssen.«

Roxane ließ ihrem Gegenüber Gelegenheit, ein paar Happen von ihrem *Ceviche* zu naschen, bevor sie weiter nachbohrte.

»Sind Sie danach in Kontakt mit ihm geblieben?«

»Ja, er hat mich sozusagen bei meinem Aufstieg aus der Ferne begleitet. Er wusste immer einen guten Rat, und selbst als man ihn schon aufs Abstellgleis geschoben hatte, hat er mir trotzdem zur Seite gestanden.«

»Wann hat er das letzte Mal Kontakt zu Ihnen aufgenommen?«

»Das muss etwa vor zehn Tagen gewesen sein. So hatte ich ihn noch nie gesehen: zugleich aufgeregt und in großer Sorge. Er hat mir erklärt, dass er solo und außerhalb der rechtlichen Rahmenbedingungen an einem Fall arbeitet.«

»Hat er Ihnen verraten, worum es dabei ging?«

»Sagen wir so: Zunächst ist er sehr vage geblieben. Wohl, um mich nicht zu verschrecken, und auch zu meinem Schutz, sollte die Sache schieflaufen.«

Valérie Janvier stibitzte ein paar Pommes vom Teller ihrer Tochter.

Roxane insistierte: »Was erwartete Marc von Ihnen?«

»Zunächst bat er mich, eine Verbindung zu einer vertrauenswürdigen Person in der Abteilung für Verhaltenswissenschaften herzustellen.«

Ehemals im Fort von Rosny-sous-Bois untergebracht, befand sich die Abteilung für Verhaltenswissenschaften in Cergé und setzte sich aus einem kleinen Team von spezialisierten Ermittlern zusammen, bestehend aus Analytikern und Fahndern. Sie wurden zur Unterstützung der lokalen Untersuchungsbeamten eingeschaltet, wenn es sich um einen besonders gewalttätigen Modus Operandi handelte.

»Wissen Sie, wonach genau er suchte?«

»Wenn ich es richtig verstanden habe, war er auf der Suche nach Informationen zu früheren Morden, bei denen in irgendeiner Form mythologische Inszenierungen mit im Spiel waren. Er wollte Einsicht in Datenbanken, um herauszufinden, ob es Verbindungen zu bestimmten Modus Operandi gibt.«

»Hat er dabei Dionysos erwähnt?«

»Sie sind ja bestens im Bilde! Zu einem späteren Zeitpunkt hat er davon gesprochen. Bei seinem Abstecher nach Cergy zur Datenbank SALVAC, dem System zur Analyse der Zusammenhänge von Gewalt in Verbindung mit Straftaten, ist er tatsächlich fündig geworden. Zwei Fälle haben ihn besonders interessiert, einer auf französischem Territorium, der andere in England.«

Roxane zog einen Stift aus der Tasche, um sich Notizen zu machen. Valérie Janvier konzentrierte sich einen Moment, um die Vorgänge präzise zu formulieren.

»Von dem ersten Fall haben Sie sicher gehört, denn er wurde ausführlich in den französischen Medien erwähnt. Im Jahr 2017 wurde die Leiche eines Militärs in einem Container unweit des Papstpalastes von Avignon gefunden.«

Wie eine Schülerin notierte sich Roxane die Daten auf ihrem Unterarm.

»Und der zweite Fall?«

»Ein Jahr später der Mord an einem Richter in Stratford. Sie können die Details im Internet recherchieren.«

»Und was war die Verbindung zwischen den beiden Fällen?«

»Bei beiden hatte man ein Ziegenfell an die Leiche genäht.«

Bei diesem Detail hob das Mädchen den Blick von ihrem Buch. Janvier schenkte ihr ein beruhigendes Lächeln.

»Glaubte Batailley, einem Serienmörder auf der Spur zu sein?«

»Nicht unbedingt, aber vielleicht einer Serie von Morden. Auf jeden Fall etwas Spannendem. Etwas, das uns früher einmal dazu bewogen hat, diesen Beruf zu ergreifen.«

Letztlich hatte Batailley der Buchhändlerin nichts vorgemacht.

»Es war riskant für Sie, ihm zu helfen, oder?«

»Marc ist ein großartiger Flic. Er hat diese Ermittlungen nicht aus Spaß oder Langeweile durchgeführt. Ich habe genau gespürt, dass er auf Großwildjagd war. Also wenn ein Profi seines Kalibers Ihnen einen Serienmord auf dem Silbertablett präsentiert, wäre keiner so blöd, ihm nicht weiterzuhelfen.«

»Worin bestand Ihr stillschweigendes Abkommen?«

Janvier zuckte mit den Schultern.

»Dass er mir die Sache überlässt, sobald er etwas herausgefunden hat.«

»Warum erzählen Sie mir das alles?«

Statt zu antworten, aß Janvier ihre Dorade.

»Ich habe mich ein bisschen über Sie informiert, Montchrestien. Warum hat Sorbier Sie ausgebootet?«

Roxane verzog keine Miene, ganz so, als würde sie diese Frage nicht betreffen.

»Ich will ehrlich Ihnen gegenüber sein«, erklärte die Bezirksleiterin. »Ich verlasse die Polizei im nächsten Frühjahr. Man hat mir vorgeschlagen, den Sicherheitsdienst einer großen Luxusfirma zu leiten.«

Roxane konnte ihre Verwunderung nicht verbergen.

»Heutzutage steckt man in diesem Beruf nur noch Prügel ein, und das bei einem miesen Gehalt«, rechtfertigte sich Janvier. »Und so bleiben am Ende nur die Mittelmäßigen.«

»Aber Sie hätten nichts dagegen, Ihre Karriere mit einer spannenden Geschichte zu beenden.«

Das Gesicht der Divisionskommissarin wurde hart, ihre Stimme fast drohend.

»Ich habe Sie über Batailleys Ermittlungen informiert. Im Gegenzug erwarte ich von Ihnen …«

Das Handy auf dem Tisch vibrierte. Liêm Hoàng

Thông. Mit einem Handzeichen gab Roxane zu verstehen, dass sie den Anruf annehmen musste.

»Salut, Liêm.«

»Ich hab eine Info für Sie, Chefin. Machen Sie damit, was Sie wollen.«

»Leg los!«

»Man hat versucht, Raphaël Batailley umzubringen.«

3.

Rein zufällig befand sich Roxane gerade in der Nähe des Unfallortes. Nachdem sie ihre Rechnung beglichen hatte, begab sie sich auf direktem Weg über die Rue Vavin zur *Liberty Bar*. Das Aufgebot an Ordnungskräften und Feuerwehrmännern behinderte den Verkehr und lockte ganze Scharen von Schaulustigen an.

Die Szenerie war eindrucksvoll. Ein Wagen – ein Mercedes-Benz-Coupé, war in die Fensterfront der Bar gerast und hatte die Scheibe zerbrochen. Roxane blieb einen Augenblick bei den Schaulustigen hinter der Polizeiabsperrung stehen und spitzte die Ohren, um erste Informationen mitzubekommen. Allem Anschein nach gab es ein Opfer, jedoch nicht die Fahrerin, die von den Feuerwehrleuten nur mit Mühe aus dem Wagen befreit worden war. Ein Krankenwagen hat sie in eine Klinik gebracht. Der Airbag hatte ihr das Leben gerettet. Roxane entdeckte Botsaris im Gespräch mit

Major Gallonde, Leiter der Dienststelle zur gerichtlichen Bearbeitung von Unfällen, die bei Autounfällen mit schweren körperlichen Schäden eingeschaltet wurde. Das Gesicht ihres ehemaligen Lieutenants wirkte erschöpft – blasser Teint, starre Züge, verkniffener Mund. Roxane zeigte ihren Dienstausweis, um hinter die Polizeiabsperrung zu gelangen. Auch wenn die Beamten vom Kommissariat des 6. Arrondissements den Ort abgesichert hatten, so hatten doch Major Gallondes Männer und die Einheit des Erkennungsdienstes die Oberhoheit – sie machten Fotos, vermaßen die Entfernungen, nahmen Fingerabdrücke am Lenkrad und befragten die Zeugen. Als Roxane sich so weit wie möglich dem Autowrack näherte, bot sich ihr ein grauenhafter Anblick: Eine Blutlache bedeckte den Bürgersteig. Große dunkelrote Streifen mit schwärzlichem Schimmer, so als hätte man hier jemandem die Kehle durchgeschnitten.

»Kein schöner Anblick, Chefin ...«

Roxane erkannte Liêm Hoàng Thôngs Stimme hinter sich.

»Informier mich, Liêm. Was ist bislang bekannt?«

»Die Fahrerin hat die Kontrolle über ihren Mercedes verloren und ist mit hoher Geschwindigkeit auf den Bürgersteig und dann in die Terrasse des Cafés und die Fensterfront gerast. Es ist ein Wunder, dass es nicht mehr Opfer gibt.«

»Und, gibt es Tote?«

»Eine junge Frau, die auf der Terrasse neben ihrem Baby im Kinderwagen saß, hat es voll erwischt; sie wurde gegen die Wand des Cafés geschleudert. Sie war schon tot, als die Feuerwehr eintraf.«

»Verdammt ... Und das Baby?«

»Dem ist zum Glück nichts passiert.«

Roxane konnte den Blick nicht von dem Bürgersteig lösen. Der Wagen hatte alle Pfosten umgefahren, die als Schutzgeländer dienen sollten. Die Fahrerin musste eine rote Ampel missachtet und dann voll aufs Gaspedal gedrückt haben. Sie erinnerte sich an einen ähnlichen Unfall vor zwei Jahren, bei dem ein Rentner Brems- und Gaspedal verwechselt hatte.

»Hast du die Fahrerin gesehen?«

»Ja, als die Feuerwehrleute sie aus dem Auto geborgen haben.«

»Wie alt?«

»Zwischen dreißig und vierzig. Asiatischer Typus. Eher attraktiv.«

»War sie allein in dem Wagen?«

»Allem Anschein nach.«

»Und Raphaël Batailley?«

»Er hat Verletzungen durch Glassplitter erlitten, doch er wird sich schnell erholen. Er wurde bereits ins Hôpital Cochin gebracht.«

Botsaris trat zu ihnen, völlig erschöpft, die Augen gerötet, und rieb sich die Lider, so als hätte er zwei Tage nicht geschlafen. Aufgeregt deutete er auf die Fahrbahn.

»Das ist kein Unfall, verdammt! Es sind nirgends Bremsspuren zu sehen!«

»Vielleicht hatte das Mädchen einen Schwächeanfall«, meinte Roxane.

»Sie ist erst dreißig. Daran glaube ich keine Sekunde. Das galt deinem Kumpel!«

»Batailley ist nicht ›mein Kumpel‹. Hast du die Identität der Fahrerin?«

Mit einer Kopfbewegung deutete Botsaris auf die beiden Polizisten und den Techniker des Erkennungsdienstes, die sich an dem Wagen zu schaffen machten.

»Major Gallonde erkundigt sich, was es Neues gibt. Ich lasse ihn, damit er nicht beleidigt ist.«

»Apropos Neuigkeiten, hat man immer noch nicht den Lieferwagen des Satyrs gefunden?«

»Doch, und das war echt ein absoluter Reinfall: Ein Rentner hat die Kiste in einem Wald unweit von Chartres entdeckt. Der Typ muss seine Flucht mit einem anderen Fahrzeug fortgesetzt haben.«

»Hat er seine Karre in Brand gesteckt?«

»Nein, und das wundert mich. Der Typ scheint nicht registriert zu sein, denn es wird massenhaft Fingerabdrücke geben.«

»Und heute Morgen bei Batailley? Hat die Spurensicherung etwas Verwertbares gefunden?«

»Wir warten noch auf die Resultate, aber morgen ist Heiligabend, und da läuft alles auf Sparflamme, wie du weißt.«

Major Gallonde, der neben dem Wagen hockte, erhob sich mit finsterer Miene und machte ihnen ein Zeichen, näher zu kommen.

»Wir haben den Pass der Fahrerin gefunden«, verkündete er und zeigte ihnen den marineblauen Ausweis mit goldenen Lettern.

»Yukiko Takahashi. Amerikanische Staatsbürgerin. 1989 in Japan geboren. Zwischen den Seiten ein Flugticket und ein Automietvertrag sowie eine Magnetkarte für ein Hotelzimmer. Die Frau ist am Vortag aus Berlin nach Paris gekommen. Sie hatte den Mercedes in Roissy gemietet und die Nacht im Hotel Lenox unweit von hier verbracht.«

»Und das haben wir in ihrem Handschuhfach gefunden«, verkündete Gallonde, wobei er eine Fotokopie des Artikels im *Week'nd* über Raphaël und Milena entfaltete.

»Sofern es noch Zweifel am Zusammenhang dieses Falls mit Batailley geben sollte«, meinte Botsaris ironisch.

Roxane sah auf den Pass. Das Foto zeigte eine hübsche Brünette: große Augen, hohe Wangenknochen, langes dunkles zurückgekämmtes Haar. Yukiko Takahashi. Dieser Name war ihr schon einmal bei ihrer Untersuchung begegnet. Aber wo?

Telefon. Google. Ergebnis der Recherche: Takahashi war eine Violinistin, die oft im Duo oder Trio mit Milena Bergman gespielt hatte. Sie war sogar ihre ständige Partnerin bei den Kammermusik-Aufnahmen gewesen. Nicht der Star, eher die zweite Geige. Auf alle Fälle eine Freundin Milenas. Die beiden Frauen hatten über zehn Jahre lang weltweit gemeinsam Konzerte gegeben. Was bedeutete, dass sie sich wirklich gut gekannt hatten. Aber warum hatte sie einen solchen Hass auf Batailley, dass sie ihm nach dem Leben trachtete?

»Wir müssen den Schriftsteller so bald wie möglich befragen«, meinte Roxane und steckte ihr Handy ein. »Komm, Botsa, lass uns den Autor zusammen im Hôpital Cochin aufsuchen.«

Der Lieutenant schüttelte den Kopf.

»Man kann sich nicht einfach so über die Bestimmungen hinwegsetzen, Roxane. Du bist momentan nicht mehr bei der Zielfahndungseinheit und hast hier nichts zu suchen.«

»Jetzt spiel nicht den Idioten, Botsa. Du hast nicht das Zeug dazu, einen Fall wie diesen zu lösen.«

»Ach ja, und wie kommst du darauf?«

»Dir fehlt die Erfahrung, der Riecher, die Gelassenheit, der Grips, der Mumm. Du bist ein 35-Stunden-Flic, der um seine kleinen Ferien fürchtet.«

»Gut, das reicht jetzt. Liêm, du machst dich auf den Heimweg nach Nanterre und kümmerst dich um den Laden. Und dich, Roxane, halte ich nicht länger auf.«

»Du verlierst den Fall, Botsa. Wir haben eine Tote, ein Waisen-Baby, eine Entführung, die Verwicklung einer amerikanischen Staatsangehörigen in den Fall, eine Frau, die von den Toten auferstanden ist, einen bekannten Schriftsteller und die Medien, die auf der Lauer liegen. Du bist der Erste, der rausgeworfen wird.«

Der Polizist hatte sich schon abgewandt und zeigte ihr den Stinkefinger.

»Das wird dir alles um die Ohren fliegen. So viel ist sicher. Und es geschieht dir recht.«

4.

»Beruhigen Sie sich, Chefin, das bringt überhaupt nichts.«

Wie gewöhnlich versuchte Liêm, den Schlichter zu spielen.

»Was für ein Idiot! Du weißt, dass ich recht habe, oder?«

»Man muss sich in ihn hineinversetzen …«

»In diesen Idioten, nein danke!«

»Soll ich Sie irgendwo hinbringen?«

Er deutete auf einen der Dienstwagen, der nicht weit entfernt halb auf dem Bürgersteig geparkt war.

»Nein, ich laufe lieber. Dieser Mistkerl hat mich den letzten Nerv gekostet.«

»Chefin, bitte! Ich muss unbedingt etwas mit Ihnen besprechen!«

Sie folgte ihm lustlos zu seinem Wagen.

Liêm setzte sich ans Steuer und wendete auf der Rue d'Assas.

»Wo soll ich Sie rauslassen?«

»Fahr einfach, und ich gebe dir Bescheid. Was wolltest du mit mir besprechen?«

»Zunächst muss ich Ihnen etwas erklären«, begann er in geheimnisvollem Tonfall.

Sie stieß genervt einen Seufzer aus.

»Verdammt, Liêm, raus mit der Sprache. Ich bin nicht in Stimmung.«

»Als die Typen vom Erkennungsdienst heute Morgen in Raphaël Batailleys Garten beschäftigt waren, habe ich mich ein wenig in seinem Wohnzimmer umgesehen.«

Roxane öffnete ihr Fenster, so als bekäme sie nicht genügend Luft.

Liêm fuhr fort: »Alle waren auf den Tatort konzentriert, niemand hat sich innen in der Bude umgeschaut; dafür braucht man im Notfall keinen richterlichen Durchsuchungsbeschluss.«

»Du hast es also gemacht, wenn ich dich recht verstehe?«

»Das ist fast ein Glücksfall. Als ich mir die Bücher in der Bibliothek angeschaut habe, habe ich das hier entdeckt.«

Er griff in seine Hemdtasche und reichte Roxane einen kleinen schwarzen Würfel, kaum größer als eineinhalb Zentimeter breit.

»Was ist das? Ein Mikro?«

»Eine ultrakompakte Spionagekamera. Diese hier war an einem Regalbrett befestigt, doch es gibt noch fünf andere, die im Wohnzimmer verteilt sind. Womit jeder Bildwinkel abgedeckt ist.«

»Ist das dein Ernst?«

Er nickte.

Roxane wog den Apparat in der Hand: keine fünfzig Gramm.

»Das ist Profi-Ausrüstung, oder?«

»Heutzutage kann sich das jeder im Netz besorgen, doch es ist noch immer ganz schön teuer, ja.«

»Also wurde Batailley bestens überwacht, von früh bis spät?«

»Ja und nein.«

»Erklär mir das genauer.«

»Die Kameras funktionieren mit einer Batterie, die keine besonders große Autonomie hat. Ich würde sagen, maximal zwei Stunden.«

»Und sie haben keine Speicherkarte?«

»Nein.«

Roxane versuchte zu verstehen.

»Aber wer hat Zugang zu diesen Bildern?«

»Derjenige, der die Kameras installiert hat, hat sie mit dem WLAN-Netzwerk des Hauses verbunden, das nicht wirklich sicher ist.«

»Das heißt …?«

»Das heißt, er kann überall auf seinem Handy in Echtzeit darauf zugreifen.«

»Selbst am anderen Ende von Paris?«

»Selbst am anderen Ende der Welt.«

»Wie wird die Kamera ausgelöst?«

»Durch einen Bewegungsmelder, doch man kann sie auch aus der Distanz aktivieren und deaktivieren.«

Auf dem Boulevard Raspail bat sie Liêm, den Blinker zu setzen, um in die Rue de Grenelle einzubiegen.

»Das ist noch nicht alles, Chefin. Als ich sie entdeckt habe, funktionierten sie noch. Meiner Meinung nach wurde alles gefilmt: die Ankunft des Mädchens, der Angriff des Satyrs, die Intervention der Polizei ...«

Roxane war sprachlos. Ein weiteres Element, das diesen verrückten Fall noch etwas rätselhafter machte.

»Was soll ich jetzt mit dieser Info anfangen?«, fragte Liêm, während er in die Rue du Bac einbog.

»Nimm sie in die offiziellen Ermittlungen auf. Sag Botsaris, dass du noch einmal bei Batailley warst und dass du sie in diesem Moment bemerkt hast.«

Sie machte ihm ein Zeichen, vor dem Square des Missions-Étrangères anzuhalten.

»Und informier mich über alle neuen Erkenntnisse. Schick sie mir via Telegram.«

Sie öffnete ihren Gurt, winkte ihrem ehemaligen Teampartner zu und lief bis zur Toreinfahrt. Als sie gerade den Code eingab, ließ ein längeres Hupen sie aufblicken. Liêm machte ihr Zeichen mit der Lichthupe. Sie kehrte zu seinem Wagen zurück.

»Sehen Sie sich das an!«, sagte er durch das geöffnete Seitenfenster.

Roxane nahm erneut neben dem Polizisten Platz,

der sein Handy hervorgeholt hatte, um die eingehenden SMS zu überprüfen.

»Ich hatte dem Wächter vom Musée Zadkine heute Morgen meine Nummer dagelassen«, erklärte er.

»Dem Typen, der die Entführung aufgezeichnet hat?«

»Genau, aber er war nicht der Einzige. Seine Frau hat auch gefilmt, allerdings aus dem ersten Stock und einem anderen Blickwinkel.«

Roxane spielte das Video ab. Da von oben aufgenommen, war der Bildausschnitt breiter.

»Stört Sie hier nichts?«, fragte Liêm.

Sie runzelte die Stirn. Die Bilder zeugten von der gleichen Brutalität, und sie konnte nichts fundamental Neues entdecken. Aber plötzlich fiel ihr etwas auf, und sie zoomte sich den Ausschnitt auf dem Touchscreen heran.

»Was ist das?«, fragte sie und deutete auf einen sich bewegenden, dicken orangefarbenen Punkt.

»Das ist eine Drohne«, antwortete Liêm. »Ich könnte wetten, dass derjenige, der die Kameras im Haus installiert hat, die Szene *auch* draußen gefilmt hat.«

5.

Es war noch nicht einmal 4 Uhr, doch die Sonne hatte sich schon längst verabschiedet. Seit den späten Morgenstunden war der Himmel grauweiß. Selbst oben in ihrem Adlernest war der Horizont für Roxane nichts als ein dichter perlmuttfarbener Schleier – Präludium der Abenddämmerung. Sie hatte geduscht, ihren Pyjama angezogen und darüber die alte Kaschmirstrickjacke, die sie bei Batailley gefunden hatte. Trotz ihrer Lust auf ein Gläschen Wein hatte sie beschlossen, eine akzeptablere Stunde abzuwarten, und sich einen Becher heißen Tee zubereitet, einen südkoreanischen Schwarztee mit Jeju-Mandarinen, den sie als Wärmflaschenersatz neben ihre Füße stellte. Sie befand sich sozusagen im Winterschlaf unter einer doppelten Wolldecke, auf ihrem Sofa ausgestreckt, der Kopf auf ihrem Kopfkissen, das Licht gedämpft, der schnurrende Kater an ihrer Seite.

Sie war bereit. Nicht, zu schlafen, sondern, das iPhone in der Hand, ihre Ermittlungen fortzusetzen. Erste Station: das Internet. Infos zu den beiden Fällen zu finden, von denen Valérie Janvier ihr erzählt hatte.

Sie begann mit dem simpleren, demjenigen, der sich in Frankreich abgespielt hatte. Im Bereich »Vermischtes« war die regionale Presse oft besser informiert als die nationalen Medien. Sie loggte sich in die Website von *La Provence* ein, tippte einige Schlüsselbegriffe und ging die Artikel durch, die dem Mord in Avignon gewidmet waren. Am 18. Oktober 2017 war die Leiche eines ehemaligen Offiziers, Jean-Louis Crémieux, sechzig Jahre, in einem Müllcontainer in der Rue Banasterie, unweit des Papstpalastes, gefunden worden. In dieser Zeit, nach so vielen Attentaten, weckte der Mord an einem Militär Angst vor einem terroristischen Akt, doch diese Bedrohung wurde offenbar schnell ausgeschlossen. Crémieux hatte als Hauptmann des 21. Regiments der Marineinfanterie in Fréjus gedient, aber er hatte die Armee schon seit Langem verlassen. Man hatte dem Ex-Militär die Kehle durchgeschnitten. Seine Leiche war halb nackt, bekleidet und geschminkt wie ein Transvestit: hohe Absätze, enges Mieder, die Ziegenfell-Stola auf die Haut genäht.

Die Ermittlungen hatten sich in die Länge gezogen. Roxane verfügte nur über einen winzigen Teil der Elemente – ein Zeitungsartikel ist keine Untersuchungsakte –, aber sie glaubte, zwischen den Zeilen lesen zu können, dass niemals eine überzeugende Spur gefunden worden war. In den ersten beiden Wochen hatte *La Provence* der Angelegenheit fast täglich einen Artikel gewidmet: die Persönlichkeit des Militärs, das Transvestiten-Milieu, eine eventuelle Abrechnung. Aber hinter den Schlagzeilen waren echte Infos leider eher rar. Mit der Zeit wurden die Artikel immer seltener, und in diesem ausklingenden Dezember hatte die Zeitung ihre Leser gar nicht mehr über die Angelegenheit informiert. Um mehr zu erfahren, hätte Roxane versuchen müssen, einen der Beamten zu kontaktieren, die damals mit den Ermittlungen betraut waren. Aber vierundzwanzig Stunden vor Heiligabend und ohne Empfehlung war das aussichtslos. Stundenlanges Palaver am Telefon, das zu nichts führen würde.

Sie konzentrierte sich auf den anderen Fall. Der Richter, der in der Grafschaft Warwickshire, im mittleren England, ermordet worden war. Auch hier begann sie ihre Recherche bei der Lokalpresse und jonglierte zwischen den Websites der *Harborough Mail* und des *Warwick Courier* hin und her, doch sie bemerkte sehr schnell, dass sich auch die nationale Presse für den Fall interessiert hatte. Stratford-upon-Avon war die Geburtsstadt von William Shakespeare. Ein Mord in diesem Mekka für Shakespeare-Fans war natürlich äußerst medienwirksam. Worum ging es hier? Terence Bowman, Richter am Handelsgericht, war in den Gärten der Holy Trinity Church mit zerschmettertem Schädel und leeren Taschen aufgefunden worden. Die Ermittlungen waren schnell vorangekommen. Seine Uhr, sein Handy und sein Portemonnaie wurden im Geräteraum der Kirchengärtnerei gefunden. Es folgten mehrere Festnahmen und das Geständnis von James Deller in U-Haft. Der Einundzwanzigjährige war ein aktenkundiger Drogensüchtiger, der mehrere Entziehungskuren hinter sich hatte.

Bei der Lektüre dieser Presseberichte durchliefen Roxane abwechselnd Schauer der Erregung und der Frustration. Erregung, an einem Serienmord zu arbeiten – wenn auch indirekt –, und Frustration, keinen Zugang zu den Ermittlungsakten zu haben. Im Gegensatz zu Janviers Auskunft war bei diesem zweiten Mord nicht von einem Ziegenfell die Rede. Hatte die Polizistin etwas durcheinandergebracht? Oder war dieses Element nicht zur Presse durchgesickert? Auf jeden Fall war nicht zu verstehen, warum diese Morde Batailley so faszinierten, und auch eine direkte Verbindung zum Dionysos-Kult war nicht offensichtlich.

Das Vibrieren des Handys weckte den Kater, der, an ihr Bein geschmiegt, geschlafen hatte. Ein Anruf mit unterdrückter Nummer.

»Gaétan Yordanoff.«

Der Typ von der Finanzabteilung!

Roxane richtete sich auf ihrem Kissen auf.

»Roxane Montchrestien, Zielfahndungseinheit.«

»Ich bin im Urlaub«, begann er in vorwurfsvollem Tonfall.

»Das glaubte ich verstanden zu haben. Vielen Dank, dass Sie trotzdem zurückrufen.«

»Was ist das für eine Geschichte mit Marc Batailley?«

»Waren Sie unlängst in Kontakt mit ihm?«

»Nein, ich habe seit fünf oder sechs Jahren nichts mehr von ihm gehört.«

»Ihre persönliche Nummer erscheint aber in seiner Anrufliste der letzten Tage.«

»Zu welchem Thema ermitteln Sie eigentlich?«

»Batailley liegt im Koma. Ich übernehme eine seiner Ermittlungen.«

»Im Koma? Ist es ernst?«

»Er befindet sich in einem kritischen Zustand, ja.«

»Er … Er hat mich letzte Woche angerufen und wollte, dass ich ihm helfe, eine Geldbewegung nachzuvollziehen.«

»Welche?«

»Keine Ahnung. Ich hab ihm gesagt, er könne mich mal. Es gehört nicht zu meinen Gewohnheiten, außerhalb des legalen Rahmens zu arbeiten.«

»Hören Sie, Batailley hat Sie nicht rein zufällig kontaktiert. Wenn er es getan hat, dann deshalb, weil er wusste, dass Sie ihm helfen würden.«

»Es ist bei dem einen Anruf geblieben, wie ich schon sagte!«

»Wenn Sie es so nehmen, Yordanoff, werden Sie irgendwann offiziell vorgeladen. Wir können die Sache aber auch heute Abend abschließen, und Ihr Name taucht nicht in der Ermittlung auf.«

»Netter Versuch, doch so funktioniert das nicht. Ich glaube nämlich, dass Sie außerhalb des Verfahrens ermitteln. Deshalb: *Ciao.*«

Er legte auf, bevor sie ein Wort hinzufügen konnte.

Sie seufzte, schloss die Augen, gab sich der Wärme ihres improvisierten Bettes hin und lauschte dem Lärm des Regens, der gegen die Scheiben ihres Wachturms prasselte. Es war noch keine 18 Uhr und ein Tag vor Heiligabend. Sie war aus ihrem Job entlassen worden, sie hatte null Privatleben, sie ging allen auf die Nerven, und alle gingen ihr auf die Nerven. Sie hielt diese Stadt nicht mehr aus, diese Zeit, diese Leute, diesen Blödsinn, den man hörte, sobald man das Radio anschaltete, den Fernseher, den Computer. Dieser große Sieg der Mittelmäßigkeit. Immer. Überall.

Ich bin traurig und möchte mich zurückziehen [...] Schreib nicht! Lass uns lernen, nur in uns zu sterben.

Die Worte von Marceline Desbordes-Valmore gingen ihr durch den Kopf. Genau das war es, sie wollte sich zurückziehen. Die Flamme, die sie einst angetrieben hatte, war schwächer geworden und flackerte jeden Tag mehr. Nichts in ihr war noch in der Lage, zu leuchten, zu erhellen, zu wärmen. Ihre Flamme wartete nur noch auf den Lufthauch, der sie endgültig auslöschen würde.

Sie würde niemals eine große Ermittlerin sein. Im kollektiven Gedächtnis waren die »großen Polizisten« immer mit außergewöhnlichen Ermittlungen verbunden oder hatten bekannte Kriminelle verhaftet. Sie sank langsam in den Schlaf, gewiegt von Poutines Schnurren. Als sie die Augen wieder öffnete, war es kurz nach 23 Uhr. Das Gesicht von Liêm erschien auf ihrem Display.

»Guten Abend, Liêm.«

»Hab ich Sie geweckt, Chefin?«

»Von wegen, ich bin natürlich bei der Arbeit. Und du?«

»Ich bin auf dem Heimweg.«

Liêm saß in seinem Wagen, sein iPhone in der Halterung am Armaturenbrett.

»Gibt's was Neues?«

»Ich hab lange mit Botsa gesprochen. Er kam gerade aus dem Hôpital Cochin.«

»Hat er Raphaël Batailley sehen können? Wie geht es ihm?«

»Er hat überall Schnitte, aber nichts wirklich Schlimmes.«

»Hat er ihn vernommen?«

»Ja, aber der Schriftsteller hat nichts von sich preisgegeben. Er bestätigt, dass der Wagen auf ihn zugesteuert ist, behauptet aber, die Fahrerin nicht zu kennen.«

»Und die Japanerin? Yukiko Takahashi?«

»Sie ist völlig weggetreten, wie Sie sich vorstellen können. Als man ihr gesagt hat, sie hätte eine Mutter getötet, bekam sie einen Nervenzusammenbruch und ist inzwischen unkontrollierbar. Die Ärzte mussten ihr die stärksten Mittel verpassen, um sie zu beruhigen.«

»Hat sie etwas gesagt oder nicht?«

»Das war total konfus, aber im Wesentlichen hat sie mehrmals wiederholt, dass der Artikel im *Week'nd* Anlass für ihre Tat war.«

»Versteh ich nicht.«

»Sie sagt, Raphaël Batailley hätte ihr ihre Geschichte gestohlen. Dass er ein Hochstapler ist.«

»Liêm, streng dich an. Ich versteh kein Wort.«

Der Lieutenant räusperte sich.

»Sie gibt vor, Milena Bergman hätte immer schon Frauen bevorzugt. Nun, Sie wissen schon.«

»Milena war lesbisch ...«

»... und Takahashi behauptet, ihre Partnerin gewesen zu sein.«

»Also war sie eifersüchtig auf die Beziehung von Raphaël und Milena?«

»Nein, sie war nicht eifersüchtig. Für sie hat diese Beziehung ganz einfach nie existiert.«

Donnerstag, 24. Dezember

12 Der verborgene Grund

Suchen Sie nicht in sich selbst,
da ist nichts. Suchen Sie in dem
Anderen, in Ihrem Gegenüber.

Konstantin Stanislawski

1.

Roxane bewegte sich durch eine unendliche Schnee-
landschaft. Eine unberührte Wüste, still und beängstigend. Ein Gefängnis aus Eis. Ohne Mauern, ohne
Wärter. Jeder Schritt löste ein unangenehmes Knirschen aus, dessen Echo, durch die Stille verstärkt, einen
beängstigenden Klangeffekt schuf. Aus dem Knirschen
wurde ein Jammern, ein Stöhnen, erstickte Schluchzer.
Um diese Geräusche zum Schweigen zu bringen, hatte
sie ihren Marsch durch den Schnee unterbrochen.
Doch das Klagen hörte nicht auf. Es hallte weiter in
ihrem Kopf wider. Und das änderte sich auch nicht, als
sie sich die Ohren zuhielt. Plötzlich ein Knacken unter

ihrer Schuhsohle. Sie bemerkte, dass sich vor ihren Füßen eine schwarze Form unter der bleichen Oberfläche abzeichnete. Sie bückte sich, um den Pulverschnee zur Seite zu fegen. Es handelte sich um ein Handy, das klingelte.

Der Ton riss sie aus dem Schlaf.

Verdammt ...

Während der Nacht war ihr Handy heruntergefallen. Sie fand es unter dem Chesterfield-Sofa und nahm das Gespräch an, ohne vorher die Nummer zu überprüfen.

»Hallo?«

»Gaétan Yordanoff, habe ich Sie geweckt?«

Roxane sah auf ihre Uhr, es war 9:10 Uhr.

»Soll das ein Scherz sein? Ich bin seit einer Stunde im Büro.«

»Ich habe es mir überlegt und bin bereit, Ihnen zu sagen, um was Batailley mich gebeten hat.«

»Offensichtlich hilft es tatsächlich, eine Nacht darüber zu schlafen.«

»Ich habe nichts zu verbergen, das ist alles.«

»Ich höre.«

»Marc wollte Informationen über einen Rechnungsbetrag, der am 14. Dezember in einem Pariser Geschäft bezahlt wurde.«

»Welches Geschäft?«

»*Memorabilia.* Soweit ich verstanden habe, ein Antiquitätenladen in der Passage des Panoramas.«

Roxane erhob sich von ihrem Sofa. Bei der Erwähnung dieses Ortes war sie mit einem Schlag hellwach. Die Passage des Panoramas lag neben der Hausnummer 14 am Boulevard Montmartre! Die Adresse des Cafés *Les Trois Licornes.*

»Wer hat die Zahlung getätigt?«

»Ebendas wollte Marc wissen.«

»Und?«

»Ich habe nichts herausgefunden. Diese Überweisung existierte nicht. Wenn der Kauf wirklich stattgefunden hat, dann wurde bar bezahlt.«

»Um welchen Kauf ging es?«

»Das hat mir Marc nicht gesagt. Und das ist alles, was ich über diese Geschichte weiß. Also, frohe Weihnachten und Ihnen alles Gute.«

Es war das zweite Mal, dass er einfach auflegte. Aber das war ihr egal. Ganz nebenbei hatte ihr der alte Yordanoff ein schönes Weihnachtsgeschenk gemacht. Roxane zog sich im Eiltempo an, gab dem Kater zu fressen und lief, den Kopf über ihr Handy gebeugt, die Treppe hinunter. *Memorabilia* hatte keine eigene Website, sondern nur einen alten Facebook-Account, dem aber immerhin zu entnehmen war, dass das Geschäft am 24. Dezember von 9 bis 19 Uhr geöffnet hatte.

Als sie auf die Straße trat, schlug ihr eisige Kälte entgegen, die sie an ihren nächtlichen Traum erinnerte. Sie hob den Blick zum Himmel: Es schneite! Dicke, wattige Flocken bedeckten Straßen und Bürgersteige mit einer dünnen weißen Schicht, die zu halten schien.

Die Kälte verstärkte ihren Hunger. Ihr war aufgefallen, dass intensive Ermittlungen einigen Kollegen den Appetit verschlugen. Das traf aber auf sie nicht zu. Die Aufregung eines Falls erhöhte jedes Mal den Stress und löste bei ihr den Wunsch aus, alles zu verschlingen, was ihr gerade unter die Finger kam. Bevorzugt Fettes und Süßes. Sie betrat die Einkaufspassage, die die Rue de Grenelle mit der Rue du Bac und dem Boulevard Raspail verband. Dort hatte sie eine Boulangerie ausgemacht, in der sie nun Croissants und einen Coffee to go kaufte. Als sie anschließend zum Taxistand Saint-Germain lief, ließ ein dreimaliges Hupen sie innehalten. Sie drehte sich um und erkannte an der Ecke des Boulevards das kleine eisblaue Auto von Valentine Diakité.

2.

Nur wenig geschminkt, wilde Mähne, Gothic-T-Shirt und eilig übergestreifter Parka. Ausnahmsweise wirkte Valentine einmal nicht so, als wäre sie gerade einer Modezeitschrift entsprungen. Aber auf ihrem strahlenden Gesicht zeichnete sich ein siegreicher Ausdruck ab.

»Ich habe eine Info! Bombe!«

»Bieg rechts ab«, erklärte Roxane und schaltete das Radio aus, »wir fahren wieder zum Boulevard Montmartre, genauer gesagt zur Passage des Panoramas.«

An der Kreuzung griff die Studentin nach ihrem iPad, das auf dem Armaturenbrett lag. Ein PDF-Dokument zeigte den Artikel des *Week'nd* über die Beziehung zwischen Raphaël und Milena.

»Wie war dein kleines Abendessen mit Corentin Lelièvre?«

»Ich habe ihn dazu gebracht, auszupacken! Ich weiß, warum er Nachforschungen über Batailley anstellt.«

»Erzähl!«

»Weil Milena nicht Milena ist!«, rief sie mit glänzenden Augen.

»Was soll das heißen?«

Als die Ampel auf Grün sprang, reichte sie Roxane das Tablet.

»Sehen Sie sich das Foto an.«

»Welches?«

»Das von Raphaël und Milena in Courchevel. Es wurde vor dem Hotel *Les Airelles* aufgenommen, eines der schicksten des ganzen Wintersportgebiets.«

»Ja und?«

»Sehen Sie sich mal die Dekoration im Eingangsbereich des Hotels an.«

Roxane kniff die Augen zusammen und vergrößerte die Aufnahme.

»Das sind Russische Puppen.«

»Genau! Waren Sie schon mal in Courchevel?«

»Weißt du, wie viel eine Polizistin verdient?«

»Sie wissen ja gar nicht, wie recht Sie haben. Im

Laufe der Jahre ist diese savoyische Skiregion zur beliebtesten für slawische Touristen geworden. Anfang Januar machen sie drei Viertel der Gäste aus, vor allem zum orthodoxen Weihnachtsfest. Um dieses Ereignis zu feiern, gibt es reichlich Animation in Courchevel. Die französischen Skilehrer organisieren eine Abfahrt mit Fackeln, und vor allem die Hotels würdigen diesen Feiertag mit ihrer Dekoration.«

»Na schön, und worauf willst du hinaus?«

»Das Hotel *Les Airelles* wird vom 2. bis zum 23. Januar nach dieser Tradition geschmückt.«

»Na und?«

»Das Foto wurde also im Januar 2019 aufgenommen.«

»Ganz offensichtlich.«

»Das Problem ist, dass das unmöglich ist. Milena Bergman hat den ganzen Januar über Konzerte in Japan gegeben.«

»Einen ganzen Monat lang Konzerte?«, fragte Roxane verwundert.

Valentine nickte.

»Ich habe Erkundigungen eingeholt. Japan ist vielleicht das einzige Land auf der Welt, in dem sich klassische Musik noch immer einer besonders großen Popularität erfreut. Dort gibt es eine rege Musikkultur. Die Japaner erhalten von klein auf wöchentlich mehrere Stunden Musikunterricht. Die Universitäten haben eigene Orchester, und es gibt viele Konzertsäle mit herausragender Akustik. Manche westliche Interpreten werden als Stars gefeiert. Das trifft auch auf Milena zu, die dort seit ihrer ersten CD phänomenalen Erfolg hatte.«

»Und wie erklärt sich dein Journalistenfreund all das?«

»Er kann es sich nicht erklären. Milena Bergman konnte nicht zur gleichen Zeit an zwei Orten sein. Um dieses Geheimnis zu lüften, verfolgt er Rapha.«

Verstimmt legte Roxane mit einer heftigen Geste das iPad auf das Armaturenbrett zurück. Hatte sie es doch gewusst: Sie hätte darauf bestehen müssen, Raphaël und die Japanerin nach dem Unfall selbst zu verhören.

»He, bitte Vorsicht mit meinen Sachen«, beklagte sich Valentine.

Roxane beschloss, Liêm anzurufen. Ohne weitere Vorrede warf sie ihm vor, die Männer vom Quai de l'Horloge nicht angetrieben zu haben.

»Nun ruf schon das Labor an, verdammt noch mal! Batailley hat uns gesagt, das Mädchen hätte mit der Hand gegen die Scheibe geschlagen. Die Spurensicherung muss Hunderte von Abdrücken gesichert haben. Wir brauchen die Ergebnisse noch HEUTE MORGEN! JETZT GLEICH! Weihnachten als Vorwand interessiert mich nicht. Wir müssen wissen, ob ...«

»Ganz ruhig, Chefin«, unterbrach Liêm sie ungerührt. »Wir haben bezüglich der genetischen Fingerabdrücke bestimmte Teilresultate. Die habe ich Ihnen vor zwanzig Minuten geschickt.«

So ein Mist. Sie hatte zwar ihre SMS und ihre E-Mails gecheckt, nicht aber den Messenger-Dienst Telegram.

»Ich fasse Ihnen die Ergebnisse zusammen«, fuhr der Lieutenant fort. »Das Mädchen, das vor Raphaël Batailleys Haus entführt wurde, ist nicht Milena Bergman.«

3.

10 Uhr. Passage des Panoramas.

Auf der Suche nach dem Geschäft, das Yordanoff ihr genannt hatte, verschaffte sich Roxane mit den Ellenbogen Platz und schob Passanten sowie alle anderen störenden Elemente aus dem Weg.

Die Passage war eine der ältesten überdachten Ladenstraßen der Hauptstadt. Sie verband den Boulevard Montmartre im Norden und die Rue Saint-Marc im Süden und war bekannt, weil sie der erste Ort in Paris mit Gasbeleuchtung gewesen war. Zu dieser morgendlichen Stunde herrschte hier bereits reges Treiben. Die Weihnachtsarbeiter und Touristen drängten sich in den langen schmalen Gassen, in denen sich Bistrots, Restaurants und alte Geschäfte abwechselten: Briefmarken- und Postkartenhändler, Münzsammler und Kunsthandwerker. Die Amerikaner und Japaner liebten diesen nostalgischen Charme. Hier fanden sie endlich jenes Paris, das sie sich vorgestellt hatten. Optik und Stimmung ließen die Belle Èpoque wieder aufleben – Vergoldungen, geschnitztes Holz, Mosaike, Glasdächer, die das helle Licht filterten, Spiegel, die alles ins Unendliche reflektierten.

Diese Passage war ein wahres Labyrinth, denn von der Hauptgasse gingen zahlreiche Abzweigungen ab. Kleine Gassen mit Briefmarkenhändlern, Bouquinisten und Cafés. Schließlich entdeckte Roxane ein Emaille-Schild, das an ein Azulejo erinnerte und die Aufschrift *Memorabilia seit 1956* trug. Valentine auf den Fersen, betrat sie das winzige Lädchen, in dem es nach Wachs und Staub roch.

Auf Anhieb erinnerte es an ein Kuriositätenkabinett. Auf den Regalen aus altem Nussbaumholz reichte die Palette der Ausstellungsstücke von ausgestopften Tieren und Reptilien bis hin zu Autogrammen, Briefen und Handschriften. Die Gemeinsamkeit bestand darin, dass all diese Dinge bekannten Persönlichkeiten gehört hatten.

Über dieses kleine Reich herrschte eine scheinbar alterslose Frau – ihr Gesicht schien mumifiziert, und sie trug ein Lamellenkleid, das an ein Schuppenkostüm erinnerte. Unter ihrem türkisfarbenen Turban lugten einige Strähnen schlecht gefärbten roten Haares hervor.

»Capitaine Montchrestien«, stellte sich Roxane vor.

»Schon wieder Polizei? So langsam geht mir das auf die Nerven!«

Roxane begriff, dass sie an der richtigen Adresse war.

»Ich habe Ihrem Kollegen bereits gesagt, dass ich keine Auskunft über meine Kunden gebe.«

»Die Situation hat sich verändert, Madame. Die Person, die Sie zu schützen versuchen, wird des Mordes und einer möglichen Entführung verdächtigt.«

Die Frau führte à la Alice Sapritch eine Zigarettenspitze aus Elfenbein an die Lippen und nahm einen imaginären Zug.

»Das ist nicht mein Problem.«

»Das wird es aber schnell werden, wenn ich Sie für achtundvierzig Stunden in Polizeigewahrsam nehme. Dann werden Sie einen guten Tagesumsatz verlieren, und auf Ihr Weihnachtsfest werden Sie auch verzichten müssen ...«

»Was genau wollen Sie denn überhaupt wissen?«

Roxane tastete sich mit einem Bluff vor.

»Das, was Sie meinem Kollegen hätten sagen sollen.«

»Besagter Kunde hat bei mir die Haarsträhne einer deutschen Pianistin gekauft.«

Die Haarsträhne ... Roxane spürte Erregung in sich aufsteigen.

»Erzählen Sie bitte von Anfang an.«

Die Besitzerin seufzte und fingerte an dem guten Dutzend Perlenketten herum, die von ihrem Hals bis zur Taille hingen.

»Nun gut, aber dann setzen Sie sich. Es macht mich ganz müde, Sie so rumstehen zu sehen«, erklärte sie mit ihrer vom Zigarettenrauch leicht heiseren Stimme. Roxane und Valentine nahmen in zwei Bronzesesseln Platz, deren Rückenlehne ein verrenktes Krokodil darstellte.

»Vor etwa vier Monaten kam ein Mann in mein Geschäft«, begann sie. »Er kannte sich bestens aus und suchte ein ganz bestimmtes Objekt, von dem man ihm erzählt hatte: eine lange Haarsträhne von Milena Bergman.«

Roxane zuckte zusammen. Sie näherte sich der Wahrheit. Es hatte vier Tage gedauert, aber jetzt stand sie kurz davor, den Schwindel aufzudecken. Sie hatte keine Minute an diese Geschichte einer Auferstehung von Milena Bergman geglaubt. Und auch nicht an das Auftauchen dieser Doppelgängerin. Die wahre Milena war tot. Alles andere war nur Inszenierung und Betrug.

»Verkaufen Sie *wirklich* Haare?«, fragte Valentine.

Das Geschäft war überheizt. Sapritch wedelte sich mit einem geschnitzten Hornfächer Luft zu.

»Ganz genau. Der Markt mit Haaren von Berühmtheiten und historischen Persönlichkeiten ist eine sehr aktive und rentable Nische.«

»Aber wer kauft so etwas?«

»Es gibt zwei Arten von Sammlern«, erklärte die Besitzerin. »Die zwanghaften, die ihren Schatz vergrößern wollen wie Kinder, die Panini-WM-Sticker sammeln.

Und die anderen, die eine besondere Beziehung zu ihrem Idol herstellen wollen.«

»Eine Beziehung?«

Erneut eine ungeduldige Bewegung mit dem Fächer.

»Haare ermöglichen eine Intimität, die Autogramme, Handschriften oder sogar getragene Kleidungsstücke nicht erlauben. Das ist etwas sehr Persönliches, etwas Organisches. Sie besitzen ein Stückchen der Person, und so gehört sie Ihnen gewissermaßen.«

Um ihre Ausführung zu belegen, erhob sie sich und holte einige Rahmen, die mit getöntem Glas geschützt waren.

»Ich habe ein paar sehr schöne Stücke. Sehen Sie hier: David Bowie, Charles Trenet, Nathan Fawless ... In meiner Laufbahn habe ich an einigen guten Haar-Versteigerungen teilgenommen, bei denen auch äußerst gesuchte Stücke angeboten wurden – die Beatles, Elvis, Marilyn, Napoleon, JFK, Churchill ...«

»Aber woher stammen diese Stücke?«

»Es gibt viele mögliche Lieferanten. Private Friseure, Hausangestellte, Perückenmacher der Filmstudios ...«

»Und wo kommt die von Milena Bergman her?«

»Von einer karitativen Versteigerung, die das Schweizer Rote Kreuz vor drei Jahren ausgerichtet hat. Berühmte Menschen wurden gebeten, etwas Persönliches zu stiften. Yannick Noah hat einen Tennisschläger beigesteuert, Soulages eine Lithografie, Le Clézio einen Stift und so weiter. Die Pianistin hatte sich eine signierte Partitur und eine Haarsträhne ausgedacht. Ich habe beides für zweihundert Dollar erstanden. Das war damals ziemlich banal, weil Bergman in Europa nur mäßig bekannt war. Das Interesse an ihrer Person stieg erst nach ihrem Tod.«

»Und ein Mann hat Ihnen also diese Haarsträhne abgekauft?«

»Ja, und er wollte auch, dass ich sie zu einem Armband flechten lasse. Darum hat es etwas gedauert.«

»Zu einem Armband?«

Roxane verspürte einen eiskalten Schauder in ihrem Rücken. *Das Mädchen trug eine Uhr und ein Armband.* Die Worte des Tauchers der Flussbrigade, Bruno Jean-Baptiste, kamen ihr plötzlich in den Sinn. Warum war sie dieser Spur nicht nachgegangen? Sie hatte dem Arzt der Rechtsmedizin die Frage stellen wollen, doch der hatte einfach aufgelegt. Der Fall der Unbekannten aus der Seine hatte nicht erst letzten Samstag begonnen. Es handelte sich vielmehr um ein Komplott, dessen Ursprung bereits mehrere Monate zurücklag. Ein Komplott, bei dem sie zugleich Spielball und aktives Rädchen war. Sie hatte sich für besonders schlau gehalten, indem sie das Haarbüschel aus der psychiatrischen Krankenstation mitgenommen hatte. Aber es hatte sich nicht zufällig dort befunden. Es war nur da gewesen, *um gefunden zu werden.*

»Heute mag so etwas abstrus scheinen«, fuhr Sapritch fort, »aber bevor es Fotografien gab, waren Haare ein Symbol starker Zuneigung. Man schnitt den Toten eine Haarsträhne ab, bevor man sie beerdigte, man trug die seines Liebhabers, seiner Geliebten oder seiner Kinder bei sich. Zumeist wurden sie in einem Medaillon verwahrt, aber man ließ sie auch häufig in Schmuckstücke einarbeiten.«

»Wie sah der Mann aus, der die Haarsträhne gekauft hat?«

»Eher durchschnittlich, um die vierzig, unauffällig.«

Roxane erhob die Stimme.

»Strengen Sie sich bitte etwas an, Madame. Es geht hier um ein Verbrechen.«

»Ich kann ja nichts erfinden! Er war weder groß noch klein. Weder dick noch dünn. Weder schön noch hässlich. Banal, durchsichtig. Wie Mister Cellophane aus dem Musical Chicago.«

Einer plötzlichen Eingebung folgend, lud Roxane auf ihrem Handy ein Foto von Raphaël Batailley und zeigte es der Frau.

»War es dieser Mann?«

Die Geschäftsinhaberin zuckte mit den Schultern.

»Ganz und gar nicht. An ihn hätte ich mich erinnert.«

Roxane schwieg eine Weile. Sie fühlte sich plötzlich niedergeschlagen. Sie schämte sich, weil sie auf so eine zwar geniale, aber doch recht simple Masche hereingefallen war. Geblendet von der Überzeugung, die DNA sei das Beweisstück schlechthin, hatte sie sich von einer Haarsträhne täuschen lassen.

Der Klingelton ihres Handys riss sie aus ihren Grübeleien. *Liêm again.*

»Ja?«

»Ich habe nur zehn Sekunden Zeit, mit Ihnen zu reden, Chefin. Ich komme gerade mit Botsa aus dem Hôpital Cochin. Batailley ist abgehauen.«

»Was? Wann das?«

»Den Krankenschwestern zufolge vor wenigen Minuten. Er hat sich durchs Fenster abgesetzt.«

»Wusste ich's doch!«

Ein Haufen von Idioten ...

»Wir versuchen, ihn zu erwischen«, fuhr Liêm fort. »Ich berichte Ihnen.«

4.

»Gib Gas und nimm die Busspur!«

»Aber wohin fahren wir denn?«, fragte Valentine.

»Das weiß ich noch nicht. Jetzt fahr erst mal Richtung Louvre und Rivoli.«

In einer solchen Situation wären ihnen eine Sirene und ein Blaulicht nützlich gewesen. Roxane schloss die Augen und versuchte, den Tumult und den Lärm um sich herum auszublenden. Welche Rolle kam Raphaël Batailley in dieser Sache zu? Opfer oder Schuldiger? Was hatte er jetzt vor? Und vor allem, wo war er? In Gedanken stellte sie sich den Komplex des Hôpital Cochin vor. Sie kannte die Anlage, weil sie für eine Weile das Kinderwunschzentrum dort aufgesucht hatte. Der Ort war nicht weit von der Rue d'Assas entfernt. Aber der Schriftsteller würde nicht das Risiko eingehen, sich nach Hause zu begeben. *Oder vielleicht doch?* Vielleicht hatte er sich einfach nach dem Verlassen der Klinik ein Taxi an der Station Port Royal genommen. Höchstwahrscheinlich würde er versuchen, zu seinem eigenen Wagen zu gelangen. Sie erinnerte sich an die Parkhauskarte, die sie bei ihm gefunden hatte. Batailley hatte einen Stellplatz in der Tiefgarage André-Honnorat, in der Nähe des Jardin du Luxembourg gemietet.

»Fahr über die Seine, und nimm die Rue Saint-Jacques.«

Sie hielt die Augen noch immer geschlossen. Wie lange hatte Batailley das Krankenhaus schon verlassen? Zwanzig Minuten? Eine halbe Stunde? Dann hätte er sogar zu Fuß schon den Jardin du Luxembourg erreicht. Er würde ihnen entwischen.

»Bieg nach rechts ab, über den Boulevard Saint-Michel geht es schneller. Und fahr über die roten Ampeln, das ist jetzt egal.«

Hôtel de Vendôme, École des Mines, etwas weiter das Lycée Montaigne. Die Autozufahrt zur Tiefgarage André-Honnorat lag in der Rue Auguste-Comte, der Fußgängerzugang im Jardin du Luxembourg. Als sie die Kreuzung erreichten, sahen sie einen Zivilwagen der Zielfahndungseinheit. Botsaris und Liêm hatten die-

selbe Idee gehabt wie sie! Aber da es ihnen an Verstär-
kung fehlte, um die Garage zu durchsuchen, hatten sie
beschlossen, draußen zu warten, bis das Vögelchen den
Käfig verließ.

»Die Einfahrt, schnell!«, rief Roxane. »Zieh ein Ticket,
und fahr ins Parkhaus.«

Der Mini fuhr durch die ersten vier Stockwerke, das
fünfte war mit einer Schranke gesichert, die sich nur
mit einer Parkhauskarte öffnen ließ.

»Warte hier«, rief Roxane und sprang aus dem
Wagen.

Sie stieg über die Schranke und drückte sich an die
Wand, um in die Etage darunter hinabzusteigen. Dort
angekommen, schlich sie sich zwischen den Betonpfei-
lern, den Stoßstangen und Karosserien hindurch. Das
von gelblichem Licht erhellte Parkhaus war menschen-
leer und ruhig. Sie warf einen Blick auf die umstehen-
den Autos. Kein Motorengeräusch, kein Reifenquietschen. Entweder war Batailley noch nicht da, oder sie
hatte ihn verpasst. Die von einer Zeitschaltuhr gere-
gelte Beleuchtung erlosch. Roxane verharrte eine Weile
reglos im Dämmerlicht. Sie schloss die Augen, um sich
besser erinnern zu können. Die Parkhauskarte hatte in
der Schreibtischschublade neben seinem Pass, seinem
Handy und seinem Autoschlüssel gelegen. *Der Schlüs-
selanhänger.* Sie erinnerte sich vage. *Ein rot-weißer, email-
lierter Anhänger. Ein stilisiertes A mit einem Pfeil.* Das
Logo der Marke Alpin!

Sie schaltete das Licht wieder ein und lief durch die Gänge zwischen den Autos hindurch. Der blaue A110, den sie suchte, parkte ganz am Ende zwischen zwei Geländewagen. Als sie sich näherte, erkannte sie eine Gestalt auf dem Fahrersitz. Raphaël saß zusammengesunken da, den Kopf zwischen seinen Armen auf dem Steuer. Kurz glaubte sie, er wäre tot, doch als sie durch die Seitenscheibe blickte, sah sie, dass er weinte.

Sie klopfte ans Fenster. Der Romancier schreckte auf, brauchte eine Weile, um sie zu erkennen, und öffnete ihr schließlich.

»Wir müssen uns ernsthaft unterhalten, Raphaël«, erklärte sie, als sie auf dem Beifahrersitz Platz nahm.

Niedergeschlagen wischte er sich die Tränen ab.

»Es ist alles meine Schuld. Diese Frau, die gestern bei dem Unfall ums Leben gekommen ist, das ist *meine Schuld* ...«

»Wenn Sie wollen, dass ich Ihnen helfe, müssen Sie mir alles sagen.«

»Es ist ein richtiges Räderwerk, eine Lüge mit fatalem Ausgang, die schließlich ein Menschenleben gekostet hat.«

»Ich weiß inzwischen, dass die junge Frau, nach der ich seit Anfang der Woche suche, nicht Milena ist.«

»Nein«, bestätigte er. »Sie heißt Garance de Karadec.«

»Warum, zum Teufel, haben Sie mir das nicht früher gesagt?«

»Weil ich glaubte, die Dinge wieder ins Lot bringen zu können. Es ist eine komplizierte Geschichte.«

Sie seufzte und schüttelte ihn leicht an der Schulter.

»Sie müssen mir alles erzählen«, wiederholte sie. »Jede Kleinigkeit. JETZT.«

13 Der Sohn von Bébel

Daran merken wir, dass wir am Leben sind.
Wir irren uns. Vielleicht wäre es das Beste,
gar nicht mehr darüber nachzudenken,
ob man jemanden falsch oder richtig versteht,
und sich einfach treiben zu lassen.
Aber wer das kann –
das ist wahrlich ein glücklicher Mensch.

Philip Roth, Amerikanisches Idyll

1.

Es ist leicht, den Beginn dieser Geschichte haargenau zu datieren. Den Augenblick, an dem alles aus dem Ruder lief. Es war ein Samstagmorgen im Oktober vor etwas mehr als zwei Jahren. Damals lebte mein Vater noch in seinem Einfamilienhaus in Moret-sur-Seine, im Département Seine-et-Marne, eine Fahrstunde von Paris entfernt. Es war zehn Uhr am Morgen. Ich hatte lange am Eingang geklingelt, doch niemand hatte mir aufgemacht. Da sein Auto im Garten stand, war ich über das Tor geklettert und durch die Garage ins Haus gelangt.

Mein Vater, Marc Batailley, lag sturzbetrunken am Küchenboden. Der Anblick war mir vertraut. Seit ich zehn Jahre alt war – das heißt nach dem Tod meiner kleinen Schwester Vera –, hatte sich diese Szene oft wiederholt, in mehr oder weniger derselben Form. In nahezu regelmäßigen Abständen grub er die Fotoalben und Stofftiere meiner Schwester aus, die er in einem Schrank verwahrte. Er ging bei seiner tragischen Inszenierung so weit, dass er den hölzernen Kinderstuhl, auf dem sie beim Essen saß, vor sich aufstellte, zu ihrem Phantom sprach, sie um Verzeihung bat und in seinem Kopf immer wieder den Film unseres Lebens abspielte. Dann kam auch häufig der Augenblick, an dem er seinen MR-Manurhin-73-Revolver aus dem Holster zog und mit der Idee spielte, sich eine Kugel in den Kopf zu jagen, um wieder mit ihr vereint zu sein.

Wie jedes Mal folgte ich meinem »Protokoll«: Ich zog ihn aus, schleifte ihn unter die Dusche – erst warmes Wasser, dann der kalte Strahl – und hievte ihn ins Bett, auf dem Nachttisch eine Tasse mit heißem Pu-Erh-Tee und ein großes Glas Zitronen-Ingwer-Saft.

Und nie hatte ich es ihm übel genommen. Ganz im Gegenteil. Ich wusste, dass dieses Abtauchen in die Abgründe der Traurigkeit so etwas wie ein Sicherheitsventil war. Notwendige Druckabfallschleusen, die ihn bis heute am Leben gehalten hatten. Außerdem hatte ich selbst auch meine Durststrecken gehabt, meine weniger glorreichen Stunden, meine vertrauten Dämonen. Und mein Vater war immer für mich da gewesen, ohne mir Moralpredigten zu halten. Er hatte mich mehrmals nach Schlägereien vom Kommissariat abgeholt. Er hatte mich zweimal ins Hôpital Psychiatrique begleitet, als ich meinerseits in die Abwärtsspirale geraten war. Wir waren stets einer für den anderen da und hatten uns immer in schwierigen Zeiten unterstützt. Mein Vater war der Mann meines Lebens. Und ich der des seinen.

Ich kehrte ins Wohnzimmer zurück und machte ein wenig Ordnung. Ich räumte den hölzernen Kinderstuhl wieder weg und auch die Plüschtiere, darunter den berühmten »Bébéléfan«, den Vera überallhin mitnahm und der Zeuge ihrer Agonie im Auto ihrer Mutter gewesen war. Ihr letzter Gefährte. Das letzte Bild, das sie wohl mitgenommen hat. Und jedes Mal, wenn ich das Plüschtier sehe, weine auch ich und möchte mich am liebsten umbringen. Auch ich habe den MR-Manurhin-73-Revolver gestreichelt und mit dem Gedanken gespielt, mir das Hirn wegzupusten, um sie im Himmel wiederzusehen. Ich wusste, es war durchaus denkbar, dass die Dinge eines Tages so enden würden. Ein Teil meiner selbst war seit Langem darauf vorbereitet. Aber nicht heute und nicht so.

Schließlich hatte ich die Knarre zurück in das Holster geschoben. Mein Vater und ich haben eines gemeinsam: Wir sind vernünftige Unvernünftige. Maßvoll in der Maßlosigkeit. Wir sind dem Wahnsinn und dem Chaos sehr nah, ohne uns ganz darin zu verlieren. Unser Hunger nach dem Leben führt uns am Ende immer zurück zum Licht.

Ich beendete meine Aufräumaktion, indem ich die Fotos zurück an ihren Platz in den Alben steckte, wobei mir, wie erwartet, ein kalter Schauder über den Rücken lief. Ich bedauere, dass meine Mutter auf fast allen Fotos zu sehen ist. Berauscht von ihrem eigenen Anblick, fand sie immer eine Möglichkeit, sich in den Bildausschnitt zu drängen, ganz im Gegensatz zu meinem Vater, der stets als Fotograf agierte. Beim Durchblättern habe ich nur vier Aufnahmen gefunden, auf denen meine Schwester und ich zusammen mit ihm zu sehen sind. Vier Fotos, die mich daran erinnerten, dass ich bis zum Alter von zehn Jahren eine glückliche Kindheit hatte. Die Unschuld hatte nicht länger gedauert, aber dieses Jahrzehnt hatte mir ein Gerüst und ein Fundament gegeben, auf die ich mich stützen konnte und die mich letztlich gegen vieles schützten. Aber nicht gegen alles.

2.

In einem der Alben hatte ich alte Zeitungsausschnitte
entdeckt, die ich schon lange nicht mehr gesehen hatte.
Artikel in *La Provence* und *La Marseillaise*, erschienen
kurz nach der Festnahme von Raynald Pfefferkorn,
dem »Gärtner«. Das war der krönende Abschluss der
Karriere meines Vaters. Nur einige Monate vor Veras
Tod hatte das Team der Kripo, dem er in Marseille vorstand, einen der ersten französischen Serienmörder der
Gegenwart aufgespürt und festgenommen. Mit dem
Beinamen »der Gärtner« war Pfefferkorn ein perverser
Psychopath, der acht Personen eingesperrt und ermordet hatte – sechs Frauen und zwei Männer –, und zwar
im Raum von Marseille in den Jahren zwischen 1987
und 1989. Im Februar 1990 versuchte der Gärtner, der
wusste, dass er enttarnt worden war, in einem Zug
nach Belgien zu entkommen. Mein Vater und zwei seiner Männer, Nucerra und Albertini, hatten ihn »nach
alter Art« auf den Stufen der großen Treppe des Bahn-
hofs Saint-Charles festgenommen. Ein bisschen wie
Belmondo in der Zeit des Films *Angst über der Stadt*.
   Der Verweis auf Bébel war im Artikel von *La Provence*
eindeutig. Noch dreißig Jahre später erfüllte er mich
mit Stolz. Es ist dieses Bild, das ich von meinem Vater
bewahrte. Unauslöschlich. Das, welches es mir ermöglicht hatte, all die anderen Bilder zu ertragen. Nach die-

sem Geniestreich und seiner Versetzung nach Paris hatte seine Karriere Höhen und Tiefen, vor allem jedoch Tiefen gekannt, und das je nach seiner psychischen Verfassung und seinem jeweiligen Einsatz. Mehrmals hatte er die IGPN, die Generalinspektion der Polizei, am Hals. Und jedes Mal, wenn sie versuchten, ihn zu Fall zu bringen, war ich in größter Sorge um ihn, doch die Widrigkeiten mobilisierten ihn eher. Vor etwa drei Jahren wäre er beinahe vom Dienst suspendiert worden, weil er zwei Päckchen Marihuana weggeworfen hatte, um einen Informanten zu rehabilitieren. Zum Glück war es dem Starverteidiger, den ich für ihn gefunden hatte, gelungen, das Verfahren im letzten Moment abzuwenden.

Heute steht er kurz vor der Pensionierung. Ich wusste, dass man ihn schon seit Langem aufs Abstellgleis geschoben hatte und seine Unterstützer fast alle verschwunden waren. Das tat mir in der Seele weh. Oft dachte ich mit einer Mischung aus Wut und Schmerz daran, von der er nichts wusste.

Zunächst hatte sich diese Wut gegen meine Mutter gerichtet, Élise Batailley. Nach dem Tod meiner Schwester und nachdem meine Eltern beide jeweils das alleinige Sorgerecht für mich beanspruchten, fand sich eine Familienrichterin, die zugunsten meiner Mutter entschied! Unser Zusammenleben dauerte nicht länger als zwei Monate. Ich richtete das Wort nur an sie, um sie mit Beschimpfungen zu überschütten. Immer wieder riss ich aus, um bei meinem Vater zu sein, und um sie in Misskredit zu bringen, erzählte ich in der Schule, sie hätte mich nackt in unseren Keller eingesperrt und nachts kämen Männer ins Haus, mit denen sie das Bett teilte. Und dann, eines Morgens, erfuhr ich, dass ihr Liebhaber, der Zahnarzt Joël Esposito, erschüttert durch den Skandal, der auf den Tod meiner Schwester gefolgt war, Selbstmord begangen und sich an einem Baum in seinem Garten erhängt hatte. Der Tod von Esposito beschleunigte ihre Kapitulation. Sie akzeptierte zunächst ein gemeinsames Sorgerecht, aber kurz danach zog mein Vater nach Paris, und sie wehrte sich nicht dagegen, dass ich ihm folgte.

Über Jahre versuchte Élise, mich per Telefon oder Post zu erreichen, doch ich habe nie geantwortet und ihre Briefe nie geöffnet. Als ich fünfzehn wurde, gab sie schließlich auf, und ich bekam keine Nachrichten mehr von ihr. Beim Erscheinen meines ersten Romans versuchte sie erneut, mich, diesmal über mein Verlagshaus, zu kontaktieren, doch ich bat dort, die Briefe zurückzuschicken. Der letzte Versuch fand vor etwa zehn Jahren statt, als sie anlässlich einer Lesung mit Autogrammstunde im Virgin Megastore an den Champs-Élysées auftauchte. Ich hatte sie aus der Ferne erkannt und ihr den Stinkefinger gezeigt, was sie davon abhielt, näher zu kommen.

Ich stellte das Fotoalbum ins Bücherregal zurück, neben Hunderte von Platten klassischer Musik. Mein

Vater, als Autodidakt, hatte immer ein Faible fürs Klavier gehabt. Ich legte aufs Geratewohl eine CD auf, weil mir die Hülle gefallen hatte – die Gymnopédies von Erik Satie, interpretiert von Milena Bergman –, und hörte zu, während ich das Geschirr spülte und den Boden fegte. Nachdem die Hausarbeit erledigt war, genehmigte ich mir einen Kaffee, den ich draußen trank.

Auf dem Terrassentisch aus Teakholz hatte mein Vater seine Zigarettenschachtel und sein Feuerzeug vergessen, in das ein Löwenkopf mit flammender Mähne eingraviert war. Ich, der ich nie geraucht hatte, zündete mir eine Zigarette an. Es war ein pathetischer Moment, ein Zeichen der Nähe. Um einen langsamen Selbsttötungsprozess in Gang zu setzen und meinen Vater in den Tod zu begleiten. Damit er sich weniger allein fühlte. Denn seit einigen Tagen hatte sich das Ende gefährlich genähert. Anfang der Woche hatte man durch einen Lungenscanner und eine Biopsie einen bereits fortgeschrittenen Krebs in der Lunge des alten Löwen festgestellt.

Ich hatte meinen Vater zu den Untersuchungen begleitet. Im Krankenhaus hatte ein Arzt ihm vorgeschlagen, ihn in eine Chemotherapie-Versuchsreihe aufzunehmen, seinen Worten zufolge das einzige Mittel, die Entwicklung der Krankheit in Schranken zu halten. Nach einem Dankeschön hatte mein Vater erwidert, dass er nicht wünsche, daran teilzunehmen. Er hatte sich von seinem Stuhl erhoben und sich – mehr zum

Spaß als aus Trotz – eine Zigarette angezündet, bevor
er das Büro verließ.

3.

»Hallo, Kumpel.«

Mein Vater war gegen 13 Uhr wieder aufgetaucht,
trotz der Umstände nicht allzu klapperig. Er zerzauste
mir das Haar, wie er es schon seit meinen Kindertagen
tat. Er hatte sich rasiert, ein weißes Hemd angezogen,
Jeans und einen Kenzo-Blazer, der fünfzehn Jahre alt
sein musste, aber immer noch etwas hermachte.

»Sollen wir essen gehen?«, schlug er mir vor, so als
wäre nichts geschehen.

»Gern.«

»In der Belle Équipe?«

»Wunderbar.«

La Belle Équipe war ein Lokal am Seine-Ufer, in dem
er Stammgast war. Trotz seines nicht ganz niedrigen
Alkoholspiegels bestand er darauf, seinen Caterham-
Roadster selbst zu fahren. Ich hatte ihm diesen britischen Zweisitzer besorgt, den Belmondo in dem Film
Der Windhund fuhr. Beim Restaurant angelangt, be-
zirzte er die Chefin, um einen Tisch »am Meeresufer«
zu bekommen.

Wir bestellten Austern und zwei frittierte Fische. Ich
trank einen Pessac-Léognan und er eine Cola Zero. Es

war Wochenende. Die Deko war kitschig, der Rahmen aber idyllisch, rot-weiß karierte Tischdecken, Blumenkästen. Ein Typ, als Bootsmann verkleidet, spielte auf dem Akkordeon ... Die Leute um uns herum schienen sich zu amüsieren. Das war nicht unbedingt mein Ding, aber der Ort hatte seinen Charme, wenn man Muscheln mit Pommes frites für neunzehn Euro neunzig und einfachen Weißwein mochte.

»Ich habe mir etwas überlegt: Es wäre praktischer für dich, wenn du während der Chemo bei mir in der Rue d'Assas wohnen würdest.«

»Ich werde keine Chemo machen, das habe ich dir doch schon gesagt, Rapha.«

»Aber das ist hirnverbrannt. Du wirst doch nicht einfach so aufgeben wollen, ohne etwas versucht zu haben!«

»Doch, ich bin müde. Ich hab keine Lust mehr auf das alles.«

»Ich habe dich schon kämpferischer erlebt.«

»Hör zu, ›gegen die Krankheit ankämpfen‹, ›stark sein‹, ›positiv denken‹, das ist alles leeres Gerede. Das hat nicht die geringste Auswirkung auf die Ausbreitung der Krebszellen.«

»Hast du keine Angst vor dem Sterben?«

»Nicht besonders.« Er suchte meinen Blick. »Und wir wissen beide sehr genau, dass ein guter Teil von mir schon seit Langem tot ist.«

»›Ein Teil von mir ist seit Langem tot‹, auch das ist leeres Gerede.«

Er konnte sich ein kleines Lächeln nicht verkneifen.

»Da gebe ich dir recht, obwohl es die Wahrheit ist.«

»Also gibst du einfach so auf?«

Er kratzte sich am Bart und zog dabei eine Grimasse.

»Es dürfte nicht sehr lange dauern.«

»Und ich?«

»Du, was?«

»Ist es dir egal, mich allein zu lassen?«

»Ich habe dir nichts mehr zu bieten, Rapha.«

Er versuchte nicht, meinem Blick auszuweichen, und was ich darin erkannte, erschütterte mich. Die Gewissheit, dass er die Waffen gestreckt hatte.

»Ich bin *leer*«, bestätigte er mir.

Dann erhob er sich und murrte vor sich hin: »Schon wieder Lust zu pinkeln. Scheißprostata. Zum Kotzen.«

Ratlos und wie benebelt blieb ich auf meinem Platz sitzen. Im Laufe des Gesprächs hatte ich versucht, den Kopf nicht zu drehen, doch ich wusste sehr genau, dass *sie* seit einer Weile da war und dass *sie* unser Gespräch verfolgt hatte. Vera, meine Schwester. Oder vielmehr ihr Phantom. Oder eher die Vorstellung, die ich mir von ihrem Phantom machte. Ich drehte mich schließlich um, fest entschlossen, ihr die Stirn zu bieten. Sie trug eine Sonnenbrille mit Gläsern in Herzform, zwei lange Zöpfe und leckte an einem Mr.-Freeze-Minze-Eislutscher.

»Diesmal ist es so weit«, sagte sie, »Papa kommt mich bald besuchen.«

»Nein, das glaube ich nicht.«

»Er war doch ganz klar, oder?«

»Ich werde ihn nicht gehen lassen.«

Sie zog die Sonnenbrille über ihre Stupsnase.

»Und warum kommst du nicht mit uns? Wir drei wären glücklich da oben.«

»Nein, so funktioniert das nicht.«

»Es gibt dort ein riesiges Trampolin und auch Pferde. Wir werden unseren Spaß haben.«

»Verschwinde jetzt.«

Sie streckte mir die Zunge heraus, löste sich bei der Rückkehr meines Vaters aber in Luft auf. Das Gesicht noch immer verschlossen, bestellte er ein Glas Rosé und zündete sich ein Zigarillo an.

»Und du, wie geht's dir? Dein Leben, die Bücher, die Frauen ...«

Genau in diesem Moment nahm das Szenario Form an. So wie einen die Idee für einen Roman überkommt: ein Blitz, der einschlägt, Gedanken, die sich konkretisieren und einen logischen Ablauf bilden. Woher kam dieser Funke? Sicher von dem mich stets quälenden Schuldgefühl, meinem Vater nicht das gegeben zu haben, was ihn erneut glücklich machen würde. Eine Schwiegertochter und Enkelkinder, die die durch meine Mutter zerstörte Familie neu erschaffen hätten. Über Jahre hatte er immer wieder von seinem Wunsch gesprochen, Großvater zu werden, doch ich hatte nie ins Auge gefasst, ein Kind zu bekommen. Das hätte bedeutet, ständig Angst zu haben, es zu verlieren. So wie wir Vera verloren hatten.

»Mir geht's bestens. Ich hab ein wunderbares Mädchen kennengelernt!«

»In Paris?«

»Nein, in der Schweiz, letzten Monat. Wir haben im selben Hotel in Lausanne gewohnt.«

»Und was hattest du dort zu suchen? Recherchen für einen neuen Roman?«

»Nein, eine Autogrammstunde in der Librairie Payot.«

»Und wer ist dieses Mädchen? Eine Bankerin?«

Plötzlich kam mir die CD-Hülle, die ich bei ihm gesehen hatte, in den Sinn.

»Eine deutsche Pianistin. Vielleicht kennst du sie sogar: Milena Bergman.«

Wie erhofft, leuchteten seine Augen auf.

»Natürlich weiß ich, wer das ist! Ich habe die meisten ihrer CDs. Schubert, Debussy, Satie …«

Mir gefiel diese Mischung aus Ungläubigkeit, Neugier und Belustigung, die ich in seinen Augen lesen konnte.

»Aber ihr … seid ihr tatsächlich zusammen?«

»Seit einem Monat, ja.«

»Das ist ja großartig! Erzähl mal! Wie ist sie wirklich?«

Genauso hatte alles angefangen. Ein harmloser Satz bei einem Mittagessen am Flussufer, um die Aufmerksamkeit meines Vaters zu gewinnen. Um ein paar Tropfen Sprit in seinen Motor zu geben. Und die Maschine war angelaufen. Wir bestellten einen Kaffee nach dem anderen und diskutierten eine Stunde lang. Und ich war ganz in meinem Element: etwas vorgaukeln, Illusionen schaffen, lügen. Und es war ein großer Tag. Sein Lächeln beflügelte die verschwenderische Fülle an Details. Nach und nach fand ich Geschmack an dem Spiel. Meine Geschichte wurde immer farbiger und detaillierter. Ich formte die Persönlichkeit von Milena Bergman so, wie sie, meines Wissens nach, meinem Vater gefallen würde: zwischen skandinavischem Blond und mediterraner Heißblütigkeit. Eine Frau, diskret, mütterlich, immer verständnisvoll und offen. Das genaue Gegenteil meiner Mutter. Je länger ich sprach, desto mehr spürte ich seine Veränderung. Ich spielte meinen Vorteil aus: Ich deutete die Möglichkeit einer Ehe an und in absehbarer Zukunft auch die einer Familie. Und innerhalb einer Stunde gelang es mir, ihn umzustimmen. Als wir nach dem Essen in den Wagen stiegen, war die Sache klar: Er würde sein Haus verkaufen, zu mir ziehen und so bald wie möglich mit der Chemotherapie beginnen.

4.

Im Jahr 1971 bat die kleine Gemeinde Illiers im Département Eure-et-Loir darum, ihren Namen in Combray
zu ändern, jener Ortsname, unter dem Marcel Proust
ihn in dem Roman *Auf der Suche nach der verlorenen
Zeit* beschrieben und bekannt gemacht hatte. Ich liebe
diese Anekdote. Sie zeugt von der Macht der Fiktion:
ein Universum erschaffen, das bisweilen an die Stelle
der Realität tritt.

Ich hatte die Beziehung zu Milena Bergman frei erfunden und war jetzt gezwungen, sie zum Leben zu er-
wecken. Doch es gab ein erhebliches Problem: Mein
Vater war Polizist. Ich würde ihn nicht lange täuschen
können, wenn ich meine Lüge nicht untermauerte.

Indem ich Milena Bergman wählte – von der ich
nicht viel wusste –, hatte ich großes Glück: Die Künstlerin war extrem diskret, was ihr Privatleben anging.
Sie hatte einen Instagram-Account, auf dem allerdings
nur äußerst selten etwas gepostet wurde, und wenn,
dann sicher ausschließlich durch die Plattenfirma. Die
wenigen Interviews, zu denen ich Zugang hatte, verhal-
fen mir zu gewissen Informationen, derer ich mich bediente, um Gesprächsstoff mit meinem Vater zu haben.

Da mir klar war, dass ich mehr Munition brauchte,
suchte ich Julien Hoarau, den freiberuflichen Grafiker,
auf, der die Einbände für meine Romane gestaltete.

Begeistert vom Bild, war Hoarau ein Allrounder: Ehemals in der Werbung tätig, hatte er sich mittlerweile auf Websites, Kurzfilme und Trailer für Romane verlegt. Ohne weiter ins Detail zu gehen, bat ich ihn, durch ein paar Bildbearbeitungen Milena und mich in Szene zu setzen. Das Resultat war verblüffend und gewährte mir einige Wochen Aufschub, doch mein Vater wollte fortan nur noch eines: die Musikerin kennenlernen.

Mit dem Rücken zur Wand, suchte ich nach einer Lösung, um mich den Folgen meiner Lügen zu entziehen. Es gab nur eine. Ich beschloss, meinem Vater alles zu beichten, doch als ich dann vor ihm stand, verließ mich der Mut. Die ärztliche Behandlung schwächte ihn enorm. Ich hatte den Eindruck, ihn ins Grab zu stoßen, wenn ich ihm die Wahrheit gestand. Die einzige Person, die ich in meinem Leben geliebt hatte und deren Blick mir wichtiger war als alles andere, würde sterben und dabei das Bild eines elenden Verräters mit ins Grab nehmen. Ich musste den Schein also bis zum Ende wahren. Hoarau, dem ich die ganze Geschichte schließlich erzählt hatte, sprach seine erste Idee in Form eines Scherzes aus. »Du musst einfach nur eine Schauspielerin engagieren, die vor deinem alten Herrn die Rolle von Milena spielt!« Dieses absurde Szenario geisterte ein paar Tage in meinem Kopf herum. Ich hatte einen Agenten, der sich um die Verwaltung der audiovisuellen Rechte meiner Bücher kümmerte. Ich bat ihn, mich mit einer Casting-Direktorin bekannt zu machen. Er erzählte mir von Adrienne Koterski, die er als eine der Besten auf diesem Gebiet in ganz Paris einschätzte. »Ich habe die Person im Hinterkopf, die Sie brauchen«, versicherte Koterski mir am Telefon.

Sie organisierte ein Treffen mit einer gewissen Garance de Karadec, die ich an einem Spätnachmittag auf der Terrasse des *Café Zimmer*, neben dem Théatre du Châtelet, traf. Ich war ein wenig verspätet und suchte etwa fünf Minuten nach ihr, so wenig Ähnlichkeit hatte sie mit Milena. Weder blond noch brünett, war Garance de Karadec ein Durchschnittstyp. Mittelgroß, kantiges Gesicht, ausweichender Blick, halb langes ungepflegtes, glanzloses Haar. In Sachen Kleidung war sie eine Mischung aus der Karikatur einer Soziologiestudentin und der Grundschullehrerin meiner Kindheit. Zerknitterte Pluderhose, ein Palästinensertuch um den Hals geschlungen, schaflederne Jacke und khakifarbene Stiefel.

Es fiel mir schwer, meine Enttäuschung zu verbergen, doch aus Höflichkeit begann ich dennoch ein Gespräch mit ihr. Sie eröffnete mir kurz ihre Situation: Sie gab Improvisationskurse in Schulen, spielte auch mal Statistenrollen, war bei Amateurprojekten Kostümbildnerin gewesen und hatte in einer Theatergruppe mitgewirkt. Schon nach drei Minuten hatte ich Lust zu gehen. Mit ihrem gestrickten Quersack konnte ich mir Garance de Karadec leicht am Ausgang der Hörsäle von Nanterre vorstellen, wo sie Flugblätter mit der Aufschrift

»Lasst uns unsere Kräfte bündeln« verteilte. Aber keine Sekunde konnte ich mir vorstellen, wie sie Milena Bergman verkörpern sollte.

»Ich möchte nicht, dass Sie Ihre Zeit vergeuden«, sagte ich und hob dabei die Hand, um die Rechnung zu verlangen. »Ich glaube, Adrienne Koterski hat nicht verstanden, was ich suche.«

»Wir könnten es doch wenigstens probieren!«

»Nein, das macht keinen Sinn. Ohne Sie verletzen zu wollen – die Rolle übersteigt Ihre Kapazitäten.«

Ich legte einen Geldschein auf den Tisch und ließ sie nach dieser unhöflichen Bemerkung einfach sitzen. Während der folgenden Tage vergaß ich dieses verrückte Projekt. Der Gesundheitszustand meines Vaters hatte sich noch weiter verschlechtert. Die Chemotherapie hatte nicht angeschlagen, und der Tod gewann unerbittlich an Terrain. Als ich aber eine Woche später abends nach Hause kam, fand ich meinen Vater geradezu strahlend vor, während er auf der Terrasse einen Aperitif mit derjenigen trank, die er für ... Milena Bergman ... hielt. Es war keine Imitation. Es war eine Reinkarnation. Die Metamorphose von Garance de Karadec war fast erschreckend. Alles stimmte: der leichte Akzent, der Tonfall, die Kopfhaltung, das glatte blonde Haar, die gutbürgerliche Leichtigkeit mit einer Prise Aufmerksamkeit für andere. Selbst das Outfit war passend: emailliertes Armband, Loro-Piana-Kaschmirpullover, diskretes Parfum, ein Heritage-Trenchcoat.

Wie war eine zweitrangige Schauspielerin in der Lage,
sich derart zu verwandeln? Woher hatte sie das Geld,
um diese Kleidung zu kaufen? Ich war derart überrascht – und glücklich, meinen Vater im siebten Himmel zu sehen –, dass ich diese Fragen beiseiteschob.

Bei meiner Ankunft schlug mein Vater vor, etwas
zum Essen vorzubereiten. Wir verbrachten einen ge-
lungenen Abend, der ihm wieder Mut machte. Und das
sollte sich in den folgenden Wochen mehrmals wiederholen. Garance nahm ihre Rolle sehr ernst. Wir hatten
eine finanzielle Abmachung gefunden, die Schauspielerin aber blieb für mich ein Rätsel. Vom Krebs zer-
fressen, wurde mein Vater erneut ins Krankenhaus
eingeliefert, und ein Arzt versicherte mir eiskalt, »in
zehn Tagen ist alles vorbei«. Um ihm seinen Abgang
zu erleichtern, vergrub ich mich noch tiefer in die Lüge.
Und ich gab vor, Milena und ich würden ein Kind erwarten.

5.

Mein Vater starb nicht innerhalb der folgenden zehn
Tage. Zwei Monate nach dieser finsteren Prophezeiung
kehrte er nach Hause zurück, sein Leben wurde durch
eine neue Immuntherapie gerettet, auf die er gut rea-
giert hatte.

»Der alte Löwe brüllt noch«, verkündete er. »Ich

werde die Chance haben, meine Enkeltochter kennen-
zulernen.«

Er hatte sich in den Kopf gesetzt, dass »Milena« mit
einem Mädchen schwanger war, und wartete auf die
Bestätigung durch den Ultraschall im zweiten Schwan-
gerschaftsdrittel. Und wieder war ich total zerrissen.
Einerseits glücklich und erleichtert, zu sehen, wie mein
Vater sich weiterhin erfolgreich ans Leben klammerte,
andererseits entsetzt angesichts der Folgen meiner
Lüge. Ich konnte nicht mehr schlafen. Ich stand mit
dem Rücken zur Wand – das Messer an der Kehle.
Nicht genug damit, dass es keine Lösung gab, mich aus
dieser Klemme zu befreien, die Fabel dieser Schwangerschaft setzte meinen Lügen auch eine erbarmungs-
lose Deadline.

Doch auch diesmal gab es eine Rettung. Ein tragi-
sches Ereignis. Eines der größten Dramen der modernen Luftfahrtgeschichte. Am 8. November zerschellte
der Flug AF 229 im Atlantik und riss alle Passagiere in
den Tod, darunter auch die Pianistin Milena Bergman.
Innerhalb weniger Stunden war meine Situation dank
dieses schrecklichen Absturzes gerettet.

Ich entließ Garance de Karadec und befand mich
gegenüber meinem Vater ungewollt in der Rolle des
schutzbedürftigen Sohnes. Ich wurde »der Finstere,
der Beraubte, der Untröstliche«. Aufgepäppelt durch
seine Immuntherapie, ließ sich der Patriarch nicht un-
terkriegen. Er nahm erneut seine Rolle als Familien-

oberhaupt ein und wachte über mich wie damals über den Zehnjährigen. Seine Remission war spektakulär. Die Monate vergingen und erlaubten mir nach und nach, mein Trauergewand abzulegen. Unser Einvernehmen war ungetrübt. Das Leben ging weiter. Mein Vater nahm seine Arbeit wieder auf; ich begann, einen neuen Roman zu schreiben.

Nie wieder hörte ich etwas von Garance de Karadec. Ich hatte ihre Existenz fast vergessen. Bis eine Polizistin mich in meinem geheimen Schlupfwinkel aufsuchte, um mir die Uhr zurückzugeben, die Garance mitgenommen hatte.

III.
DIE GAUKLER DES DIONYSOS

14 Die ganze Wahrheit

Du bist deshalb Schriftsteller, weil einfach nur du
zu sein nicht genügt. Ich muss Schauspielerin sein,
weil einfach nur ich zu sein nicht genügt.

Joyce Carol Oates, *Blond*

ROXANE

1.

Adrienne Koterskis Büro befand sich in der Rue Lincoln, 8. Arrondissement, im dritten Stock eines Gebäudes, das sowohl auf die Straße blickte als auch auf einen Innenhof, in dem die Schneedecke langsam zu schmelzen begann. Die Sonne hatte dem Traum von einer »weißen Weihnacht« einen Strich durch die Rechnung gemacht. Als Roxane gerade klingeln wollte, öffnete eine junge Frau – Typ Mannequin mit getönter Brille und Kopfhörern – die Tür, die auf ihrem Handy in einem Gemisch aus Hebräisch und Englisch von ihrem

Casting berichtete. Die Polizistin nutzte die Gelegenheit, um einzutreten.

Am 24. Dezember zur Mittagszeit war der Empfang verwaist. In der menschenleeren Etage folgte Roxane dem Flur mit hellem Holzparkett, an dessen Wänden die Porträts bekannter Schauspieler aus Autorenfilmen hingen: Leos Carax, Philippe Garrel, Bruno Dumont und andere Musterschüler der Fernsehzeitschriften *Télérama* und *Masque et la Plume*. Nachdem sie sich durch verschiedene Gänge gekämpft hatte, erreichte sie ein Fotostudio, aus dem Stimmengewirr drang. Roxane öffnete die angelehnte Tür und betrat einen großen Raum mit hellgrauen Trennwänden, in die Scheinwerfer, Reflektoren und Mischpulte eingelassen waren. Vor einem relativ kleinen Team sprach eine Schauspielerin für eine Rolle vor. In der Mitte saß Adrienne Koterski, hochgewachsen und blond, die den Gegenpart übernommen hatte. Ein Techniker an der Kamera, ein zweiter hinter der Computer-Konsole.

»Polizei! Jetzt ist Pause«, rief Roxane, an die beiden Männer gewandt.

Mit einer Kopfbewegung gab sie der Schauspielerin zu verstehen, dass auch sie den Raum verlassen sollte. Da ihr die stickige Atmosphäre und das gedämpfte Licht unangenehm waren, öffnete sie die elektrischen Rollläden, um die Sonne hereinzulassen, und nahm den Platz der Bewerberin gegenüber der Casting-Direktorin ein, die ihr schweigend zugesehen hatte.

»Kommen Sie zum Vorsprechen?«, fragte Koterski schließlich.

»Nein, heute sind Sie dran«, antwortete Roxane und zückte ihren Dienstausweis. »Ich möchte, dass Sie mir etwas über Garance de Karadec erzählen.«

»Ah, Garance ... natürlich«, antwortete Koterski leise und nachdenklich. »Ich hoffe, es ist ihr nichts passiert?«

Adrienne Koterski war eine echte Blondine mit heller, trockener Haut, die sich schälte, als wäre es Mitte August und sie zu lange in der Sonne gewesen. Ihre Augen waren hinter einer bläulichen Brille mit achteckigen Gläsern verborgen. Sie trug Sandalen mit Plateausohlen, einen Rock und eine taillierte Jeansjacke.

»Kennen Sie sie schon lange?«

»Seit vier oder fünf Jahren. Sie haben mir nicht geantwortet: Ist ihr etwas zugestoßen?«

Auf ihrem Gesicht zeichnete sich aufrichtige Beunruhigung ab.

»Beantworten Sie zuerst meine Frage.«

»Polizei ...« Koterski seufzte.

Roxane ließ sich auf das Spiel ein.

»Eigentlich bin ich der Meinung, dass sich mein Beruf gar nicht so sehr von Ihrem unterscheidet.«

»Wie meinen Sie das?«

»Talente zu finden, das ist so ähnlich, wie einen Kriminellen aufzuspüren, oder? In beiden Fällen eine Art Jagd. Man sondiert das Terrain, um Kontakt mit der Beute aufzunehmen.«

»Wenn Sie so wollen. Auf alle Fälle habe ich Garance entdeckt, so viel ist sicher.«

»Erzählen Sie. Wo war das?«

»Eine Bühne in der Vorstadt.«

Während sie die Erinnerung heraufbeschwor, zündete die Agenturchefin sich eine Zigarette an.

»Heute spielt sich vieles digital ab, aber ich gehöre noch der alten Schule an. Ich schrecke nicht davor zurück, mir erbärmliche Amateur-Aufführungen in den Vororten anzusehen, um ein besonderes Talent zu finden. Als ich Garance zum ersten Mal spielen sah, gehörte sie zu einer Improvisationstruppe, die sich vollständig dem Living Theater verschrieben hatte.«

»Das sagt mir nichts«, gestand Roxane und richtete sich auf ihrem unbequemen Hocker auf.

»Das Living Theater wurde von einem anarchistisch orientierten Paar in New York gegründet. Ihre größten Erfolge erlebte die Truppe in den Sechzigerjahren. Ihr Credo war die Einbeziehung der Zuschauer in die Inszenierung – die Aufhebung der Grenze zwischen dem Ensemble und den Zuschauern.«

»Und was soll das bedeuten? Dass das Publikum zu Schauspielern wird und sich durch Improvisation am Stück beteiligt?«

»Ganz genau. Mit den unvorstellbaren Auswüchsen der libertären Ideologie jener Zeit. Bisweilen kam es zu Sexualakten der Schauspieler auf der Bühne, zu denen auch die Zuschauer eingeladen wurden. Sie heuerten

Drogenabhängige an, die sie in ihr Stück integrierten. Kurz, all das war ziemlich radikal und gruselig ...«

Roxane, die ihren Fall im Auge behielt, versuchte vergeblich, zwischen dem, was ihr die Casting-Direktorin da erzählte, und ihren Informationen einen Zusammenhang herzustellen.

»Und was war das Ziel des Ganzen?«

»Die Beziehung zwischen Realität und Fiktion zu hinterfragen. Das Theater als Ventil für gesellschaftlich unterdrückte Wünsche zu nutzen.«

Koterski zog nervös an ihrer Zigarette, ehe sie das Gespräch wieder auf Garance brachte.

»Kurz, trotz der ziemlich miesen Vorstellung habe ich sofort gespürt, dass dieses Mädchen das gewisse Etwas hatte. Eine Präsenz, eine Vitalität, einen verwirrenden Charme. Ich ging zu ihr und schlug ihr vor, zum Vorsprechen zu kommen und ihre Agentin zu werden. Sie sagte: ›Warum nicht?‹, kam aber nie!«

Adrienne Koterski erhob sich, um nach einem Pappbecher zu greifen, den sie als Aschenbecher benutzte. Sie öffnete das Fenster einen Spaltbreit und rauchte im blassen Schein der Wintersonne weiter.

»Letztlich bin ich ihr nachgelaufen. Und peu à peu habe ich sie kennengelernt und festgestellt, dass ich sie unterschätzt hatte: Garance hatte nicht nur ›das gewisse Etwas‹, sondern sie war eine außergewöhnliche Schauspielerin.«

Roxane seufzte. Es fiel ihr schwer, zu verstehen, was

es bedeutete, eine außergewöhnliche Schauspielerin zu sein. Für sie war das alles nur leeres Gerede. Intellektuelles Gewäsch. Aber es war nicht der richtige Zeitpunkt, ihr Gegenüber zu verärgern.

»Wodurch zeichnete sie sich denn aus?«, fragte sie. »Was machte sie so besonders?«

»Zunächst hatte sie ein seltenes Talent – sie konnte alle Rollen spielen. Garance ist eine ultimative Schauspielerin. Erinnern Sie sich an Dustin Hoffman oder Meryl Streep in den Achtzigerjahren? Ebenso glaubhaft bei der Verkörperung eines Sexsymbols wie in Allerweltsrollen. Solche Menschen kann man nicht auf ein Genre festlegen. Sie haben eine umfassende Ausdruckskraft.«

Roxane verzog zweifelnd das Gesicht.

»Es fällt mir schwer, mir das *genau* vorzustellen. Jenseits vorgefertigter Floskeln.«

»Das verstehe ich«, erwiderte Koterski und drückte ihre Zigarette aus. »Kommen Sie mit.«

Sie ging zu dem Stehpult, auf dem ein Laptop stand.

»Früher liefen die Schauspielanwärter mit einer Fotomappe durch die Gegend. Heute hat jeder seine Demo auf Video-Hosting-Seiten.«

Kurz darauf war ein Zusammenschnitt von Kurzfilm- und Theaterszenen auf dem Bildschirm zu sehen. Die Aufnahmen zeugten tatsächlich von Garance de Karadecs beeindruckender schauspielerischer Bandbreite. Sie fielen vor allem durch die unterschiedlichen Charaktere auf, die sie verkörperte. Man konnte kaum glauben, dass es sich jedes Mal um ein und dieselbe Frau handelte.

»Das wirkt ganz einfach, weil sie begabt ist, aber es ist sehr schwierig, so viele verschiedene Rollen derart exakt zu verkörpern«, erklärte Adrienne Koterski. »Bis zu einem gewissen Grad ist dieses Können angeboren und Instinkt, aber es erfordert viel Arbeit und Anstrengung, eine Figur tiefgehend, realistisch und umfassend darzustellen. Die Kamera liebt Garance, die Bühne liebt sie. Sobald sie auftritt, geschieht etwas.«

»Das alles verstehe ich«, erwiderte Roxane, »aber etwas ist mir rätselhaft: Wenn Garance so begabt ist, warum hat sie dann nicht im Kino oder im Theater eine Rolle gefunden, die ihrem Talent entspricht?«

Koterski seufzte ausgiebig.

»Sie haben die zweite Besonderheit dieses Mädchens angesprochen, die sie von allen anderen mir bekannten Schauspielerinnen unterscheidet: Garance ist nicht wirklich auf der Suche nach Rollen.«

2.

»Wissen Sie, wie viele Bühnenkünstler es in Frankreich gibt?«, fragte Adrienne Koterski.

Roxane – die nicht gern ihre Unwissenheit zeigte – warf eine beliebige Zahl in den Raum.

»Dreißigtausend?«

Die beiden Frauen waren in die kleine Teeküche neben dem Studio gegangen. Die Agenturchefin schenkte heißes Wasser in zwei Pappbecher und stellte sie auf den Tisch: Tee für sich selbst und Pulverkaffee für Roxane. »Dreihunderttausend«, verkündete Koterski, »fünfzigtausend davon sind Schauspieler. Dazu kommen die Mädchen, die auf Instagram Prinzessin spielen, ein Haufen Kandidaten bei Realityshows, Models aller Art, die um jeden Preis den Durchbruch schaffen wollen. Kurz, in Frankreich hält sich potenziell jeder für einen Schauspieler.«

Roxane verstand, was sie meinte. Mit einer Feststellung versuchte sie, ihr entgegenzukommen.

»Während die Anzahl an Rollen zwangsläufig beschränkt ist ...«

Koterski nickte.

»Meine Agentur arbeitet nur im hochrangigen Sektor. Ich habe pro Jahr allenfalls hundertfünfzig bis zweihundert Rollen zu vergeben. Also ist es mein Job, ›Nein‹ zu sagen und der maßlosen Selbstüberschätzung Einhalt zu gebieten. Wenn ich aber eine Rolle anbiete, lehnt niemand der Gefragten ab. Selbst um eine Statistenrolle in einer Fernsehserie streiten sich fünfzig Anwärterinnen. NIEMAND lehnt ab ... außer Garance de Karadec.«

Roxane spürte bei Koterski etwas, das enttäuschter Liebe ähnelte. Die Casting-Agentin öffnete nachdenklich ein Tütchen Süßstoff und streute ihn in ihren Tee.

Auf ihrer eignen Tasse las Roxane ein Zitat, das Marlon Brando zugeschrieben wurde: »Ein Schauspieler ist jemand, der nicht zuhört, wenn man nicht über ihn redet.«

»Vor drei Jahren hat Garance sogar den Starregisseur Jacques Audiard hängen lassen«, fuhr Koterski enttäuscht fort. »Letztes Jahr habe ich das Casting für den nächsten David Fincher gemacht. Wir haben ihm mehr als hundert Schauspielerinnen gezeigt, und raten Sie mal, wen er ausgewählt hat? Natürlich Garance! Aber Mademoiselle de Karadec hatte kein Interesse an dem Film. Sie hat Probeaufnahmen gemacht, weil sie Lust dazu hatte, dann aber aufgehört. Es ist reine Verschwendung, so viel Talent nicht zu nutzen.«

Die Bewunderung verwandelte sich in Ärger.

»Aber was wollte sie dann?«, fragte Roxane.

»Sie interessierte sich nur für die Erfahrung und Herausforderung des Spiels. Das Acting! Sie wollte nicht berühmt werden und auch kein Star sein. Garance hat eine Leidenschaft fürs Theater. Sie kennt sich sehr gut in klassischer Literatur aus und beherrscht alle wichtigen Texte, aber für sie ist das Spielen eine Art totale Performance. Sie wiederholt ständig, dass sie nur lebt, wenn sie spielt. Für sie ist das Theater magisch, weil alles im Augenblick geschieht. Eine richtige Fantastin.«

Roxane wechselte das Thema.

»Woher kommt der Name Karadec? Vermutlich aus der Bretagne, oder?«

»Ja, Garance stammt aus einer alten Aristokratenfamilie. Ihr Vater, Abel Toussaint de Karadec, war ein brillanter Diplomat, der zur Zeit Mitterands eine wichtige Rolle am Quai d'Orsay spielte. Ihre Mutter, Tiphaine de Karadec, war eine maoistisch orientierte Psychologin. Beide Eltern waren opiumsüchtig und sind irgendwann auf Heroin umgestiegen. Nach zahlreichen Krisen und Einweisungen in geschlossene Anstalten sind sie schließlich beide, dem Wahnsinn nah, in ihrem Herrenhaus auf einer bretonischen Insel gestorben.«

»Wie alt war Garance damals?«

»Ich denke, siebzehn oder achtzehn Jahre. Nach ihrem Studium ist sie als Au-pair-Mädchen nach Großbritannien gegangen. Dort hat sie einen merkwürdigen Mann kennengelernt, Amyas Langford, einen englischen Schauspieler, der eine Theatergruppe gegründet hatte. Ein perverser, völlig verrückter Kerl.«

In Roxanes Kopf schrillte eine Alarmglocke.

»Erzählen Sie mir mehr von ihm.«

Koterski zündete sich eine neue Zigarette an, ganz so, als brauche sie wieder Nikotin, um ihr Gedächtnis zu stimulieren.

»Amyas hat seine Ausbildung an der RADA gemacht, der *Royal Academy of Dramatic Art,* eine der prestigeträchtigsten englischen Theaterakademien. Auch er hätte sicher eine beachtliche Karriere machen können. Immerhin hat er mehrere Rollen bei BBC-Produktionen gespielt. Es kursiert ein Gerücht über ihn, das ich für wahr halte. Als er vor einigen Jahren in einem Fernsehfilm einen Widerstandskämpfer des Zweiten Weltkriegs spielte, ist er bei der Identifikation mit der Rolle so weit gegangen, sich einen hohlen Zahn implantieren zu lassen, der eine Zyankali-Kapsel enthielt. Sie können sich vorstellen, was das für ein Typ ist …«

»Er ist also auch auf dem L'art-pour-l'art-Trip? Kunst um der Kunst willen.«

»Viel radikaler. Amyas Langford ist ein exzessiver Mensch mit antikapitalistischen und anarchistischen Tendenzen. Er fordert das totale, konfliktgeladene und revolutionäre Theater.«

»Und was genau bedeutet das?«

»Nichts als Mist. Große lyrische Höhenflüge – die Grenzen der Bühne verschieben, das Theater ins Leben integrieren, die Grenzen zwischen Kunst und Existenz verwischen –, aber vor allem viel billige Provokation. Ich erinnere mich an das Stück, das ich damals in der Vorstadt gesehen hatte. Amyas wollte eine Art Happening à la Peter Brook inszenieren. Am Ende der Vorstellung ließen die Schauspieler lebende Schmetterlinge mit brennenden Flügeln in den Zuschauerraum fliegen. Das ist ihre Droge: Sie erzeugen Unbehagen bei den Zuschauern, um sie in ihre Show zu integrieren.«

Roxane hatte ihr Handy auf den Tisch gelegt. Es war auf stumm geschaltet, aber jedes Mal, wenn eine Nachricht einging, warf sie rasch einen Blick auf das Display. Nach dem Fiasko von Batailleys Flucht hatte man Botsaris den Fall entzogen und ihn aufgefordert, seinen Urlaub zu nehmen. Sorbier hatte die Ermittlungen selbst übernommen. Wenn er auch Roxane nicht wieder offiziell ins Team aufnehmen konnte, hatte er doch zugegeben, dass er bei diesem Fall nicht ohne sie auskam. Also versorgte Liêm sie weiterhin mit Informationen – diesmal offiziell mit Einverständnis des Chefs.

Die Zielfahndungseinheit hatte den Namen Garance de Karadec in verschiedene Register eingegeben, doch bisher war die Ausbeute gering. Die letzte Wohnung, in der Garance gemeldet gewesen war, war seit ihrem Auszug bereits zweimal neu vermietet worden, beim Finanzamt war sie unbekannt, und auf ihrem Bankkonto gab es nur wenige Bewegungen. Während sie ihrer Gesprächspartnerin zuhörte, suchte Roxane auf Google Images nach Fotos von Amyas Langford – sie fand nur eines und schickte es per SMS an Valentine, und dazu die Frage: *Versuch, bei deinem Freund herauszufinden, ob ihm dieser Typ die Informationen für den Artikel gegeben hat.*

»Steht Garance Ihrer Meinung nach unter Langfords Einfluss?«

»Mit Sicherheit. Und es ist kein guter. Amyas bestärkt sie in einer Art von Radikalität, die jegliche Form von kommerziellem Theater oder Kino ablehnt und sich allen etablierten Regeln widersetzt. Ich wurde in den Siebzigerjahren in Polen geboren. Meine Familie hat das kommunistische Regime am eigenen Leib erfahren, und ich habe keinerlei Sympathie für diese kleinen Wichser, die Revolution machen wollen, indem sie auf ihrem iPhone neuester Generation darüber twittern.«

Roxane musste unwillkürlich lächeln.

»Glauben Sie, er könnte ihr gegenüber gewalttätig werden?«

»Das ist durchaus möglich. Es gibt etwas, das Sie über Garance wissen sollten. Alle Männer drehen durch, wenn sie mit ihr zu tun haben, sie sind wie verzaubert. Und Amyas ist eher besitzergreifend. Es würde mich nicht wundern, wenn er ausgerastet wäre.«

Sie ließ einige Sekunden verstreichen und vervollständigte dann das psychologische Porträt ihres Schützlings.

»Garance ist ein sehr komplexes Mädchen. Ein bisschen verrückt, aber sehr liebenswert. Eine Romantikerin auf der Suche nach dem Absoluten. Sie trägt eine gewisse Melancholie in sich. Meiner Meinung nach wird sie nie glücklich werden. Aber jetzt wüsste ich gern eines: Kommen Sie zu mir, um mich zu befragen, weil Garance im Rahmen von Ermittlungen verdächtigt wird oder weil ihr irgendetwas zugestoßen ist?«

»Wir glauben, dass sie entführt wurde.«

»Von wem? Von Amyas?«

»Vielleicht. Hat Garance Ihnen gegenüber je den Dionysos-Kult erwähnt?«

»Nein, aber die Truppe, die sie zusammen mit Amyas gegründet hat …«

»Ja ...?«

»Sie heißt ›Die Gaukler des Dionysos‹.«

Roxane spürte, wie ein Adrenalinstoß ihren Körper durchflutete und sich unaufhaltsam ihrem Gehirn näherte, in dem die Fäden dieser undurchsichtigen Geschichte zusammenliefen.

»Und Sie sind nicht die Erste, die mir diese Fragen stellt«, fuhr Koterski fort. »Vor zwei Wochen war schon einer Ihrer Kollegen hier.«

»Was?«

»Sein Name war wie der eines Weines.«

»Welcher Wein?«

»Château-Batailley.«

Roxane nickte. Natürlich hatte sich ein Polizist wie Marc Batailley nicht von den Spielchen seines Sohnes täuschen lassen. Zum Zeitpunkt seines Unfalls ermittelte Batailley gegen die Gaukler de Dionysos und hatte die Spur wahrscheinlich schon zurückverfolgt.

Eine neue Flut an Textnachrichten von Liêm, versehen mit Ausrufezeichen. Ein Zimmermädchen in einem Hotel in Orléans hatte die Direktion informiert, nachdem sie in einem Badezimmer eine blutbefleckte Tierhaut und eine Maske mit Bockhörnern gefunden hatte. Die Videoüberwachung hatte auf dem Flur und im Eingangsbereich des Hotels Bilder aufgezeichnet.

Die Kopien der Kamerabilder erschienen auf Roxanes Handy. Es war Amyas Langford!

Als sie Liêm gerade eine SMS zurückschicken wollte, vibrierte ihr Handy. Sorbier höchstpersönlich!

»Chef«, sagte sie, als sie das Gespräch annahm, »ich weiß, wer der Mann auf den Bildern der Hotelüberwachungskamera ist!«

»Ich auch«, antwortete der Leiter der Zielfahndungseinheit ruhig. »Amyas Langford, wir haben ihn gerade identifiziert.«

Sie hatte Mühe, ihre Enttäuschung zu verbergen.

»Und wie kann ich Ihnen helfen?«

»Ich wollte wissen, ob Sie bereit sind.«

»Bereit wozu?«

»Zu einem kleinen Ausflug. Ich warte unten auf Sie.«

»Wo unten?«

»In der Rue Lincoln.«

Roxane öffnete das Fenster und sah nach draußen.

Sie entdeckte Sorbiers Peugeot an der Ecke Rue François-Ier.

»Wohin fahren wir?«

»Zum Militärstützpunkt Villacoublay. Ich erkläre es Ihnen unterwegs.«

MARC

3.

Mein Name ist Marc Batailley. Ich bin zweiundsechzig
Jahre alt. Mein Körper ist zerstört und meine Seele
geschunden. Mein Brustkorb eingedrückt, das Schlüs-
selbein gebrochen, die Lunge perforiert. Von meinem
Gesicht ganz zu schweigen. Mein benebelter Geist treibt
in den Abgründen eines künstlichen Komas. Mir ging
es schon oft schlecht im Leben. Ich habe mehr Schläge
eingesteckt als ausgeteilt, doch es ist mir immer gelungen, wieder auf die Beine zu kommen. Ein wenig Charakter und ganz viel Glück. Dickes Fell, das Herz voll
von Tränen. Diesmal aber habe ich Angst. Nicht um
mich, sondern um die anderen, vor allem um meinen
Sohn Raphaël. Es macht mich rasend, an ein Kranken-
hausbett gefesselt zu sein, außerstande, auch nur den
kleinen Finger zu rühren oder ein Wort auszusprechen,
obwohl ich das Räderwerk der sich ankündigenden
Bedrohung kenne.

Wie so oft im Leben eilt eine lobenswerte Absicht
dem Drama voraus. Die Lüge des Jungen ... Wenn ich
daran zurückdenke, ergreift mich ein Schauder. Und
heftiger Zorn. Ich wollte natürlich nur zu gern Raphaëls
Geschichte Glauben schenken, aber ich kann mir nicht
erklären, wie ich ein ganzes Jahr lang *derart* blind sein
konnte! Es war der Artikel im *Week'nd,* der mir die

Augen öffnete. Das orthodoxe Weihnachtsfest Anfang Januar in Courchevel, während Milena Bergman zum gleichen Zeitpunkt Konzerte in Japan gab. Ich warf mir zwar meine Leichtgläubigkeit vor, doch Raphaëls Lüge hat mir das Herz zerrissen. Weil ich wusste, dass ich selbst zu einem großen Teil dafür verantwortlich war. Und weil es ein enormer Liebesbeweis war.

Doch als Polizist gab es da etwas, was mich faszinierte. DAS MÄDCHEN. Wie hatte sie mich so an der Nase herumführen können, ohne dass ich etwas bemerkte? Wie hatte sie ihren Part derart überzeugend spielen können, ohne die geringste falsche Note? Aus Scham widerstand ich der Versuchung, Rapha darauf anzusprechen. Aber um der Sache auf den Grund zu gehen, beschloss ich, meinerseits Untersuchungen durchzuführen. Wer war sie? Welches Vorleben hatte sie, was war ihre Motivation? Wie war sie zu einer derartigen Performance fähig, die solche Mühen, einen solchen Einsatz erforderte?

Auf einem Kontrollabschnitt aus Raphaëls Scheckheft entdeckte ich ihren Namen: Garance de Karadec. Doch das war keine Antwort auf meine Fragen. Ihre Internetpräsenz war nicht berauschend, reichte mir jedoch für einen ersten Eindruck. Gelegenheitsschauspielerin in einer mittelmäßigen Theatertruppe. Ich musste mehr herausfinden. Grafitpulver, ein Pinsel, ein Stück Klebeband: Ich versuchte, »nach alter Art« Fingerabdrücke zu sichern, die vielleicht auf der Verpackung der CDs von Milena Bergman, die sie mir geschenkt hatte, zurückgeblieben waren. Ich konnte zwei eventuell auswertbare Spuren isolieren. Irgendetwas sagte mir, dass dieses Mädchen vielleicht aktenkundig war. Und der sechste Sinn des Flic riet mir, verdeckt vorzugehen.

Um unter dem Radar zu bleiben, vertraute ich die Fingerabdrücke Vincent Tircelin, einem leicht korrupten Polizeibeamten, an, den ich bei der Kripo in Versailles kennengelernt hatte. Für vierhundert Euro erklärte er sich bereit, sie ins Automatisierte Fingerabdruck-System einzugeben. Als er mir das Ergebnis mitteilte, blickte er so konsterniert drein wie einer, der, statt den großen Coup zu landen, plötzlich im Schlamassel steckte.

»Wo hast du uns da reingeritten, Batailley?«, fragte er verärgert.

Der Fingerabdruck konnte zwar nicht identifiziert werden, war aber im Zusammenhang mit einem Mordfall aus dem Jahr 2017 im System registriert! Er war in Avignon an einem Müllcontainer gesichert worden, in dem man die Leiche eines ehemaligen Militärs gefunden hatte. Ich riet Tircelin inständig, diese Geschichte zu vergessen, und machte mich an meine Solo-Ermittlung.

Garance de Karadec bewohnte gemeinsam mit einem englischen Schauspieler, einem gewissen Amyas Langford, eine kleine Bude in der Rue Monsieur-le-Prince

über einem Sushi-Restaurant. Um mehr herauszubekommen, begann ich, sie zu beschatten. Parallel dazu
sammelte ich alle Informationen, die ich zu dem Mord
in Avignon finden konnte.

Eine wahrlich nebulöse Geschichte. Im Herbst 2017
wurde Jean-Louis Crémieux, ein Militär im Ruhestand,
erwürgt in einem Müllcontainer in der Rue Banasterie,
unweit des Papstpalastes, gefunden. Crémieux war
ein ehemaliger Angehöriger des 21. Marine-Infanterie-
regiments in Fréjus, wo er keine guten Erinnerungen
hinterlassen hatte. Mit dem Beinamen »Sergeant
Hartman« in Anspielung auf den sadistischen Mili-
tärausbilder im Stanley-Kubrick-Film *Full Metal Jacket,*
war er als »harter Hund« verschrien, was die Ermittler
auf die Idee eines militärischen Racheakts gebracht
hatte. Welche Verbindung konnte diese Sache mit
Garance de Karadec haben? Ich beschloss, mich nach
Avignon zu begeben, um Gabriel Cathala, den dortigen
Polizeikommissar, zu treffen, der damals für den Fall
zuständig gewesen war.

Ich hatte nicht das geringste Problem, ein Treffen
mit ihm zu vereinbaren. Inzwischen war Cathala im
Ruhestand und hatte, so glaubte ich am Telefon verstanden zu haben, einiges zu dem Fall zu sagen. Ich traf
ihn an jenem Tag auf seinem terrassenförmig angeleg-
ten Grundstück mit vielen Olivenbäumen in der Nähe
von Gordes an, wo er sich ein Häuschen gebaut hatte.
Er war ein Polizist meiner Generation. Er kannte meine

Geschichte und die Legende vom Gärtner. Die Chemie stimmte, und er ließ sich nicht lange bitten, um mir bei einem Glas RinQuinQuin à la pêche von seinen Ermittlungen zu erzählen.

»Die Leiche des Ex-Offiziers war halb nackt, angezogen und geschminkt wie eine Tussi«, erinnerte sich Cathala. »Mit Damenunterwäsche, hochhackigen Schuhen und einem langen Schal aus Rehfell, direkt auf seine Haut geheftet.«

Bei diesem Bild erfasste mich ein Schauder. Erregung und Abscheu – zwei Gefühle, die sich in diesem Metier oft vermischen.

»Doch das Sonderbarste ist, dass sich in dem Container lebende Schlangen befanden«, fuhr Cathala fort.

Diese Info war in der Presse nicht durchgesickert.

»Waren es giftige?«

»Nein. Ganz normale Eidechsennattern. Man hat nie herausgefunden, warum sie dort hineingelegt wurden.«

Gewissenhaft hatte Cathala eine Spur nach der anderen zurückverfolgt, die alle in einer Sackgasse mündeten. Die Ermittlungen waren festgefahren und wurden schließlich einem anderen Untersuchungsrichter übergeben, der mit einem neuen Team neue Ermittlungen eingeleitet hatte. Tief getroffen, wurde Cathala depressiv und wartete nur noch auf seine Pensionierung. Jener Fall, der ihn in den Pantheon der großen Flics hätte befördern sollen, setzte seiner Karriere ein jähes Ende, und er verließ das Kommissariat durch die Hintertür. Drei Monate später erlitt er einen Hirnschlag, der ihn um zehn Jahre altern ließ. Heute war Cathala ein Loser, der nichts mehr mit der realen Arbeit zu tun hatte und definitiv im Abseits stand.

»Warum bist du hergekommen, Batailley?«, fragte er mich und schenkte eine zweite Runde von dem köstlichen Gesöff aus. »Dein Besuch bei mir bedeutet zwangsläufig, dass du etwas Neues entdeckt hast.«

»Ich weiß, wem einer der Fingerabdrücke auf dem Container gehört.«

»Verdammt ... und wem?«

»Einer zweitklassigen Schauspielerin, Garance de Karadec. Sagt dir der Name was?«

Enttäuscht schüttelte der Polizist den Kopf.

»Nein, überhaupt nichts. Dieser Name tauchte nirgendwo in den Ermittlungen auf.«

»Sie gehört einer Truppe an: Die Gaukler des Dionysos.«

»Theatertruppen kommen viele nach Avignon.«

»Ich werde dieser Spur weiter nachgehen und halte dich auf dem Laufenden, aber du musst mir helfen, Zugang zu dem Ermittlungsdossier zu bekommen.«

»Das wirklich Interessante an dieser Geschichte steht nicht in den Akten«, meinte Cathala mit einem höhnischen Grinsen. »Diese Geschichte ist eine Bombe. Ich bin mir sicher, dass sie weit über den Mord in Crémieux hinausgeht.«

»Warum?«

»Weißt du, wer die Leiche entdeckt hat?«

»Ein Obdachloser, morgens um sechs. Das habe ich überall gelesen.«

»Genau. Meine Leute sind zehn Minuten später vor Ort eingetroffen. Die Leiche des Militärs lag in einer Weinlache neben drei Schlangen. Abgesehen von den Reptilien hat vor allen Dingen das meine Neugier geweckt: dieser Wein und ansonsten keine anderen Abfälle.«

»Vom Obdachlosen reingeschüttet?«

»Nein, die Leiche war da schon regelrecht durchtränkt. Deshalb hab ich ihn analysieren lassen.«

»Was? Den Wein? Was hast du gesucht? Drogen? Gift?«

»Was ich wissen wollte, war, woher dieser Wein kam. Das ist zu einer regelrechten Obsession geworden. Ich bin so weit gegangen, diese Weinreste Önologen zu zeigen, als Blindverkostung, natürlich ohne zu erwähnen, woher die Proben stammten.«

»Das war ein Rachenputzer, oder?«

»Falsch. Das war ein sehr guter Pauillac. Zwei Önologen haben sogar geglaubt, ihn präzise zu erkennen: ein Château-Mouton-Rothschild von 1973.«

»Deine Geschichte macht überhaupt keinen Sinn. Warum sollte man einen unbezahlbaren Spitzenwein in eine Mülltonne kippen?«

»Das bestätigt nur, dass der Mord von Crémieux ein Ritualmord ist. Eine präzise und genau einstudierte

Inszenierung. Exakt das Gegenteil eines irrationalen Mordes. Und da wir den Schuldigen nicht geschnappt haben ...«

»... sagst du dir, dass es sicher noch weitere Verbrechen gibt.«

4.

19 Uhr. Im TGV, der mich nach Paris zurückbrachte, versuchte ich, eine Verbindung zwischen den Infos von Cathala und Garance de Karadec herzustellen.

»Leihst du mir dein Tablet für fünf Minuten?«

Der Student, der neben mir saß, machte einen freundlichen Eindruck. Er reichte mir sein iPad, eine Spur von Misstrauen in den Augen, die aber sofort verschwand, als ich ihm meinen Dienstausweis zeigte. Nach ein paar Schlüsselbegriffen stieß ich auf einen Artikel, der meine Aufmerksamkeit erregte:

Information *Le Parisien*
Übeltäter stehlen Spitzenweine bei einem
Luxus-Kellermeister

Laut unseren Informationen sind ein oder mehrere Diebe in die Caves de Monceau in der Rue de Courcelles, einem berühmten Weinkeller im 17. Arrondissement von Paris, eingebrochen.

Die Einbrecher haben das Osterwochenende dazu genutzt, um in das Nebengebäude einzudringen, in dem sich eine Änderungsschneiderei befindet, die nicht über eine Alarmanlage verfügt.

Von dort aus haben die Diebe ein Loch von etwa dreißig Zentimetern Durchmesser in die gemeinsame Grenzmauer gebohrt, um dann mithilfe einer Stange die Flaschen herauszubefördern.

Auch wenn der finanzielle Schaden nicht enorm ist, beklagt der Kellermeister immerhin den Verlust von fünf Flaschen Château-Mouton-Rothschild. »Sie haben nur Flaschen des Jahrgangs 1973 gestohlen – nicht eben der beste dieses Weines«, tröstet sich der Geschäftsführer.

Die Videoüberwachungskameras haben den Vorgang zwar aufgezeichnet, doch man sieht weder die Anzahl noch die Gesichter der Übeltäter.

Die Ermittlungen wurden der Kriminalpolizei des 1. Pariser Arrondissements übertragen.

Ich stürzte mich in andere Recherchen und fand heraus, dass es mit dem Wein, von dem Cathala mir erzählt hatte, eine besondere Bewandtnis hat. Seit 1945 wird alljährlich ein Künstler gebeten, ein neues Weinetikett für den Château-Mouton-Rothschild, 1er Cru Classé, zu entwerfen. Die meisten großen Maler des 20. Jahrhunderts waren mit von der Partie: Miró, Chagall, Warhol, Bacon, Hockney ...

Das Etikett des Jahrgangs 1973, gemalt von Picasso, war noch dazu etwas Besonderes, da es im Todesjahr des spanischen Malers entstand. Um ihn zu würdigen, hatte Baron Philippe de Rothschild, Eigentümer des Châteaus, zur Veröffentlichung auf dem Etikett ein Bild aus seiner privaten Sammlung gewählt.

Ich scrollte durch die Website und klickte auf das Bild, um es zu vergrößern. Das Gemälde von Pablo Picasso trug den Titel *Bacchanale*. Das Motiv knüpfte an die griechische Antike an. Es stellte einen jener Trunkenheitstänze dar, den die Verehrerinnen von Dionysos, Gott des Weines und des Theaters, praktizierten.

Dionysos?

Die Theatertruppe von Garance de Karadec nannte sich *Die Gaukler des Dionysos!* Bei einer Ermittlung gibt es keine Zufälle! Jede Entdeckung ist wie ein Pinselstrich auf einem impressionistischen Gemälde. Ich wandte mich wieder Wikipedia zu, um mein Gedächtnis aufzufrischen. Schon beim Überfliegen des Artikels erkannte ich, dass ich die gesuchte Verbindung gefunden hatte. Unter den zahlreichen Attributen von Dionysos kamen tatsächlich Schlangen und Rehfelle vor. Die Mänaden, die Verehrerinnen des Gottes, waren oft mit Kronen aus Efeu versehen. Wenn sie ihm durch Wälder und Berge folgten, trugen sie eine Schlange um den Hals. Sie begleiteten ihn, trunken, bewaffnet, wild, und töteten und verschlangen alles auf ihrem Weg.

Als ich das Tablet zuklappte, verspürte ich ein Prickeln im ganzen Körper. Ein Gefühl, das ich seit Jahren nicht mehr gekannt hatte. Eine Gewissheit: Ich würde mir meinen Abschied nicht versauen. Dreißig Jahre nach dem »Gärtner« hatte mir das Leben einen neuen Feind in den Weg gestellt.

Und was kann berauschender sein, als einen Gott des Olymp zu jagen, wenn man sich seiner letzten Schlacht stellt?

RAPHAËL

5.

»Hier, Ihr grüner Tee, Monsieur.«

Ich griff nach dem dampfenden Getränk, an dem ich mir die Hände wärmen konnte. Der Schneefall hatte nicht lange angedauert. Das Licht der Wintersonne, blass und flach, durchströmte den Jardin du Luxembourg. Es war vier Uhr am Nachmittag. Ich war in den Park gekommen, um Luft zu schnappen und nicht allein zu Hause Trübsal zu blasen. Ich hatte im Krankenhaus angerufen, um mich nach meinem Vater zu erkundigen. Sein Gesundheitszustand war noch immer äußerst prekär und die Prognose düster. Aufgrund einer beginnenden Venenentzündung hatte man darauf verzichtet, ihn nach und nach in den Wachzustand zu versetzen. Was mich selbst betraf, so war mein Herz aus dem

Takt, mein Gehirn überhitzt und meine seelische Verfassung auf dem Nullpunkt.

Die Bilder von dem Unfall verfolgten mich weiter. Ich war ein MÖRDER. Ein echter. Wegen meiner Lügen war Yukiko Takahashi ausgerastet, und bei dem Versuch, mich zu töten, hatte sie einer jungen Mutter von achtundzwanzig Jahren das Leben genommen, deren einziger Fehler darin bestanden hatte, sich zur falschen Zeit am falschen Ort zu befinden. Und Garance de Karadec? Wo war sie jetzt? In die Klauen welches Raubtiers war dieses seltsame Mädchen geraten?

Meinen Becher in der Hand, griff ich nach einem der grünen Metallstühle und zog ihn ein Stück weiter in die Sonne, die durch die Zweige rieselte. Ich ließ mich auf den Stuhl sinken und schloss die Augen. Eingehüllt in die Klangkulisse des Parks – die Schreie der Kinder, die rund um die Fontaine de Médicis spielten, der Wind in den Baumkronen, das Geräusch der aufflatternden Tauben –, versuchte ich, meine Gedanken zu sammeln.

Meine Schritte hatten mich nicht rein zufällig hierhergeführt. Hier hatte ich Garance de Karadec vor etwas mehr als einem Jahr zum letzten Mal gesehen. Wir hatten uns im *Pavillon de la Fontaine*, dem historischen Parkcafé, verabredet. Unsere Zusammenarbeit ging ihrem Ende zu. Der Tod von Milena Bergman hatte mich von meiner Lüge befreit, und ich brauchte sie nicht mehr. Ich hatte ihr eine bestimmte Summe als Restzahlung zugesagt. Wir hatten uns an einen der Tische gesetzt und zwei Glühweine bestellt. Die Farben des Herbstes vermischten sich mit denen des Himmels. Ein Schulorchester spielte in dem Musikpavillon. Ich erinnere mich genau an den Auftritt von Garance an diesem späten Nachmittag. Sie verabschiedete sich schrittweise von ihrer Rolle der deutschen Pianistin. Ihr Haar begann nach und nach lockig und dunkler zu werden. Ihre Gesichtszüge entspannten sich. Ihr Blick strahlte, ihre Haltung war weniger steif und ihr Lächeln ehrlicher.

Und ich war da, ohne wirklich da zu sein. Wie so oft war ich mit den Gedanken anderswo. Ich dachte an die Krankheit meines Vaters, an meine Schwester, die mit uns zusammensaß und mich nicht aus den Augen ließ, während sie ihre heiße Schokolade trank. An meinen unauslöschlichen Wunsch, meine Mutter für die Jahrzehnte des Leids, die sie uns zugefügt hatte, bezahlen zu lassen. An den Eindruck, den ich immer gehabt hatte, dass mein Erwachsenenalter niemals begonnen hatte und dass alles Licht, das ich in mir trug, mit Vera gestorben war.

Garance war heiter und eloquent. Sie gestand mir, dass diese Rolle ihr von allen anderen im Leben am meisten am Herzen gelegen hätte und dass sie traurig sei, mich nicht mehr zu sehen. Sie sagte mir, dass sie meine Bücher gelesen hätte. Dass wir uns in unserem Wahnsinn ähnlich seien. Dass nur ein Verrückter einen anderen Verrückten retten könne. Dass wir dasselbe Verlangen nach Flucht hätten.

Das war einer dieser Momente, in denen das Leben eine Wendung in die eine oder die andere Richtung nehmen kann. Sie hatte mir den Staffelstab gereicht, den ich nicht ergriffen hatte. Ich habe zu viele dunkle Zonen in mir. Meine Koffer aus der Vergangenheit waren zu schwer. Mir war alles zu viel. Ich überwältigte alle mit meiner inneren Unruhe.

Vor allem beim Anblick ihrer Augen, die in der Sonne von Grün zu Braun wechselten, sagte ich mir, dass ich mich nicht an dieses Mädchen binden sollte. Trotz der deutlich verführerischen Ausstrahlung, die von ihr ausging, schrillte in meinem Kopf eine Alarmglocke. Und die sagte mir, dass mich Garance de Karadec bei weiterem Kontakt leiden lassen und in ihre eigenen dunklen Zonen ziehen würde, vor allem aber würde sie die Menschen in meiner Umgebung gefährden.

Sie bat mich, die Uhr als »Trennungsgeschenk« behalten zu dürfen, und ich stimmte trotz des hohen Werts zu.

Ich sah sie weiter lachen und bemühte mich, dem Charme dieser ungreifbaren und romanhaften Frau zu widerstehen, die über die Gabe verfügte, in sich ein Feuer zu entfachen, um ihre Persönlichkeit zu verbrennen und eine neue daraus zu entwickeln. Ich fragte mich, wie man diese Gabe kanalisierte, wie man darüber entschied, bei welchen Anlässen man sie einsetzen wollte. Aber ich stellte ihr keine dieser Fragen. Garance de Karadec machte mir Angst. Ich hatte bei ihr eine

Vergangenheit à la Mylady de Winter vor Augen. Eine Folge unterschiedlicher Rollen und Identitäten. Ein Leben der Manipulation und des falschen Scheins.

Während ich noch an dieses verunglückte Rendezvous zurückdachte, klingelte mein Handy und katapultierte mich zurück in die Gegenwart. Normalerweise nahm ich Anrufe mit unbekannter Nummer nie an, aber eine innere Stimme drängte mich, es ausnahmsweise doch zu tun.

»...phaël? Raphaël, bist du's?«

Die Stimme ließ mich erschaudern. Ein vertrauter Tonfall, verstärkt durch ein Echo. Erschrocken erhob ich mich von meinem Stuhl.

»Garance? Wo bist du?«

»Im ... Kofferraum eines Autos! ... hat mich eingesperrt.«

»Wer? Wer hat dich eingesperrt?«

»Amyas.«

Die Verbindung war schlecht. Knistern und störende Nebengeräusche unterbrachen immer wieder das Gespräch. Ganz deutlich aber konnte ich im Hintergrund das Surren eines Motors hören.

»Weißt du, wo du dich befindest? In der Nähe welcher Stadt?«

»Nein ... hab ihm sein Handy geklaut auf ... Autobahn, aber er wird es merken! Unternimm was!«

Ich rieb mir die Augenlider und versuchte nachzudenken.

»Sag mir … was … was ist das für ein Auto?«

»… Geländewagen … blaugrün metallic … auf der Kofferklappe … Aufschrift Q sieben.«

»Ein Audi Q sieben, okay.«

»Hilf mir, Raphaël … bitte!«

»Beruhige dich. Ich werde die Polizei verständigen. Sie werden dich lokalisieren, bestimmt. Weißt du, wohin er mit dir will?«

»Ja, ich glaube … an die Grenze … um …«

Immer öfter wurde die Verbindung unterbrochen. Ihre Stimme verlor sich, bis sie ganz verstummt war.

»Ich hör dich nicht mehr.«

Es entstand ein langer Tunnel des Schweigens und der Überlagerungen. Dann erahnte ich das typische Geräusch eines Blinkers. Der Motor verstummte, und wenige Sekunden später hörte ich, wie die Heckklappe geöffnet wurde.

»*Fucking bitch, you stole my phone!*«, schrie Amyas.

»Kleine Schlampe!«

Garance stieß einen Schrei aus.

Und damit war die Verbindung endgültig unterbrochen.

15 Der Punkt der Demenz

> *Der wahre Charme der Menschen liegt in jenem Teil*
> *ihrer selbst, den sie nicht ganz unter Kontrolle*
> *haben,*
> *wenn sie nicht mehr genau wissen, woran sie*
> *sind [...]*
> *Und ich fürchte, besser gesagt, ich bin froh, dass der*
> *Demenzpunkt eines Menschen zugleich der Quell*
> *seines Charmes ist.*
>
> Abécédaire – Gilles Deleuze von A bis Z

ROXANE

1.

Yvelines. Sorbiers Peugeot 5008 fuhr zum Luftwaffen-stützpunkt 107 von Villacoublay. Roxane, die auf dem Beifahrersitz saß, war im Gespräch mit einem Vertre-ter der Luftstreitkräfte der Gendarmerie, der ihr den Weg zu der angegebenen Zone beschrieb. Vor einem der Hangars erwartete sie ein Hubschrauber. Die Crew stellte sich vor: Colonel Stéphane Jardel, der Flugkommandant, Gendarme Audrey Hugon, die Flugkapitänin, und Gendarm Alain Le Brusque, der Flugingenieur.

Mit einem Kopfnicken lud Jardel sie ein, in den H160 zu steigen, und Hugon startete die Turbine. Roxane setzte einen Helm auf, bevor sie sich auf der Rückbank niederließ. Die Pilotin positionierte den Helikopter gegen den Wind und startete zum Abheben auf den collective pitch. Roxane war bei Gendarmerie-Einsätzen schon mehrmals mit einem der alten Hubschrauber Écureuil geflogen, doch es war das erste Mal, dass sie in einem der neuen Airbus-Helikopter saß. Mit seinen bogenförmigen Rotorblättern war er sehr viel leiser. Kurz hörte sie zu, wie der Mechaniker die Vorzüge seines neuen Spielzeugs lobte – Reisegeschwindigkeit 280 Stundenkilometer, Reichweite 900 Kilometer, bis zu acht Passagiere –, bevor sie sich wieder ganz auf ihre Recherchen konzentrierte.

Wie so oft nach einer sogenannten Durststrecke tauchten nun Enthüllungen und Entdeckungen quasi gleichzeitig und mit einem solchen Tempo auf, dass es schwierig war, sie zu analysieren. Garance de Karadecs Telefonat mit Raphaël hatte es möglich gemacht, das Handy zwischen Vienne und Condrieu zu orten. Es war die Nummer eines britischen Mobilfunkanbieters, die Amyas Langford zugewiesen war. Nach seiner Zwischenstation in Orléans hatte der Engländer seinen Weg also in östlicher Richtung nach Lyon fortgesetzt. Er hatte höchstwahrscheinlich die A 6 genommen und kurze Zeit später entdeckt, dass Garance ihm sein Telefon entwendet hatte. Das Gerät war zwar nicht mehr zu orten, aber ein Motorradfahrer der Such- und Eingreifbrigade hatte den Audi gesichtet und seit Tournon-sur-Rhône im Visier. Der SUV fuhr gen Süden auf der Autoroute des vacances: Valence, Montélimar, Carpentras. Um eine Flucht über die Grenze nach Italien zu verhindern, hatte der Richter den Einsatz der Such- und Eingreifbrigade genehmigt, die den Flüchtigen anhalten und seine Gefangene befreien sollte.

Das Unterfangen war riskant. Mitten in den Schulferien und so kurz vor Heiligabend war die Autobahn stark befahren – und das in beiden Richtungen. Langford war mit Sicherheit bewaffnet. Und es war nicht auszuschließen, dass er Komplizen hatte und irgendwann merken würde, dass er Gefahr lief, festgenommen zu werden. Mit geschlossenen Augen gab sich Roxane dem Schlingern des Helikopters hin. Allem Anschein nach wäre der Fall bald gelöst, doch die Beweggründe der Protagonisten waren ihr noch immer nicht klar. Was waren ihre Motive? War das Ganze nur ein Eifersuchtsdrama von Amyas Langford? Daran glaubte sie nicht eine Sekunde. Die Inszenierung der Episode »die Unbekannte aus der Seine« war zu ausgeklügelt und bedurfte der aktiven Mitarbeit von Garance de Karadec. Ein weiterer Punkt verwirrte sie. Die nachgewiesene

Schwangerschaft von Garance. Wenn sie auch zugeben musste, dass sie sich durch die List mit der Haarsträhne hatte täuschen lassen, so konnte sie sich dennoch nicht vorstellen, dass die Schwangerschaft nur ein *Fake* war.

Sie wühlte in ihrer Handtasche auf der Suche nach der Kekspackung, die sie aus der Küche der Casting-Direktorin stibitzt hatte. Sie zog auch das Buch heraus, das Batailley bestellt, aber aufgrund der Umstände nicht hatte abholen können. *Die großen Dionysien. Die Geburt des klassischen Theaters in Griechenland.*

Einen Stift in der Hand, vertiefte sie sich in das Werk. Die Einführung und die Schlussfolgerungen waren komprimierte Zusammenfassungen, und ihre Lektüre vermittelte, wie bei akademischen Studien üblich, einen Einblick in die These, die der Autor vertrat.

Das Buch zeigte, wie das klassische Theater direkt aus dem Dionysos-Kult hervorgegangen war. Ende des 6. Jahrhunderts vor Christus in Athen. Die Herrschenden bemühen sich, die durch den Dionysos-Kult ausgelösten Unruhen im Zaum zu halten, die sich durch immer heftigere sexuelle Ausschweifungen und Gewalt manifestieren, und zwar in einem Maße, das den Stadtstaat ernsthaft gefährdet. Um die gesellschaftliche Ordnung aufrechtzuerhalten, versucht Athen, den Kult für seine Zwecke zu nutzen, indem es ihn in Form großer Theaterfestspiele institutionalisiert. Nach und nach weicht die religiöse Dimension des Kults einer staatsbürgerlichen Dimension, die darin besteht, den Bürger durch die Organisation von Schauspielwettbewerben zu belehren. Das Theater als Instrument sozialer Kontrolle.

Roxane blätterte die Seiten um und unterstrich Passagen, die später in ihren Ermittlungen von Bedeutung sein könnten. Einmal im Jahr fand in Athen bei den Dionysien ein Wettbewerb der berühmtesten Dramaturgen statt (es war die Epoche von Aischylos, Sophokles und Euripides ...). Die Teilnehmer konkurrierten auf der Bühne in der heiligen Theaterarena. Am Ende der Vorstellungen wählte eine Jury, bestehend aus zehn Schiedsrichtern, die beste Vorstellung aus, und der Gewinner wurde mit einer Krone aus Efeu geehrt.

Das Ereignis erstreckte sich über fünf Festtage, und das vor mehr als zwanzigtausend Zuschauern. Niemand wurde ausgeschlossen. Männer, Frauen, Reiche, Arme, Sklaven – jeder konnte und sollte an dem Ereignis teilnehmen. Denn das Theater war ein Mittel, die Emotionen und Leidenschaften zu läutern. Während des Spektakels verwischte die Inszenierung die Grenzen der Realität. Indem der Zuschauer quasi in das Kostüm der Personen schlüpfte, die von ihren Leidenschaften dominiert wurden, erkannte er die zerstörerischen Folgen eines solchen Verhaltens. Die Tragödie ermöglichte es ihm, sich zu einem geringen Preis das Fürchten lehren zu lassen.

Roxane ließ eine Hand in ihre Tasche gleiten und hoffte, ohne wirklich daran zu glauben, eine weitere

Kekspackung zu finden. Warum hatte sie solchen Hunger? Einen unersättlichen Hunger. Sie hatte weder Lust auf einen Detox-Gurkensalat noch auf einen Weißfisch mit grünen Bohnen. Sie hatte Lust auf Kalorienbomben. Auf Fett, auf Kohlenhydrate, auf Frittiertes. Auf Essen, das die Arterien verstopfte und schlechte Cholesterinwerte noch schlechter machte. Sie schloss die Augen und versuchte, sich auf die Ermittlungen zu konzentrieren, doch stattdessen tauchten Bilder von üppigen Gerichten vor ihrem geistigen Auge auf. Von saftigem *Kebab,* gierig im Stehen auf der Straße verzehrt. Vom Steakhouse und Burger-King-Fritten, noch warm aus der Verpackung gegessen, die man bei den häufigen Überwachungen in Zivilstreifenwagen verdrückte. Von den Aprikosenschnitten, die sie manchmal in der Bäckerei Paul kaufte, von einem Rindersteak mit Pfeffersoße, einer dünnen Apfeltarte, einem Himbeerbeignet, von den *chicken wings,* einem Hotdog mit gebratenen Zwiebeln, einem ...

2.

»ROXANE!«

Als sie die Augen öffnete, rüttelte Sorbier sie an der Schulter. *Verdammt!* Sie war doch tatsächlich eingeschlafen. Sie schaute auf ihre Uhr. Sie hatte über zwei Stunden gedöst! Jetzt war es stockfinstere Nacht. Trotz

Regen und Windböen bereitete sich der Hubschrauber auf den Landeanflug vor.

»Gibt es was Neues?«, fragte sie leicht beschämt.

Sorbier reichte ihr das Tablet, auf dem er Amyas Longfords Route verfolgte. Der Audi hatte seinen Weg fortgesetzt: Aix-en-Provence, Brignoles, Fréjus, Cannes, Nizza ... Er befand sich derzeit auf der Höhe von Cap-d'Ail, nicht weit von Monaco und rund dreißig Kilometer von der italienischen Grenze entfernt.

»Der Zugriff der Such- und Eingreifbrigade steht unmittelbar bevor!«, schrie Sorbier, um den Motorenlärm zu übertönen.

Er deutete auf der Karte auf das Autobahnkreuz von La Turbie, auf das der Helikopter zusteuerte. Roxane drückte die Stirn an die Scheibe. Durch den Nebel zeichneten die Lichter der Autos lange orangefarbene Streifen, die sich durch die Landschaft schlängelten.

»Wo landen wir?«

Der Pilot, der ihre Frage gehört hatte, deutete mit dem Kopf auf etwas, das eine Art Parkplatz zu sein schien, direkt neben der Autobahn-Mautstelle.

Als sie drei Minuten später aus der Maschine stiegen, sah Roxane so gut wie gar nichts. Ein heftiges Gewitter entlud sich gerade am mediterranen Himmel. In der Dunkelheit folgte sie Sorbier und schützte sich, indem sie ihren Blouson über den Kopf zog. Die allgegenwärtigen Blaulichter erweckten den Eindruck, hier am Ende einer Schlacht einzutreffen. Ein junger Polizist mit einer orangefarbenen Sicherheitsweste kam ihnen auf Höhe der Maut-Automaten entgegen.

»Chef d'Estragon Luigi Muratore«, stellte er sich vor.

Der Staffelchef lud sie ein, die verschiedenen Barrieren, die ihnen die Sicht versperrten, zu passieren. Kaum auf der anderen Seite, verstanden sie die Situation. Der Verkehr in Richtung Frankreich–Italien war zum Erliegen gekommen, und ein Dutzend Wagen der Polizei und Gendarmerie waren über die Standspur zu ihren Kollegen von der Einsatzbrigade gefahren.

»Wurden die Personalien des Verdächtigen überprüft?«

»So ist es«, erwiderte Muratore. »Die Kollegen von der Einsatzbrigade haben auf der Autobahn einen Stau inszeniert, um das Fahrzeug des Verdächtigen einzukreisen.«

Roxane beschattete die Augen mit der Hand, um sie gegen den Regen zu schützen. In etwa fünfzig Metern Entfernung entdeckte sie den Audi Q7, dessen Metallicblau im Licht der Scheinwerfer schimmerte.

»Hat er sich widerstandslos festnehmen lassen?«, fragte Sorbier.

»Nein. Nach einem Schusswechsel hat er versucht zu fliehen«, erklärte der Gendarm, »doch wir haben ihn gleich im hohen Gras neben der Autobahn erwischt.«

»Wurde jemand verletzt?«

»Eine Kugel hat die Schulter des Verdächtigen gestreift. Man hat ihn vorsichtshalber ins Krankenhaus L'Archet gebracht.«

»Und das Mädchen?«, wollte Roxane wissen.

»Welches Mädchen?«, fragte Muratore.

Roxane verließ die beiden Männer, die unter einem Vordach Schutz gesucht hatten, und rannte durch den Regen Richtung SUV. Der Kofferraum war geöffnet. Leer.

Eine kleine Gruppe der Polizisten der Such- und Eingreifbrigade stand scherzend beieinander.

»Capitaine Montchrestien«, stellte sie sich, auf deren Höhe angelangt, vor. »Sie haben also den Verdächtigen festgenommen?«

»Ja, Capitaine.«

»Und ... im Kofferraum war niemand?«

»Nein. Aber mehrere Blutspuren.«

MARC

3.

Ich brauchte Hilfe, um mit meinen Ermittlungen voranzukommen, doch ich war in meinem Beruf zur Persona non grata geworden. Die Einzige, die mir unter die Arme greifen konnte, ohne mir allzu viele Fragen zu stellen, war Valérie Janvier, eine Polizistin, die ich ausgebildet und die Karriere gemacht hatte. Sie vermittelte mir einen wertvollen Kontakt zu Pierre-Yves Le Hénaff, einem wichtigen Mitarbeiter der *Zentralstelle für kriminalistische Aufklärung.* Ich verbrachte drei Tage mit ihm in Cergy-Pontoise in den Büros des Instituts für Verhaltensforschung, um die strafrechtlichen Datenbanken auszuwerten. Schon drei Jahre zuvor hatte die Staatsanwältin von Avignon auch die Abteilung für Verhaltenswissenschaften bei den Ermittlungen im Fall des ermordeten Militärs zurate gezogen, aber ich verfügte jetzt über neue Elemente, die Le Hénaff veranlassten, sich erneut an die Arbeit zu machen.

Was genau suchten wir? Vor allem, ob es weitere Morde gab, die den gleichen Modus Operandi aufwiesen wie das Verbrechen von Avignon. Morde mit der Signatur des Dionysos-Kults. Theoretisch war dies leicht zu ermitteln, doch bei der Aufdeckung von Serienmorden stößt man immer wieder auf zahlreiche Probleme: die örtliche Zuständigkeit, der schwierige Zugang zu ausländischen Datenbanken und die oft dem Zeitdruck geschuldete Nachlässigkeit vieler Ermittler beim Ausfüllen der Fragebögen, die Grundlage der Datenbank sind.

Jedes Mal, wenn wir eine Spur, einen Zweifel an einer Intuition hatten, tätigten Le Hénaff und ich Anrufe, um uns zu vergewissern. Was Frankreich betraf, hatten wir nur Pech, doch ein Mord im Vereinigten Königreich erregte unsere Aufmerksamkeit. Terence Bowman, ein junger Richter aus der Grafschaft Warwickshire, war im Park der Holy Trinity Church von Stratford-upon-Avon mit zertrümmertem Schädel und gebrochenen Gesichtsknochen aufgefunden worden. In einem von Gärtnern benutzten Schuppen hatte man die Uhr und das Portemonnaie des Richters gefunden sowie die Tatwaffe, einen Stab aus Hartholz. Doch dieser war nicht unbedeutend. Nach genauerer Untersuchung stellte sich heraus, dass es sich um eine Lanze aus rotem Hartriegel handelte, die mit Efeublättern verziert und von einem Tannenzapfen gekrönt war. Ein Thyrsos! So nannte man das Zepter von Dionysos. Bei der Untersuchung hatte man diesem Element keine weitere Aufmerksamkeit geschenkt. Sobald die Ermittler einen potenziellen Schuldigen gefasst hatten – einen zwanzigjährigen Rauschgiftsüchtigen, vollgepumpt bis zur Halskrause –, hatten sie die Geschichte erleichtert ad acta gelegt. Doch zur gleichen Zeit befanden sich – wie ein Blog und eine offizielle Website der Veranstaltung bezeugten – Amyas Langford und Garance de Karadec in Stratford bei einem Theaterfestival. Da wurde mir klar, dass ich die Mörder des Militärs und des Richters entlarvt hatte.

Ich beschloss, diese Entdeckung zunächst für mich zu behalten, und machte mich erneut an die Beschattung der Gaukler des Dionysos. Parallel dazu las ich Bücher und betrieb Recherchen, um mich mit diesem Teil der griechischen Mythologie vertraut zu machen. Was waren die Beweggründe dieses dämonischen Duos?

Was war ihre Motivation? Die Beobachter sektenartiger Phänomene sprachen von einer »neuen Blüte« des Dionysos-Kults. Gewisse in Thiasen organisierte Gruppen bekannten sich offen zu diesem Kult. Dionysos faszinierte sie, weil er eine Umkehr der Werte verkörperte, die Subversion und die Unordnung. Diese Position passte zu den Morden an einem Militär und einem Richter, beide waren Symbole einer genormten und geregelten Welt.

Während ich versuchte, das alles zu begreifen, wich ich den beiden jedoch nicht von den Fersen. Amyas hatte in einem Flugmodellbau-Laden Drohnen gekauft und verbrachte viel Zeit damit, sie zu programmieren und zum Fliegen zu bringen. Außerdem hatte er etwas bei einer Antiquitätenhändlerin in der Passage des Panoramas erstanden, aber die alte Schachtel, der der Laden gehörte, weigerte sich, mir zu sagen, worum es sich handelte. Wenn sie nicht in Paris waren, bewohnten Garance und Amyas ein Bauernhaus in der Nähe von Vitry-le-François. Am 15. Dezember hatte Amyas in den Schweizer Alpen einen Steinbock gewildert und das Tier mit ins Departement Marne gebracht. Er hatte es im Hof des Bauernhauses zerlegt und das Fell mit der Hirnmasse des Steinbocks gegerbt. Ich hatte die Szene mit meinem Fernglas beobachtet. Bei der Zeremonie verbreitete sich ein ekelhafter Gestank. Trotz der Entfernung von über fünfzig Metern wurde mir fast übel davon. Das Paar stimmte sich auf etwas ein, da war ich mir ganz sicher. Einen neuen Ritualmord? Aber wer würde diesmal das Opfer sein?

Am Montag, den 21. Dezember, kam ich früh ins Büro. Meine Nachforschungen vom Wochenende hatten mich überzeugt, dass die Umsetzung der Tat unmittelbar bevorstand, und so beschloss ich, Valérie Janvier zu informieren. Als ich gerade ihre Nummer wählen wollte, bemerkte ich, dass der Anrufbeantworter blinkte. Ich hörte die Nachricht ab und erkannte eine Stimme, die aus der Vergangenheit zu kommen schien:

Hallo, Marc, hier ist Catherine Aumonier, stellvertretende Leiterin der psychiatrischen Krankenstation der Pariser Polizeipräfektur. Ich rufe dich an, um deine Meinung in einem recht merkwürdigen Fall einzuholen. Wir haben gestern Morgen eine junge Frau aufgenommen, die von der Flussbrigade splitternackt aus der Seine gefischt wurde und die sich an nichts erinnern kann. Da ich deine Mail-Adresse nicht habe, schicke ich dir ihr Dossier per Fax. Ruf mich an, um mir zu sagen, ob du sie kennst. Bis später.

Stutzig geworden, lief ich in den ersten Stock, um einen Blick darauf zu werfen.

»Nein!«

Als ich das von Aumonier geschickte Dokument überflog, wurde mir klar, dass die Gefahr noch viel drohender war, als ich mir gedacht hatte.

Ich muss sofort Janvier informieren!, dachte ich noch, bevor ich auf der Treppe stürzte und das Bewusstsein verlor ...

4.

Nizza. 24. Dezember, 23 Uhr.

Auch wenn Roxane nach außen hin ruhig wirkte, kochte sie innerlich vor Wut. Sie war aufgebracht wegen Sorbier. Nach der Verhaftung von Amyas Langford hatte ihr Vorgesetzter den Hubschrauber genommen, um La Turbie so schnell wie möglich zu verlassen und sich mit den anderen hohen Tieren zum Hauptquartier der Ermittlungen im Kommissariat von Nizza zu begeben. Sie hatte man an der Mautstelle zurückgelassen, wo sie ewig warten musste, bis Muratore seine Pflichten erledigt hatte und sie zurück in die Innenstadt der Präfektur Alpes-Maritimes brachte.

Der Staffelchef hatte die Promenade des Anglais schon eine Weile hinter sich gelassen, aber anstatt nach Norden zum Standort des lokalen kriminalpolizeilichen Ermittlungsdienstes zu fahren, bog der Wagen mitten in die Altstadt ab.

»Fahren wir nicht zur Kaserne Auvare?«, erkundigte sich Roxane verwundert.

»Hat man Sie denn nicht informiert?«, rief Muratore. »Langford wurde in unser neues Polizeirevier im Stadtviertel Carabacel, ins ehemalige Krankenhaus Saint-Roch, überstellt.«

Muratore setzte zu einer langatmigen Erklärung an.

Seit Jahren schon kämpfte die Stadtverwaltung der selbst ernannten »sichersten Stadt Frankreichs« für die Umsetzung eines innovativen Projekts, nämlich um die Zusammenlegung aller Sicherheitskräfte – nationale und städtische Polizei sowie das städtische Überwachungszentrum –, gebündelt an einem einzigen Ort. »Die Polizeibehörde des 21. Jahrhunderts«, wie der Bürgermeister das Ganze vollmundig anpries.

»Die Umsiedlung soll gleich nach den Feiertagen, also zu Jahresbeginn, erfolgen«, fuhr der Gendarm fort. »Nach und nach kommen an diesem neuen Standort zweitausend Polizisten zusammen.«

»Und warum hat man Langford hierher überführt?«

»In Auvare ist alles voll. Und personaltechnisch unterbesetzt.«

Der Wagen parkte in der Rue de l'Hôtel-des-Postes vor einem großen ockerfarbenen Gebäude mit imposanter Fassade. Sein Giebel, seine Symmetrie, seine Reliefs waren typisch für den neoklassizistischen Stil, der in der ganzen Stadt vertreten war, von der Place Garibaldi bis zur Cours Saleya.

Die Jacke über den Kopf gezogen, folgte Roxane dem Gendarmen bis zur Treppe. Die Stadt wirkte bei Nacht feindselig auf sie. Das Grau des Himmels schien wie mit Kohle geschwärzt. Die wenigen Passanten wurden von eisigen Windböen gepeitscht, die von grellen Blitzen und grollenden Donnerschlägen begleitet wurden. Die Côte d'Azur in der Nordatlantik-Version.

Das Innere des Gebäudes war beeindruckend und erinnerte nicht im Geringsten an ein Polizeirevier. Gleich hinter dem Eingang betrat der Besucher einen riesigen begrünten Innenhof – umgeben von einer Galerie mit Arkaden und Säulen, die an Kreuzgänge in Klöstern oder einige spanische *Paradores* erinnerten.

Das gesamte Gebäude wurde nur von Fackeln oder Baustrahlern beleuchtet.

»Gibt es ein Problem mit der Elektrik?«

»Durch das Gewitter ist ein Teil der Anlage ausgefallen. Und somit haben wir auch keine Heizung mehr, es ist eiskalt ...«

Roxane hob den Kopf zu den hohen Fenstern. Die riesigen leeren Räume boten eine kristallklare Akustik, die jedes Wort verstärkte und es mannigfach widerhallen ließ.

»Es ist ganz oben«, sagte Muratore.

Sie stiegen den zentralen Treppenaufgang hinauf. Oben führten lange Flure in entgegengesetzte Richtungen zu den vier Flügeln des Gebäudes.

»Hier entlang«, erklärte der Gendarm. »Langford wurde in den ehemaligen Trakt für Geisteskranke gebracht.«

Obwohl das Polizeirevier im Halbdunkel lag, konnte man mühelos erkennen, dass die Bauarbeiten noch nicht abgeschlossen waren. Türen ohne Griffe, elektrische Leitungen, die lose von der Decke hingen, Abdeckung der noch im Umbau befindlichen Bereiche durch Plastikplanen. Zweimal verirrte sich sogar der Gendarm in den labyrinthartigen Gängen, bis er schließlich zu einer Flucht von Büros kam, aus denen Stimmen zu hören waren. Der Leiter der 3. Kriminalpolizeidirektion hatte eine große Zahl an Männern geschickt. Offensichtlich hatten sie die Vernehmung von Amyas Langford übernommen. Roxane erkannte einige der Anwesenden, darunter Serge Cabrera, den sie nicht ausstehen konnte und der nicht lange überleben würde, sollte eines Tages eine #MeToo-Debatte bei der Polizei losgetreten werden.

Sorbier saß etwas abseits und telefonierte. Er winkte sie heran.

»Der Untersuchungsrichter ist nicht da«, meinte er bedauernd und legte auf.

Er lässt Sie ebenso im Stich wie Sie mich vorhin.

Als er mit ihr zur Gewahrsamszelle ging, drehte er sich um und deutete auf die Gruppe hinter ihm.

»Wir treten uns hier alle gegenseitig auf die Füße, weil jeder mit aufs Foto will, obwohl die Ermittlungen noch lange nicht abgeschlossen sind: die Polizei von Nizza, die Pariser Kriminalpolizeidirektion, wir von der Zielfahndungseinheit ...«

»Briefen Sie mich, Chef. Was haben wir bis jetzt?«

»Das Mädchen bleibt unauffindbar. Der Motorradfahrer, der den Audi auf Höhe von Tournon-sur-Rhône entdeckt hatte, ist sich sicher: Langford hat nicht ein einziges Mal angehalten, während er ihn im Visier hatte.«

»Die Überwachungsvideos von der Autobahn?«

»Wir haben sie gesichtet. Langford hat im Département Drôme an der Raststätte Saint-Rambert-d'Albon den Wagen vollgetankt. Er blieb eine gute Viertelstunde. Wir haben alles abgesucht, die Tankwarte befragt, die Angestellten in den Geschäften, das Reinigungspersonal. Erfolglos.«

»Und an den anderen Raststätten vor Tournon?«

»Wir sind dabei, überall nachzufragen, aber schließlich ist heute Heiligabend.«

»Wo befindet sich Langford gerade?«

»Hier«, antwortete Sorbier und deutete auf den Verhörraum.

»Sollte er nicht nach Paris überführt werden?«

»Das war eigentlich der Plan, ja. Aber das miese Wetter, Weihnachten und die Dringlichkeit der Situation erschwerten die Sache. Wir haben schließlich damit begonnen, ihn hier zu verhören. Kommen Sie mal mit.«

Er bog am Ende des Korridors ab und öffnete eine Tür, die in einen kleinen, schwach beleuchteten Raum führte, in dem als einzige Einrichtung ein Einwegspiegel hing, durch den man in den Verhörraum sehen konnte.

»Ist das Amyas Langford?« Roxane war überrascht, als sie dichter an den Spiegel trat.

Sie fand, er sah anders aus als auf den Fotos, die sie bisher von ihm gesehen hatte. Wie er so an dem langen Tisch, den Kopf auf die geballte Faust gestützt, den zwei Ermittlern gegenübersaß, wirkte er fast so, als ginge ihn das alles nichts an.

»Hat er keinen Anwalt?«

»Er wollte keinen.«

»Seine Verletzung?«

»Nur ein kleiner Kratzer.«

»Was hat er gesagt?«

»Bis jetzt nicht viel.«

»Dürfte ich ihn vielleicht befragen?«

»Sie wissen genau, dass das nicht geht«, erwiderte Sorbier. »Offiziell sind Sie nicht an diesen Ermittlungen beteiligt.«

Er verließ den Raum und schloss die Tür hinter sich.

Roxane seufzte, legte ihre Tasche auf den kleinen Schreibtisch und setzte sich auf einen der beiden Stühle.

Sie kniff die Augen zusammen, um Langford genauer betrachten zu können. Amyas war um die vierzig, aber seine Gesichtszüge wirkten noch immer jugendlich. Er trug ein grünes Samtjackett, ein weißes Hemd mit Mao-Kragen, und sein halb langes Haar war sehr gepflegt. Seine fast schon romantische Pose erinnerte an Oscar Wilde oder, in einem ganz anderen Kontext, an das Cover des Albums *Absent Friends* der Gruppe »The Divine Comedy«.

Die beiden Beamten, die ihn verhörten, versuchten, ihm die Passwörter für sein Handy und seinen Computer zu entlocken, die auf dem großen Tisch vor ihm lagen. Aber Amyas schien sie nicht einmal zu hören.

Roxane massierte sich die Schläfen, denn ihre Migräne machte sich, in kleinen Wellen, zum ungünstigsten Zeitpunkt mal wieder bemerkbar. Sie suchte in ihrer Tasche nach Medikamenten, die sie ohne Wasser schluckte. Dann warf sie einen kurzen Blick auf ihr Handy, das seit der im Helikopter zurückgelegten Strecke noch immer im Flugmodus war. Die gleiche Nummer hatte dreimal versucht, sie zu erreichen, ohne eine Nachricht zu hinterlassen. Nur eine einfache SMS mit folgendem Inhalt: *Guten Abend, bitte rufen Sie mich zurück, es ist dringend. P.-Y. Le Hénaff (SCRC).*

Der Name kam ihr irgendwie bekannt vor. Le Hénaff war wahrscheinlich Analytiker oder Gerichtsreferent der Zentralstelle für kriminalistische Aufklärung, kurz SCRC. Sie rief ihn unverzüglich an.

»Roxane Montchrestien. Sie wollten mich ...«

»Ja«, unterbrach er sie ein wenig ungehalten. »Valérie Janvier hat mir Ihre Nummer gegeben. Ich habe eine Info für Sie.«

Der Mann befand sich wohl auf einer bretonischen Weihnachtsfeier, denn im Hintergrund hörte man eine Version von *All I Want for Christmas* mit verschiedenen Dudelsäcken. Grauenhaft!

»Vor etwa zehn Tagen habe ich mit Marc Batailley Datenbanken nach möglichen mythologisch inspirierten Verbrechen durchforstet«, erklärte der Bretone.

Roxane ordnete die Information gedanklich in den richtigen Kontext.

»Die Verbrechen von Avignon und Stratford, richtig?«

»Mit der Figur des Dionysos im Hintergrund«, ergänzte der Analytiker. »Ich hatte Marc versprochen, dass ich an dieser These dranbleiben würde, um zu sehen, ob ich zeitlich weiter zurückliegende Informationen im Ausland finden könnte.«

»Und, sind Sie auf einen dritten Fall gestoßen?«

»Nicht nur einen«, antwortete Le Hénaff. »Ich habe mindestens sechs weitere Fälle ausfindig gemacht.«

Roxane verdrehte genervt die Augen. Schon wieder einer, der unbedingt »seinen« Serienmörder wollte.

»Sind Sie da nicht etwas voreilig?«

»Denken Sie, was Sie wollen: In den letzten drei Jahren gab es sechs weitere Morde, die mit dem Dionysos-Kult in Zusammenhang stehen.«

»Wie hätte uns das entgehen können?«

»Diese Morde geschahen im Ausland. Auf dem Balkan, in Griechenland, Italien, Indien und den Vereinigten Staaten. Und ich bin sicher, es gibt noch weitere.«

Skeptisch geworden, schwieg Roxane. Le Hénaff hingegen war nicht mehr zu bremsen.

»Bei den Inszenierungen der Morde, von denen ich spreche, sind die Bezüge zu Dionysos nicht zu übersehen: der Efeukranz, das Bocksfell, der Thyrsos, der Wein ... Jedes Mal waren die Opfer Vertreter der öffentlichen Ordnung oder eine Amtsperson: Polizisten, hohe Beamte, Militärs et cetera.«

»Was vermuten Sie? Ein und denselben Mörder in verschiedenen Ländern?«

»Natürlich nicht. Eher verschiedene Gruppen oder Einzelpersonen, die sich intensiv mit heidnischem Gedankengut befasst und letztlich radikalisiert haben. Dionysos ist einer der wenigen Götter im Olymp, der von Menschenopfern profitiert hat. Diese Verrückten wollen den Höhepunkt der orgiastischen Kulte nachspielen, die manchmal mit einer Art Eucharistie endeten. Mit einer Einverleibung des Gottes durch ein Mahl aus Menschenfleisch.«

Das war's, sie hatte Le Hénaff verloren. Der Mann wurde geradezu zum Verschwörungstheoretiker. Angesichts der späten Stunde hatte er wohl nicht nur Apfelsaft getrunken. Da er leicht aggressiv auf sie wirkte, versuchte sie es auf die sanfte Tour.

»Und glauben Sie, dass sie untereinander in Verbindung stehen?«

Der Bretone stieß einen langen entnervten Seufzer aus, bevor er seinen Redeschwall fortsetzte.

»Fabio Damiani, ein italienischer Professor von der Universität Perugia, wurde Anfang der Woche verhaftet, nachdem er einen Ritualmord an einem Carabiniere begangen hatte, der in gewisser Hinsicht an den Mord in Stratford erinnert.«

Roxane schwieg erneut.

»Der Mord hat in Italien für großes Aufsehen gesorgt. Haben Sie davon gehört?«

»Nein«, gestand Roxane.

Le Hénaff ereiferte sich.

»Eine meiner italienischen Quellen hat mir Zugang zu einer Zusammenfassung von Damianis Aussagen verschafft. Er hat im Polizeigewahrsam alles umfänglich gestanden, bevor er einen Selbstmordversuch unternahm.«

»Und was kam dabei heraus?«

Diesmal schwieg der Bretone, ehe er anmerkte: »Ich habe in den Nachrichten gesehen, dass ihr Amyas Langford geschnappt habt ...«

»Das stimmt. Hat Batailley Ihnen von dem Fall erzählt?«

Le Hénaff räusperte sich.

»Die squadra criminale hat Damianis Handy sichergestellt. Der Name Amyas Langford taucht wiederholt auf. Die beiden kommunizierten in diversen Foren.«

»Haben Sie die Mitschriften der ...?«

»Finden Sie nicht auch, dass ich Ihnen schon genug Arbeit abgenommen habe, verdammt noch mal? Es wird diese Woche etwas sehr Schlimmes passieren. Also kommen Sie endlich in die Gänge!«

»Was wird passieren? Eine koordinierte Aktion?«

»Ich rate Ihnen, den Fall schon jetzt an die Kripo abzugeben. Die Granate ist entschärft und kurz davor, ihnen allen um die Ohren zu fliegen. *Paour Kaez Parizian!*«

Nach dieser Beleidigung legte der Analytiker auf. Als

Roxane sich umdrehte, sah sie, dass Sorbier wieder im Zimmer stand. Der Bretone hatte derart ins Telefon gebrüllt, dass sie ihn nicht hatte hereinkommen hören.

»Wer war das?«, wollte der Commandant wissen.

»Pierre-Yves Le Hénaff, kennen Sie ihn?«

»Das ist doch der, den man ›das Gedächtnis von Fort-Rosny‹ nannte, oder? Ein richtiger Blödmann, aber ein guter Polizist.«

»›Blödmann‹, tja, das könnte passen ...«

»Was wollte er?«

Sie erzählte ihm von ihrem Gespräch mit dem Analytiker. Je mehr Details ans Licht kamen, desto mehr verfinsterte sich Sorbiers Gesicht.

»Le Hénaff hat nicht unrecht. Dieser Fall nimmt eine echt beschissene Wendung«, meinte er, als sie geendet hatte. »Ich muss unbedingt den Untersuchungsrichter erreichen.«

»Bevor Sie das tun, lassen Sie mich Langford befragen. Niemand kennt den Fall besser als ich.«

Sorbier kratzte sich nervös an der rechten Wange, so als wolle er Hautstückchen abziehen.

»Zehn Minuten, nicht länger.«

5.

Ho! Ho! Ho! Ho!
Ho! Ho! Ho! Ho!
Paris. Knapp eine Stunde vor Mitternacht.
Das Haus lag im Halbdunkel. Mäßig warm. Traurig.
Ein wenig beängstigend. Ein fluoreszierendes Absperr-
band und eine Plastikplane verhinderten noch immer
den Zugang zum südlichen Teil. Ich war auf dem Sofa
eingenickt und wartete, das Handy in Reichweite, auf
Neuigkeiten. Von meinem Vater oder Garance.
Ho! Ho! Ho! Ho!
Ho! Ho! Ho! Ho!
Die ständige Wiederholung dieses Gebrülls sorgte
dafür, dass ich die Augen aufschlug. Über meinen Ra-
sen lief ein Weihnachtsmann, der eine Glocke hin und
her schwang.
Wann ist dieser Tag bloß endlich vorbei?
Ein Spaßvogel? Ein Nachtschwärmer? Auf jeden Fall
kam der Mann, fröhlich seine Glocke läutend, näher.
»Have yourself a Merry Christmas!«
In seiner freien Hand hielt der Weihnachtsmann ein
kleines Geschenkpaket. Er ging um das Haus herum
und blieb direkt vor der Glastür stehen.
»Chronopost! Eine Lieferung für Sie, Monsieur Batailley!«

Über seinem Bart trug er eine furchterregende Maske, eine exakte Kopie des Modells von Alex DeLarge aus dem Film *Uhrwerk Orange:* eine dunkle Wolfsfratze, die in eine riesige, rötliche, phallusförmige Nase überging.

»Chronopost!«, wiederholte er, als sei es ein Zauberspruch.

Von wegen. Das wäre ja was ganz Neues, wenn die Post am 24. Dezember um 23 Uhr noch Geschenke ausliefern würde.

Ich hatte nicht die geringste Lust, mir den Wolf in den Schafstall zu holen.

»Lassen Sie das Paket einfach vor der Tür liegen«, bat ich den Mann.

»Ganz wie Sie wollen, Monsieur Batailley.«

Er stellte das Päckchen auf dem Boden ab, aber meine Erleichterung war nur von kurzer Dauer.

»Ich bräuchte eine kleine Unterschrift.« Er kicherte, während er mit dem Klemmbrett und einem Stift wedelte, den er aus der Tasche gezogen hatte.

Zieh Leine, Alter ...

Die ganze Geschichte roch verdammt nach einer Falle, doch ich war einfach zu neugierig und wollte mehr erfahren.

»Können Sie mir den Namen des Absenders nennen?«

Ohne seine lächerliche Maske abzunehmen, hob der Postbote das Paket hoch, um die Aufschrift entziffern zu können, wobei er jede Silbe mit übertriebener Betonung vorlas: »Ma-da-mmme-Ga-ran-sse-Ka-ra-deccck.« Vielleicht war er ja doch ein echter Zusteller.

»Okay, ich unterschreibe Ihren Wisch.« Misstrauisch öffnete ich die Tür nur einen Spalt, bereit, sie bei der kleinsten verdächtigen Bewegung sofort wieder zu schließen.

Der Mann stellte seine Zustelltasche auf dem Boden ab und reichte mir das Paket.

»Chronopost dankt Ihnen und wünscht frohe Weihnachten.«

»Wer zwingt Sie dazu, in dieser Aufmachung zu kommen?«, fragte ich, während ich den Beleg quittierte.

Der Mann nahm seine Maske ab und wischte sich den Schweiß von der Stirn. Er wirkte erschöpft und ausgehungert, und ich schämte mich ein wenig für mein Misstrauen und meine feindselige Haltung.

»Die blöden Chefs, wer sonst?«, erklärte er und verzog das Gesicht. »Sie behaupten, das würde den Kunden gefallen. Vor allem den Kleinen. Immer alles für den Profit. Auf Kosten der Menschenwürde. Hier ist Ihre Quittung, Monsieur.«

»Danke. Möchten Sie einen Kaffee oder ein Erfrischungsgetränk?«

»Zu einem Schnäpschen würde ich nicht Nein sagen. Natürlich nur, wenn Sie so etwas haben.«

Ich ließ die Tür offen und marschierte ans andere Ende des Wohnzimmers. In der kleinen Bar meines

Vaters aus Haifischleder fand ich eine angebrochene Flasche alten Chartreuse. Ich schenkte dem Postboten ein Gläschen ein, das ich ihm zusammen mit zehn Euro Trinkgeld überreichte.

»Danke, das ist sehr freundlich.«

Er steckte den Schein ein und kippte das Glas Likör in einem Zug hinunter.

»Ahhh! Das macht die Nasenlöcher frei! Darf ich?«, fragte er und deutete auf die Flasche, um sich nachzuschenken.

»Sehr gern.«

»Sie sind am Weihnachtsabend ganz allein, Monsieur Batailley?«

»Das ist nicht so schlimm. Ich beende gerade einen Roman. Also bin ich bei meinen Figuren. In meinem Kopf.«

»Auch ich höre oft Stimmen in meinem Kopf«, gestand der Mann mir. »Ich hoffe, Ihr Geschenk macht Ihnen Freude. Gut, ich will Sie nicht länger aufhalten. Ich muss ja schließlich noch meine Tour zu Ende machen!«

»Viel Erfolg.«

Er stülpte seine Maske und den falschen Bart wieder über, beugte sich zu seiner Tasche hinab ...

»Und das«, sagte er, »ist ein Geschenk des Hauses.«

In Sekundenschnelle hatte er unter der Abdeckung einen Schlagstock hervorgezogen.

Er versetzte mir einen Hieb in die Magengrube, der

meine Leber traf. Der zweite Schlag verletzte mich am Hals an genau der Stelle, an der sich die Wunde vom Vortag befand.

»Mit den besten Grüßen von den Gauklern des Dionysos!«, rief er mir zu und verpasste mir einen Kinnhaken, der mich zu Boden riss.

Ein Tritt ins Gesicht sorgte dafür, dass ich das Bewusstsein verlor.

Ho! Ho! Ho! Ho!
Ho! Ho! Ho! Ho!

6.

Etwa zehn Minuten blieb ich, vor Schmerzen wie gelähmt, am Boden liegen, das Gehirn benebelt, die Gedanken verschwommen.

Was für ein hinterhältiger Mistkerl von Weihnachtsmann!

Mühsam rappelte ich mich auf. Der Typ war nicht mehr da. Ich überlegte, die Polizei anzurufen, aber wozu? Ich bereute, nicht vorsichtiger gewesen zu sein. Hätte ich doch die Waffe meines Vaters genommen, deren Munition ich am späten Nachmittag entdeckt hatte.

Ich hob das Päckchen auf, das noch immer am Boden lag, und schüttelte es nah an meinem Ohr, um zu erraten, was sich darin befand.

Ist jetzt auch schon egal ...

Ich beschloss, es zu öffnen. Nichts flog mir um die Ohren. Es handelte sich um einen einfachen Pappkarton der Kinderbekleidungsmarke Bonpoint. Darin befanden sich ein zartrosa Umschlag und zwei winzige weiße Babyschuhe aus Kaschmir.

Warum?

Ich öffnete den Umschlag. Er enthielt ein Foto von Garance de Karadec, die, ihre Hand auf den nackten Bauch gelegt, mit strahlendem Lächeln in die Kamera blickte. Beklommen drehte ich das Bild um und entdeckte einen handgeschriebenen Satz von ihr: *Raphaël, du wirst Vater!*

Regungslos versuchte ich, das Geschehen von mir fernzuhalten, mich gefühlsmäßig nicht auf diesen üblen Scherz einzulassen. Aber ich wusste, dass es viel ernster war. Ich durchwühlte das zerknüllte Papier im Pappkarton auf der Suche nach einem weiteren Hinweis. Nichts. Schließlich fand ich ihn in einem der Babyschuhe in Form eines metallischen USB-Sticks.

Ich setzte mich an meinen Computer, schloss den Stick an und doppelklickte auf das Symbol, um die QuickTime-Datei zu öffnen. Dann startete ich angespannt den Film.

7.

Schon auf den ersten Bildern erkannte ich das Hotel La VillAzur, an der Spitze von Cap d'Antibes.

Ich war ein einziges Mal dort gewesen: im September letzten Jahres. Ein Produzent hatte einen Roman von mir verfilmt, der in der Gegend spielte. Um den Abschluss der Dreharbeiten zu feiern, hatte er mich zu einer Party im kleinen Kreis eingeladen. Zu diesem Anlass war die Hotelbar mit Panoramablick nur für uns reserviert worden. Ich mag keine Partys, ich weiß nicht, wie ich mich dort verhalten soll, ich verstehe es nicht, mich zu amüsieren, ich habe keine guten Erinnerungen an solche Abende. Und auch diese Feier bildete keine Ausnahme.

Ich beugte mich zu dem Bildschirm vor, um die Bilder im Detail zu betrachten. Wer hatte das Ganze gefilmt? Man sah, wie ich mit meinem stets gefüllten Champagnerglas in der Hand lustlos zum Klang der beschissenen Musik eines angeblich »genialen« DJs von einer Gruppe zur nächsten wechselte.

Auch wenn ich mich nicht wohlfühlte, so war der Ort – hoch über dem Mittelmeer und gegenüber den Lérins-Inseln gelegen – doch atemberaubend schön.

»Kommst du mit zum Baden?«

Meine Schwester Vera war in meinem Kopf und mitten auf der Terrasse aufgetaucht. Sie trug einen Bade-

349

anzug und eine ausgefallene Badekappe, eine Taucherbrille und einen Enten-Schwimmreifen.

»Komm schon, Rapha!«, drängte sie und deutete
nach unten auf den in den Felsen gehauenen Pool.
»Jetzt ist die beste Zeit. Die Leute sind schon alle weg,
und das Wasser ist noch warm.«

Wie jedes Mal lehnte ich ab.

»Nein danke, Vera.«

»Warum?«

»Weil du nur in meinem Kopf existierst und ich
ziemlich dumm rüberkäme, wenn ich im Pool Selbst-
gespräche führen würde.«

»Die anderen sind uns doch egal, oder?«

»Das Problem sind nicht die anderen. Es geht darum,
dass du tot bist.«

»Du wirst auch eines Tages sterben«, antwortete sie
schulterzuckend, bevor sie verschwand.

Ich blieb allein zurück. War wie versteinert. Kapitän
eines Schiffes auf Abwegen. Plötzlich wurde ich von
einer bleiernen Müdigkeit überwältigt. Wie schön wäre
es, wenn mich jetzt mein Vater abholen würde! Mich
in mein Zimmer und ins Bett bringen, mich zudecken,
mir einen Gutenachtkuss geben und sagen würde:
»Schlaf gut, Champion.«

Stattdessen tauchte wie aus dem Nichts plötzlich eine
Frau auf. Kultiviert, geistreich. Sie gehörte möglicherweise zur Filmcrew, aber sie war mir vorher nicht aufgefallen.

In meinem Haus in der Rue d'Assas, die Augen zwanzig Zentimeter vom Bildschirm entfernt, zerstörte ich mir fast die Netzhaut, als ich mir auf meinem Computer die gestohlenen Fotos ansah, die eine für mich schmerzhafte Erinnerung wieder aufleben ließen.

Wie waren wir ins Gespräch gekommen? Meine Erinnerung daran war sehr verschwommen. Ein Kaleidoskop von Gesprächsfetzen. Ein Vers von Paul Valéry – *Denn ich lebte vom Dich-Erwarten/Und mein Herz war nichts als dein Schritt –*, einige Anekdoten über die prominenten Gäste, die in diesem Hotel genächtigt hatten. Banalitäten über die tausend Nuancen der untergehenden Sonne.

Ich schwebte noch immer im prickelnden Champagnerdunst, aber die aufkommenden Gefühle drängten in den Vordergrund. Vom Rauschen der Wellen beruhigt, verlor ich mich in den blaugrünen Augen meiner neuen Freundin. Als die Sonne unterging, konnte ich mich kaum mehr auf den Beinen halten. Benebelt folgte ich der Frau in ihr Zimmer. Die Bilder des *Sextapes*, die jetzt auf meinem Bildschirm zu sehen waren, bestürzten mich. Das passte so gar nicht zu mir: der Rausch, der Kontrollverlust. Das war nicht mehr ich. Ich war ein manipulierter Hampelmann, der nicht mehr seinem freien Willen folgte.

Als ich am nächsten Tag aufwachte, war es nach 8 Uhr. Das Schlafzimmer war sonnendurchflutet. Ich hatte nicht die geringste Erinnerung an die letzte Nacht.

Totaler Blackout. Ich war allein mit meiner Scham, stahl mich aus dem Hotel und beschloss, unverzüglich nach Paris zurückzukehren.

Auf dem Weg zum Flughafen hielt ich an, um mich zu übergeben. Ich zitterte am ganzen Körper. Man hatte mir nicht mal mein Geld geklaut. Ich war nicht verletzt, nicht überfallen oder geschlagen worden. Aber ich ertrug es nicht, mich an nichts mehr erinnern zu können. Um mir Gewissheit zu verschaffen, fuhr ich in die Notaufnahme des Krankenhauses Fontonne, erzählte meine Geschichte in groben Zügen und bat darum, untersucht zu werden. Ich wartete bis zum frühen Nachmittag auf die Ergebnisse.

»Sie haben ein sogenanntes ›G-hole‹ durchgemacht«, erklärte mir eine Assistenzärztin.

»Eine Art *Blackout*?«

»Ja, ein Koma nach der Einnahme von GBL oder GHB.«

»Ich habe keine Drogen oder Medikamente genommen.«

Sie zuckte mit den Schultern.

»Die hat man Ihnen in Ihr Getränk gemischt. Und in Kombination mit Alkohol verwandelt sich die Substanz in ein Beruhigungsmittel und kann zur Bewusstlosigkeit führen. Das ist leider inzwischen ganz alltäglich.«

Auf dem Parkplatz des Krankenhauses hatte ich Mühe, das Gleichgewicht zu halten, doch wie so oft in meinem Leben fing ich mich gerade noch rechtzeitig. Ich vergrub diese Episode tief in meinem Gedächtnis und beschloss, dass es sie nie gegeben hatte. Aber heute kam diese schwer erträgliche Vergangenheit wieder hoch und schlug mir mit voller Wucht entgegen.

Zurück zum Film. Der Zeitstempel der Bilder zeigt 7 Uhr morgens. Eine Gestalt zieht die Vorhänge des Hotelzimmers zu, während ich im Bett liegen bleibe. Dann geht sie zu einem Schminktisch mit ovalem Spiegel hinüber. Das Ganze wird von ihrem Handy gefilmt, das am kleinen Waschtisch lehnt. Die Frau nimmt ihre Perücke ab, entfernt ihr Make-up, ihre falschen Wimpern, ihre Kontaktlinsen. Feuchte Reinigungstücher, mit Mizellenwasser getränkte Wattepads, sanftes Klopfen: Durch kleine Berührungen setzt sich das ungeschminkte Gesicht von Garance de Karadec neu zusammen, um als Spiegelbild zu erscheinen, das mir zuzwinkert und einen Kuss zuwirft.

Und in dem Moment wird mir klar, dass das Kind, das Garance unter ihrem Herzen trägt, vielleicht meines sein könnte.

Freitag, 25. Dezember

16 Die ganze Welt ist eine Bühne

*Man spielt Theater, weil man das
Gefühl hat, nie man selbst gewesen zu sein
und es nun endlich sein zu können.*

Louis Jouvet, *Le comédien désincarné*

ROXANE

1.

Polizeirevier Nizza

Das einzige Fenster des Verhörraums erbebte unter der Wucht eines heftigen Donnerschlags. Es hatte die ganze Nacht über geregnet. Ein Weltuntergangssturm, der die Stadt unter Wasser gesetzt, Straßen überflutet, Palmen entwurzelt, Dachziegel heruntergerissen hatte. Es war 7 Uhr morgens, aber immer noch stockfinster. Um Mitternacht hatte Roxane noch geglaubt, sie könne Amyas Langford verhören, doch plötzlich hatte der Schauspieler über Bauchschmerzen geklagt. Seine

Untersuchungshaft wurde ausgesetzt. Er wurde erneut ins Krankenhaus L'Archet überstellt und blieb dort einen Großteil der Nacht, ehe man ihn ins Polizeirevier zurückbrachte.

Die Anspannung unter den Polizisten stieg. Trotz verstärkter Nachforschungen auf den Autobahnen und an den Tankstellen hatten sie keine Hinweise auf das Verschwinden von Garance de Karadec bekommen.

Roxane, die buchstäblich am Koffein-Tropf hing, hatte in den letzten Stunden ihre Bücher über Mythologie durchgearbeitet. Während der Tag einfach nicht anbrechen wollte und die Müdigkeit sie zu überwältigen drohte, öffnete sich schließlich die Tür. In Handschellen betrat der Engländer, bewacht von Serge Cabrera, den Raum. Der Pariser Flic – stiernackig, von gedrungener Statur und mit langem, schwarz gekräuseltem Haar – war einer der besten Polizisten der Dritten Kriminaldirektion und benahm sich hier ganz wie zu Hause.

»Passt du mal zehn Minuten auf ihn auf, Mäuschen? Danach überlässt du uns wieder das Kommando«, meinte er mit algerisch-französischem Akzent.

Roxane betrachtete ihn schweigend. Cabrera stellte stolz seine polierten Cowboystiefel und sein blassrosafarbenes Hemd zur Schau, das er über der behaarten Brust aufgeknöpft trug. Er drückte Langford auf die Schulter und nötigte den Mann dadurch, sich hinzusetzen, ehe er gereizt auf Roxanes Blicke reagierte.

»Was ist los, Schätzchen? Willst du etwa ein Foto von mir?«, fragte er, bevor er den Raum mitsamt seinem dämlichen Gehabe und seinem dicken Panzerarmband wieder verließ.

Allein mit Amyas, blieb Roxane eine Weile vor ihm stehen und tippte auf den Bildschirm des Laptops, das auf dem langen Metalltisch lag. Die Beamten von der Such- und Eingreifbrigade hatten ihn auf dem Beifahrersitz des Audis sichergestellt. Anstatt das Gerät den Technikern zu schicken, die ohnehin mehrere Tage brauchen würden, um den Computer zu durchsuchen, hatte sich das Ermittlerteam dafür entschieden, ihn hierzubehalten, weil sie hofften, dem Engländer während des Polizeigewahrsams das Passwort entlocken zu können.

»Denken Sie auch, dass ich Ihnen das Passwort gebe? Glauben Sie wirklich, das Mädchen so zu finden?«

Mit seinen gefesselten Händen zog sich der Schauspieler die umgehängte Cordjacke fester um die Schultern. An seinem obersten Knopfloch war eine grässliche Brosche angenäht, die Roxane wegen des verkümmerten Körpers und den monströsen, senkrecht stehenden Beinen an Louise Bourgeois' Spinnenskulptur erinnerte.

»Nein, dein Passwort ist mir scheißegal«, erwiderte Roxane. »Ich versuche nur, es zu verstehen, das ist alles.«

»Was verstehen?«

Amyas Langford hatte eine seltsame Stimme. Sie war sanft, aber sein englischer Akzent ließ einen starken deutschen Einschlag erkennen. Irgendwo zwischen Jane Birkin und Christoph Waltz.

»Ich verstehe nicht so ganz, auf welchem Trip du bist«, meinte sie schließlich. Sie legte ihr Buch auf den Tisch und nahm ihm gegenüber Platz.

Verstohlen schaute er auf den Titel: *Die großen Dionysien. Die Geburt des klassischen Theaters in Griechenland.*

»Ich kann dich beruhigen, Amyas. Ich weiß, dass du in die Morde von Avignon und Stratford verwickelt bist. Ich habe genügend Beweise, um dich anzuklagen, und auch in Frankreich wird dich die Justiz zu zwanzig Jahren Gefängnis verurteilen. Das Spiel ist aus.«

»*Yes, you're right. Game is almost over*«, antwortete er fatalistisch, ehe er fortfuhr, »aber das Beste habe ich mir für den Schluss aufgehoben.«

»Diese Sache mit dem Dionysos-Kult geilt dich also auf?«

Langford streckte seine Arme weit von sich und ließ seine Fingerknöchel knacken. Auf der Innenseite seines linken Unterarms war eine Tätowierung in gotischen Buchstaben zu sehen: *Totus mundus agit histrionem.* »Alle Welt spielt damit, Schauspieler zu sein.« Anders gesagt: *Die ganze Welt ist eine Bühne.* Das Motto des Globe Theatre, dem Theater von Shakespeare.

Nachdem er Roxanes Blick gefolgt war, fragte er sie:

»Mögen Sie Theater?«

»Nicht wirklich, klassische Stücke machen mich schläfrig, und die modernen machen mich betroffen. Mal sind sie zu lang, mal zu blöd.«

Amyas stimmte ihr lächelnd zu.

»Und das Schlimmste ist, dass Sie mit Ihrer Meinung nicht weit von der Wahrheit entfernt sind.«

»Und was gefällt dir am Theater?«

Seiner Gewohnheit treu, antwortete er ihr mit einer Gegenfrage.

»Sind Sie zufrieden mit Ihrem Leben, mit Ihren Beziehungen, mit Ihrem Job?«

Roxane schüttelte den Kopf.

»Ganz und gar nicht. Es läuft auf ganzer Linie beschissen.«

»Und was machen Sie, um Ihr Unbehagen loszuwerden?«

»Hmm ... ein paar Tranquilizer hier, ab und an ein Tütchen rauchen, ein bisschen Caipirinha, ein Glas Chardonnay ...«

»Ah! Sieh mal einer an! Und, funktioniert's?«

»Sie tun ihren Dienst. Zumindest für ein paar Stunden ... Und wie ist es bei dir?«

Langfords Augen leuchteten auf, als hätte er sich gerade einen Schuss gesetzt.

»Mich machen das SPIEL und die INSZENIERUNG glücklich, denn sie ermöglichen es, eine alternative Realität zu erschaffen. Und das ist die wahre Stärke des

Dionysos: Er weist den Weg zur Aufhebung, zur Befreiung von der Realität.«

Müde ließ sie sich an die Rückenlehne ihres Stuhls zurücksinken.

»Aber von was genau willst du dich eigentlich befreien?«

»Vom Staat, von der Obrigkeit, vom Hyperkapitalismus, von dieser Welt, die uns einander entfremdet.«

»Nicht sehr originell, dein kleiner marxistischer Katechismus.«

Sie äffte seinen deutsch klingenden Akzent nach.

»Um dich also vom Staat und vom Hyperkapitalismus zu befreien, tötest du mal einfach so ein paar Leute? Das leuchtet echt ein!«

Diesmal tat Langford so, als würde er netterweise mit ihr lachen.

»Kennen Sie die Etymologie des Wortes ›Tragödie‹?«

»Ja, ich habe sie in diesem Buch gelesen, als ich auf dich wartete. Siehst du, ich habe meine Hausaufgaben gemacht. Tragödie bedeutet wörtlich ›Bocksgesang‹.«

Er nickte zustimmend, gab vor, beeindruckt zu sein.

»Das ist richtig. Der Begriff geht auf das Tier zurück, das in der Antike bei den Zeremonien zu Ehren des Dionysos geopfert wurde.«

»Entschuldige bitte, aber mir fällt es schwer, den Sinn, einer Ziege die Kehle durchzuschneiden, zu verstehen. Es sei denn, man will sie essen.«

»Es ist ein symbolisches Opfer. Den Bock am Ende

einer Aufführung zu töten, das bedeutet, das Theater zu erneuern. Den Rausch des Spiels neu zu beleben, der einzig wirksame Exorzismus gegen den Schmerz unserer Existenz.«

Roxane seufzte.

»Das ist also dein Trip: Jedes Jahr bringst du dir selbst ein kleines Opfer. Ein kleiner Mord, um Dionysos zu ehren, um das Theater neu zu beleben ...?«

Davon überzeugt, Herr des Spiels zu sein, lächelte Aymas weiter. Er hatte offensichtlich sein Ziel erreicht – rechtzeitig zu seiner Verabredung mit dem Schicksal. Und dieser Eindruck ärgerte Roxane.

»Haben Sie schon einmal einen Menschen getötet?«, wollte er plötzlich wissen.

»Nein«, log die Polizistin.

»Sie sollten es mal versuchen.«

»Ich werde bei Gelegenheit darüber nachdenken.«

»Jemandem das Leben zu nehmen, um es als Opfergabe darzubringen, *there is nothing more exciting and regarding at the same time.*«

Roxane zog den Reißverschluss ihrer Jacke hoch. Die Kälte drang ihr bis in die Knochen. Um die fehlende Heizung zu ersetzen, hatte man einen tragbaren Heizlüfter aus Methusalems Zeiten aufgestellt, der nur lauwarme Luft ausspuckte. Im nachtblauen Licht des beginnenden Tages starrte sie auf Amyas Langfords wölfisches Lächeln. Seit sie ihn verhörte, hatte sie nichts Neues erfahren. Ihre vermeintlichen »Kollegen« hinter dem Einwegspiegel machten sich bestimmt schon über sie lustig. Und sie hatten damit nicht ganz unrecht. Der Typ führte sie an der Nase herum. Er war mitten in einer Vorstellung und zog seelenruhig seine Show ab.

Aber für welches Publikum?

Sie beschloss, im Theatermilieu zu bleiben. Um seine Rolle zu spielen, brauchte Amyas sowohl ein Publikum als auch einen Mitspieler beziehungsweise eine Mitspielerin. Und in diesem Moment des Stücks war sie, Roxane Montchrestien, diejenige, die den Gegenpart übernommen hatte. Der Engländer ließ, trotz der Handschellen, erneut seine Finger knacken, dehnte seine Gelenke, als wolle er sie brechen, und wieder bemerkte Roxane die Tätowierung. Sie wusste genau, dass diese Choreografie nicht zufällig, sondern Teil der Vorstellung war, und dass Langford versuchte, ihre Aufmerksamkeit auf die Tätowierung zu lenken. Damit sie sich fragte: Und was, wenn das das Computerpasswort wäre?

Sie wusste genau, dass sie sich durch dieses Verhalten manipulieren ließ. Sie war bereit, auf die Bühne zu treten, um eine Rolle zu spielen, die jemand anderer für sie geschrieben hatte. Sie wusste genau, dass Langford nur darauf wartete. Sie wusste es nur zu gut, aber sie tat es trotzdem.

Roxane griff nach dem silbernen MacBook, das am Ende des Tisches lag. Unter dem belustigten Blick des Verdächtigen gab sie das ein, was sie für die Zauberformel hielt: *Totus Mundus Agit Histrionem.*

Fehler.

TotusMundusAgitHistrionem.

Fehler.

Sie versuchte es erneut ohne die Großbuchstaben, und nun entsperrte sich der Computer und verband sich über den integrierten Wi-Fi-Schlüssel sofort mit dem Internet. Eine ganze Armada von Polizisten stürmte wie ein Mann in den Raum und an den Computer. Das Erste, was auf dem Bildschirm erschien, war das Fenster einer Software für Videokonferenzen. Die Plattform war so eingestellt, dass alle Teilnehmer zu sehen waren. Zu diesem Zeitpunkt nahmen zehn Gäste an der Onlinebesprechung teil. Fünf Männer und fünf Frauen. In Anzug und Krawatte beziehungsweise im kleinen Schwarzen. Ihre Körper waren menschlich, doch die Oberkörper wurden jeweils von einem Pferdekopf mit aufgestellten Ohren überragt. Eine Art umgekehrte Zentauren. Die Verschmelzung von menschlichem Denken und animalischem Trieb.

Der schaurige Anblick ließ alle erstarren. Es herrschte große Stille im Raum, bis einer der Polizisten das kleine grüne Licht bemerkte, das gerade aufleuchtete.

»Verdammt, wir werden gefilmt! Die Schweine sehen uns!«, rief er, kurz bevor Roxane den Bildschirm herunterklappen konnte.

2.

Paris. Erster Weihnachtstag. 0:12 Uhr.

Ein Hupton durchbrach die nächtliche Stille. Ein lautes und durchdringendes Geräusch, das die halbe Nachbarschaft weckte. Das perfekte Nebelhorn für den gut ausgestatteten Fußballfan. Ich warf einen Blick nach draußen, weil ich befürchtete, der »Weihnachtsmann« oder einer seiner Kumpanen wäre zurückgekehrt. Keine Menschenseele war zu sehen. Vielleicht ein paar angetrunkene und ausgelassene Partygänger, die durch die Rue d'Assas zogen. Doch das Hupen ging weiter, und der Ton kam näher. *Scheiße*...

Ich drückte meine Nase an die Scheibe. Es war stockfinster. Das Licht im Haus war auf ein Minimum reduziert, und die Hälfte der Außenstrahler waren kaputt. Ein erneuter Sirenenton ließ mich zusammenzucken. *Verdammt*...

Ich rannte zum Schreibtisch meines Vaters. In einer der Schubladen fand ich seinen Revolver MR73 und legte sechs Patronen .38 Special ein, zog mir meinen Mantel über und trat hinaus in die Nacht.

Am Ende des Rasens, neben der Bambushecke, blinkte etwas. Ich schaltete die Taschenlampe meines iPhones ein und näherte mich vorsichtig. Es war eine Drohne. Ein orange-schwarzer Quadrokopter mit einem

Plastiktrichter, der wahrscheinlich die gellenden Geräusche von sich gab, die mich geweckt hatten. Ich blieb zwei Minuten lang stehen und behielt die Drohne im Auge, aber das Gerät rührte sich nicht. Als ich gerade ins Haus zurückkehren wollte, setzte sie sich in Bewegung, stieg zunächst senkrecht auf und flog dann Richtung Botanischer Garten davon. Zuerst sah ich dem Flugkörper hinterher, beschloss aber nach kurzem Zögern, ihm nachzulaufen, um ihn nicht aus den Augen zu verlieren.

Für einen Moment verschwand die Drohne aus meinem Blickfeld, aber ich entdeckte sie auf der Straße wieder, wo sie vor meinem Auto auf dem Bürgersteig stand. Niemand war in der Nähe, aber solche Geräte konnte man durchaus im Voraus programmieren. Der Renault Alpine war nicht abgeschlossen. Ich setzte mich ans Steuer. Um den Bildschirm des GPS-Geräts hatte jemand eine Efeuranke gewickelt. Ich schaltete das Gerät ein. Man hatte eine Route für mich eingegeben.

Ja, wage dich nur in die Höhle des Löwen ...

Aber hatte ich zu diesem Zeitpunkt überhaupt noch eine Wahl? Gab es etwas Wichtigeres, als zu *verstehen*? Ich vergewisserte mich, dass meine Brieftasche noch in meinem Mantel steckte, schnallte mich an und schlug die Autotür zu. Ich wollte nicht nachdenken, nicht das Für und Wider abwägen, keine Hypothesen oder Überlegungen anstellen. Das Räderwerk in meinem Gehirn hatte sich festgefahren und war aus der Spur geraten. Ich *musste* einfach nur verstehen. Diese Geschichte zu Ende bringen, egal, wie gefährlich sie auch sein mochte.

Ich verließ Paris über die Porte d'Orléans und folgte mechanisch wie ein Zombie der auf meinem Bildschirm angezeigten Strecke: zunächst auf die Autobahn nach Chartres, anschließend durch den Kanton Le Perche. Volltanken in Le Mans, bevor ich nach Laval und dann nach Vitré weiterfuhr.

3:30 Uhr morgens. Kaffeepause in Rennes. Ich nutzte die Gelegenheit, um den diensthabenden Arzt im Hôpital Pompidou anzurufen, der mir seine Nummer hinterlassen hatte. Keine Veränderung des Gesundheitszustands meines Vaters. Eine zweite Operation – wieder an einem Wirbel – war für den nächsten Tag geplant, aber es würde noch mehrere Tage dauern, bis man versuchen würde, ihn aus dem Koma zu holen.

Ich setzte meinen Weg Richtung der bretonischen Landspitze, der Pointe de La Torche, fort: Saint-Brieuc, Guingamp, Morlaix. Diese Weihnachtsnacht zog sich endlos hin. Wie eine Fahrt durch einen Tunnel, der nur eine Richtung und keine Ausfahrt hat. Ich war verloren. In meinen Gedanken. In meiner Vergangenheit. In Überlegungen, wie mein Leben künftig verlaufen könnte. Ich dachte an das Kind, das Garance de Karadec unter ihrem Herzen trug und das mit großer Wahrscheinlichkeit von mir war. An diese monströse Maschinerie, die ich mit zehn Jahren durch meine ständigen

Lügen in Gang gesetzt hatte und die immer weiter alles verwüstete, was ihr in den Weg kam.

Ich erreichte mein Ziel gegen 7 Uhr morgens. Das GPS hatte mich zu einer Anlegestelle geführt, die irgendwo zwischen Roscoff und Saint-Pol-de-Léon im Morgennebel auftauchte. Eine seltsame Endstation. Ich stellte mein Auto auf dem leeren Parkplatz ab und ging auf die Mole hinaus, die unter den geisterhaften Nebelschwaden zu ertrinken drohte. Nach der sechsstündigen Autofahrt kribbelten meine Beine, Rücken und Rippen schmerzten. Ich war trunken vor Müdigkeit. Der Schlafmangel der letzten Tage trübte meine Gedanken und meine Sehfähigkeit. In dieser Szenerie, die an einen Krimi erinnerte, wurde ich das Gefühl nicht los, dass plötzlich ein unheimliches Wesen auftauchen und mich verschlingen könnte.

3.

Drei neue Töne aus dem Nebelhorn kündigten Bewegung an. So wie die drei Schläge mit dem Stock, genannt Brigadier, zu Beginn einer jeden Theatervorstellung.

Unvermittelt tauchte aus dem Nebel die Silhouette eines Mannes auf. Er war Mitte sechzig, klein und muskulös. Den kahlen Kopf bedeckte er mit einer Schirmmütze, die mit dem Abzeichen des französischen Zolls dekoriert war.

»Monsieur Batailley?«

»Ja, der bin ich.«

»Darf ich mich Ihnen vorstellen? Fred Narracott. Zu Ihren Diensten.«

Er trug die für eine Zolluniform typische Hose, die mit einem krapproten Galonstreifen verziert war. Sein Gesicht wirkte maskenhaft erstarrt, abgesehen von einem Auge, das schielte und hektisch zuckte wie ein aufgescheuchtes Insekt.

»Haben Sie mich erwartet?«

Der Zöllner kratzte sich am Kinn, das von einem angegrauten, schlecht geschnittenen Spitzbart überwuchert war.

»Ja, ich bin Ihr Kapitän. Ich soll Sie zur Insel übersetzen.«

»Welche Insel?«

»Auf die Insel der Karadecs natürlich.«

Ich erinnerte mich, dass Garance mir einmal von einer kleinen Privatinsel erzählt hatte, die ihre Familie seit Langem besaß. Das bretonische Anwesen der Karadecs.

»Wollen Sie das Prachtstück sehen?«, fragte er.

Ich folgte ihm zum Ende des Anlegers und entdeckte das Prachtstück: ein sieben oder acht Meter langes Zodiac-Schlauchboot mit Aluminiumrumpf und aufblasbaren Schwimmern.

»Aber wer hat Sie gebeten, mich dorthin zu bringen?«

»Na, Sie!«

»Ich?«

»Vorgestern hat mich ein Mann angerufen. Er sagte, sein Name sei Raphaël Batailley und er wolle mein Boot für den Vormittag des ersten Weihnachtstages buchen, um eine Spritztour zur Insel zu machen. Waren Sie das nicht?«

Ich begriff, dass es sinnlos wäre, zu versuchen, mehr in Erfahrung zu bringen, und beschloss, ihm nicht zu widersprechen.

»Wie weit ist die Insel von der Küste entfernt?«

»Eine Dreiviertelstunde mit dem Boot.«

»Ah, doch so weit? Ist es bei diesem Wetter überhaupt ratsam, überzusetzen?«

»Wie meinen Sie das? Heute ist das Wetter doch nicht schlecht!«

Verkauf mich ruhig für blöd ...

»Die Insel gehört der Familie Karadec, nicht wahr? Wissen Sie, ob sie dort noch wohnen?«

Der Zöllner lachte höhnisch.

»Seit dem Tod der beiden alten Schluckspechte Anfang der 2000er-Jahre hat kein Mensch je wieder einen Fuß auf dieses Eiland gesetzt. Die beiden waren dem Alkohol und den Spritzen sehr zugetan.«

»Was gibt es denn dort Interessantes?«

»Die Einsamkeit, wenn Sie die mögen. Aber ich will Ihnen nicht verheimlichen, dass es kein Vergnügen ist, dort vor Anker zu gehen.«

Er zog eine Süßholzstange aus seiner Tasche und kaute darauf herum wie auf einem Kaugummi.

»Nun gut, entscheiden Sie sich! Ich habe schließlich noch was anderes zu tun.«

Ich nickte und willigte ein, ihm auf das Motorboot zu folgen. Narracott reichte mir eine Schwimmweste, ehe er auf seinem gepolsterten Sitz Platz nahm. Er schaltete den Motor und zwei kleine Kontrollbildschirme ein. Die Steuerkonsole war relativ weit vom Deck entfernt. Ich zog mich in die Nähe des Laderaums zurück und suchte, so gut es ging, Schutz hinter der Windschutzscheibe aus Polycarbonat. Seit Teenagerzeiten litt ich unter Seekrankheit, aber heute hatte ich natürlich kein entsprechendes Medikament dabei.

»Wird es schaukeln?«, wollte ich vom Zöllner wissen.

Narracott rückte seine Zoll-Schirmmütze zurecht und setzte eine Taucherbrille auf.

»Ja, mein Kleiner, das wird ein wilder Tanz!«, sagte er und gab Gas.

4.

Für einen langen Moment wirkten Raum und Zeit wie erstarrt. Das Bild der zehn von Pferdemasken überragten Oberkörper war ebenso vergänglich wie schaurig und sorgte für eine unerträglich angespannte Atmosphäre. Die Polizisten waren äußerst gereizt, wie gelähmt vom Anblick dieser plötzlich aufgetauchten Teufel. Feixend und mit leuchtenden Augen genoss Amyas Langford die Situation.

Das gleißende Licht eines Blitzes zuckte durch den Raum und brachte die Männer wieder in Bewegung.

»Wer sind diese Typen?«, wollte Cabrera wissen.

Seine Frage blieb unbeantwortet und hallte von den Wänden des eiskalten Zimmers wider. In einem Anfall von Wut packte der Frankoalgerier Langford am Kragen.

»Wer sind diese Typen?«, brüllte er noch einmal.

Doch je heftiger der Polizist ihn schüttelte, desto zufriedener wirkte Amyas. Alle hatten inzwischen bemerkt, dass sich das Kräfteverhältnis verändert hatte. Sorbier schritt ein, um den Capitaine der Dritten Kriminaldirektion zu beruhigen.

Die Stirn an die Fensterscheibe des Verhörraums gepresst, über die von außen der Regen rann, starrte Roxane im Hintergrund auf die Abflussrinnen des nagelneuen Gebäudes, die die Wassermengen nicht mehr aufzunehmen vermochten. Eine schöne Metapher für die Situation, in der sie sich gerade befanden!

»Na, du Fettsack, jetzt, da du auf der anderen Seite stehst, ist dir die Angeberei wohl vergangen, was?«, stellte der Engländer fest, nachdem Cabrera seinen Griff gelockert hatte.

Sein deutscher Akzent war völlig verschwunden. Das Chamäleon wechselte für die nächste Runde die Farbe.

»Was meinst du mit Seite, Dreckskerl?«

»Ihr steht vor der JURY.«

»Bald bekommst du es beim Schwurgericht mit einer Jury zu tun, du elender Bastard. Und sie werden dich für den Rest deiner Tage einbuchten, bis du am Hintern Schwielen hast vom vielen Sitzen.«

Bei dem Wort »Jury« machte es in Roxanes Kopf klick. Sie ging zum Tisch hinüber, um das Buch zu holen, und fand die Seite, die sie schon im Hubschrauber über die Inszenierung der antiken Dionysien gelesen und mit Anmerkungen versehen hatte.

> Die Ausrichtung der Feste zu Ehren des Dionysos wurde einem hohen Magistrat von Athenern anvertraut, der den Titel Archon erhielt. Dieser wiederum benannte drei der reichsten Bürger des Stadtstaates, die sogenannten Choregoi oder Chorführer, die damit beauftragt wurden, einen Schauspielwettbewerb auszurichten. Wie heutzutage ein Filmproduzent übernahm jeder Choregos die Finanzierung der Bühnenausstattung, der Kostüme und der Proben des Schauspiels, das von einem von ihm ausgewählten Dramaturgen inszeniert wurde.
>
> Die drei so gebildeten Teams traten in sogenannten tragischen Agonen gegeneinander an: ein künstlerischer Wettstreit um die beste Darbietung. Eine Jury, die aus zehn durch Los bestimmten Richtern bestand (von denen jeder einen der zehn Stämme Attikas repräsentierte), verkündete am Ende des fünften und letzten Tages der Aufführung den Sieger.

[Handschriftliche Randnotiz: aufwendiger Theaterwettstreit]

[Handschriftliche Randnotiz: Dauer = 5 Tage]

Und plötzlich ergab alles in ihrem Kopf einen Sinn. Die Drohnen, die Überwachungskameras, die Gaukler, das von Le Hénaff identifizierte Netzwerk, die Bezugnahme auf Dionysos, die romantische Geschichte von der Unbekannten aus der Seine, die theatralische Dimension, die von Anfang an über diesen Ermittlungen schwebte ... Die Logik des Ganzen, die ihr in den letzten Tagen abhandengekommen war – alles erhellte sich auf einmal. Die zehn Personen mit ihren Pferdemasken bildeten eine Online-Jury, die an die antike Version erinnern sollte.

»Es handelt sich um einen Theaterwettstreit, nicht wahr?«, fragte sie und ging dabei auf Amyas zu. »Die Gaukler des Dionysos sind eines von drei Teams, die, wie bei einem Wettstreit der Großen Dionysien, vor einer Jury gegeneinander antreten.«

375

Amyas Langfords Lächeln wurde noch breiter. Roxane hatte ihm endlich die Antwort gegeben, auf die er gewartet hatte.

Im Abstand von wenigen Sekunden begannen mehrere Handys zu vibrieren, was eine Kettenreaktion nach sich zog. Ein Polizist nach dem anderen zückte sein Smartphone. Angespannt starrte Sorbier lange auf das Display, ehe er sein Handy an Roxane weiterreichte. *Le Parisien* hatte weitere Recherchen angestellt und wurde in einer AFP-Meldung mit folgender Überschrift: »Ist die Unbekannte aus der Seine die Pianistin Milena Bergman?« zitiert. Dieser verlockende Funke hatte – wenn auch mit leichter Verspätung – das Interesse der Presse entfacht. Die ursprüngliche Meldung wurde in der großen Nachrichtentrommel weltweit aufgegriffen und weitergegeben, bis zum Überdruss retweetet, kommentiert, verzerrt und brachte das World Wide Web zum Glühen.

Es war deutlich zu spüren, dass dieses Lauffeuer den hier anwesenden Polizisten Angst machte. Das Medieninteresse würde die Suche nach Sündenböcken zur Folge haben. Falls sich die Ermittlungen als Fiasko erweisen sollten, würden früher oder später Köpfe rollen. Und wenn erst die Guillotine zum Einsatz käme, würde man sich nicht mit der Suche nach der Wahrheit, mit Nachdenken oder Details aufhalten.

Roxane sah, dass die Blicke aller Anwesenden auf sie gerichtet waren. Ihre Kollegen wussten nicht mehr weiter. Überfordert mit Ermittlungen, deren Hintergründe und Ziele sie nie verstanden hatten. So, sie hatte gewonnen. Nun war es so weit, sie hatten keine andere Wahl, als sich auf Roxane zu verlassen. Und wie eine Königin in ihrem Winterpalast betrachtete sie sie mit all ihrer Verachtung. Sorbier, der sie fünf Tage zuvor hinausgeworfen hatte; der dicke Cabrera, der aussah, als würde er gleich einen Herzinfarkt erleiden: die Idioten von der Dritten Kriminalpolizeidirektion und die Hinterwäldler von der Côte d'Azur, die mit ihrem Akzent den starken Mann markierten und deren Atem nach Pastis stank.

Als hätten sie sich abgesprochen, verließen die Ratten nach und nach das sinkende Schiff, und sie blieb allein zurück für ihre allerletzte Begegnung mit Amyas Langford. Der Engländer hatte sich von dem Schauspiel nichts entgehen lassen und freute sich auf die anstehende Unterredung von Angesicht zu Angesicht: Zum ersten Mal duzte er sie.

»Du bist wie eine kleine Chilischote«, sagte er zu ihr, als sie ihm gegenüber Platz genommen hatte. »Du gibst dem Mahl, das ich zubereitet habe, die nötige Würze.«

Sie dachte blitzschnell nach. Offensichtlich brauchte Langford sie und betrachtete sie als nützliches Instrument für den Ausgang seines makabren Schauspiels. Warum? Sie erinnerte sich an ein Detail.

»In der Antike dauerten die Dionysien fünf Tage,

nicht wahr? Heute ist Freitagmorgen. Die Geschichte von der Unbekannten aus der Seine hat erst letzten Montag richtig begonnen, was bedeutet, dass ...«

»... dass das Ende bevorsteht. Alles richtig, meine Große.«

»Es ist also Zeit für das Feuerwerk, ja?«

»Man könnte sagen, der Ausdruck ist gut gewählt.«

»Worauf wartest du dann noch? Lass es knallen.«

»Es hat doch schon angefangen, oder etwa nicht? Wenn ich das richtig verstanden habe, berichten die Medien in der ganzen Welt über uns.«

»Ja, aber das ist doch Schaumschlägerei. Um deinen Wettstreit zu gewinnen, braucht es etwas anderes. Die Opfergabe des Ziegenbocks muss sich wiederholen, nicht wahr?«

»Endlich begreifst du es. Um zu gewinnen, muss das höchste Opfer erneut dargebracht werden.«

»Klär mich auf.«

Er verzog das Gesicht und atmete hörbar durch die Nase ein, als hätte er gerade eine unsichtbare Line Koks geschnupft. Sein Gesicht zuckte unkontrolliert. Man spürte eine innere Gewalttätigkeit, die jeden Augenblick zum Ausbruch kommen konnte.

»Sagt dir die Schlacht von Salamis etwas?«

Plötzlich tauchte – detailliert – die Erinnerung an ihren Vorbereitungskurs wieder auf. 1997. Lycée Louis-le-Grand. Der Kurs »Antike Kultur« am Dienstagnachmittag von 17 bis 18 Uhr bei Mademoiselle Casanova.

Die Antwort kam wie aus der Pistole geschossen, so als würde sie gerade abgefragt.

»Eine der Seeschlachten zwischen den Griechen und den Persern.«

»Die Perserkriege, bravo! Du bist gebildet, das ist selten bei Polizisten. Salamis war eine entscheidende Schlacht. Nicht nur für die Geschichte Griechenlands, sondern für die ganze Menschheit. Weißt du, warum?«

»Ich bin ganz Ohr.«

»Viele Historiker glauben, dass ein Sieg der Perser die Entwicklung des antiken Griechenlands so stark beeinträchtigt hätte, dass die Entstehung der abendländischen Kultur und der Welt, wie wir sie heute kennen, verhindert worden wäre. Das muss man sich mal vorstellen, das Schicksal unserer Zivilisation hing vom Ausgang dieser einen Schlacht ab!«

Innerhalb von Sekunden hatte Langfords Gesichtsausdruck sich verändert: stechender Blick, geweitete Pupillen, angespannte Hals- und Gesichtsmuskulatur wie bei einem angriffsbereiten Raubtier.

»Bei dieser Schlacht hatte die griechische Flotte unter der Führung von Themistokles nur zweihundert Schiffe zur Verfügung, während die Perser über tausend Schiffe besaßen! Die Schlacht schien von vornherein verloren. Um seine Truppen zu motivieren, beschloss der griechische Feldherr, seine wertvollsten Kriegsgefangenen zu opfern, und befahl, drei persische Prinzen zu Ehren des Dionysos zu verbrennen.«

»Das also ist das höchste Opfer? Drei Opfer?«

»Ja, drei Morde.«

»Unterbrich mich, wenn ich falschliege, aber in unserer Geschichte wurde bislang noch niemand getötet.« Langford vermittelte den Eindruck, als würde er nach Luft ringen, er schnaufte und keuchte. Einige Sekunden lang stützte er den gesenkten Kopf in die Hände. Als er wieder aufsah, war seine Miene noch furchterregender als zuvor. Sein Gesicht wirkte ungewöhnlich plastisch wie eine Maske aus Knetmasse. Seine Augenbrauen bildeten Dreiecke und das zerzauste Haar zwei Hörner. Ein irrer Beelzebub. Oder Jack Nicholson in einigen Szenen aus *Shining*.

»Niemand wurde getötet? Dass ich nicht lache! Du vergisst die nette Mutter, die von der Japanerin plattgemacht wurde und ein armes, drei Monate altes Waisenkind hinterlässt. Du wirst sehen, diese Geschichte – und dass die Polizei dieses Fiasko nicht zu verhindern wusste – ist ein gefundenes Fressen für die Medien!«

»Du nimmst Tote für dich in Anspruch, mit denen du nichts zu tun hast! Die arme Frau war ein Kollateralschaden, den du nicht vorhersehen konntest.«

Das Gesicht schweißbedeckt, wandte er ein: »Aber das ist doch gerade der Reiz des totalen Theaters und der Improvisation! Du säst ein Samenkorn und beobachtest, wie die Pflanzen sprießen.«

»Und der zweite Mord?«

Sein höhnisches Lächeln verzerrte sich, zwei wütende

Flammen loderten anstelle seiner Augen auf. Er driftete in den Wahnsinn ab.

»Das zweite Opfer bin ich.«

»Du?«

»Ich muss mich opfern, verstehst du?«

»Alles, was ich im Moment sehe, ist ein Typ in Handschellen, der von etwa einem Dutzend Polizisten bewacht wird.«

»Du kannst mich nicht rund um die Uhr im Blick haben.«

Entrücktes Gesicht, furchterregendes Grinsen und Zähneklappern, so als würde er von Krämpfen geschüttelt, die ihn in einen mystischen Trancezustand versetzten.

In dem Moment bekam es Roxane mit der Angst zu tun. Sie wusste, dass dieser Gesichtsausdruck eines Wahnsinnigen nicht gespielt war. Während sie ihre Glock entsicherte, bemerkte sie im Raum hinter dem Spiegel Unruhe.

»Sieh genau hin«, empfahl Langford ihr in seinem Delirium. Plötzlich schlug er seinen Kopf mit voller Wucht auf die Metallkante des Verhörtisches. Der erste Aufprall ließ den Nasenknochen zerbersten und setzte einen Geysir aus Blut frei. Der zweite schlitzte seine Stirn auf, als hätte man mit einem Messer tief in die Haut geschnitten, um den Schädelknochen freizulegen.

Polizisten stürmte ins Zimmer und auf Langford zu, um ihn ruhigzustellen.

»Einen Krankenwagen, schnell!«, befahl Sorbier.

Mit blutverschmiertem Gesicht hörte Amyas noch immer nicht auf, hektisch mit den Zähnen zu klappern.

»Warum tut dieser Idiot das?«, wollte Cabrera wissen, als sie den Engländer schließlich überwältigt hatten.

Mit einem Mal erinnerte sich Roxane wieder an das, was die Casting-Direktorin gesagt hatte: *Als er vor einigen Jahren in einem Fernsehfilm einen Widerstandskämpfer des Zweiten Weltkriegs spielte, ist er bei der Identifikation mit der Rolle so weit gegangen, sich einen hohlen Zahn implantieren zu lassen, der eine Zyankali-Kapsel enthielt. Sie können sich vorstellen, was das für ein Typ ist ...*

In diesem Moment ahnte sie, dass der falsche Zahn wohl gerade aufgebrochen war. Amyas Gesicht erstarrte in einem irren Grinsen, als sich die giftige Substanz in seinem Körper ausbreitete. Roxane stieß Cabrera zur Seite und packte den Schauspieler an den Haaren.

»Wer ist das dritte Opfer, Aymas?«

Sie beugte sich vor und näherte ihr Ohr Langfords Mund, in der Hoffnung, sein letztes Geheimnis zu erfahren. Sie nahm wahr, wie ihr Haar sich mit dem Blut vermischte, das über das Gesicht des Sterbenden rann. Sie spürte seinen warmen eisenhaltigen Atem, als er versuchte, etwas zu artikulieren.

Dann sprang sie auf und blieb einen Moment lang unbeweglich stehen, während ein Schauder sie erfasste. In den letzten beiden Tagen hatte sie sich einzureden versucht, ihr großer Moment sei gekommen und sie stünde vor der Lösung ihres größten Falls. Die Ermittlungen, auf die sie nicht mehr gewartet hatte und die ihr Leben wieder in die richtige Bahn bringen würden. Doch sie hatte sich einmal mehr geirrt.

Sie klappte den Laptop auf. Die Menschen mit den Pferdeköpfen waren schon lange verschwunden. Sie klickte, um ein verkleinertes Fenster in einer Ecke des Bildschirms zu öffnen. Von mehreren Drohnen aufgenommene Bilder erschienen. Roxane glaubte zunächst, eine griechische Landschaft wiederzuerkennen, bis sie begriff, dass es sich um die bretonische Insel der Familie Karadec handelte, vor deren Küste gerade ein Boot anlegte.

Ein elektrischer Schock durchzuckte ihr Rückenmark. Der dritte und letzte Mord würde dort stattfinden. Und sie war mehr als tausend Kilometer vom Schauplatz des Geschehens entfernt.

17 Die Unbekannte auf der Bühne

Man befreit sich nicht von einer Sache,
indem man sie umgeht, sondern nur,
indem man durch sie hindurchgeht.

Cesare Pavese, *Das Handwerk des Lebens*

1.

Das Zodiac-Schlauchboot stampfte und schaukelte im Kampf gegen die gewaltigen Wogen. Narrcott, der am Ruder stand und auf seiner Süßholzstange kaute, war ganz in seinem Element, während ich mich total unwohl fühlte. Die Fahrt bis zur Insel der Karadecs kam mir endlos vor. In diesem stürmischen Meer war mir alles zuwider und machte mir Angst. Der bedrückende, perlmuttfarbene Nebel, die nach faulen Algen stinkende Gischt, die eisigen Wellen, die unablässig an die Bootswand schlugen.

Zu allem Überfluss hatte es auch noch zu regnen begonnen. Bei dem Gestampfe drehte sich mir der Magen um. Überall lauerten Gefahren. Bei jeder neuen Brandungswelle hatte ich das Gefühl, eine aus den Tiefen auftauchende, schwarze Hand würde uns in den Abgrund reißen. Zusammengekauert auf der Rückbank, die Finger um das Eisengeländer geklammert, schloss ich die Augen und versuchte, mich von diesem Albtraum abzulenken. Mir blieb nichts, als die Zähne zusammenzubeißen, in der Hoffnung, das Gewitter möge vorüberziehen. Mein Geist trieb in dem milchigen Nebel, und ich war außerstande, mich auf irgendetwas zu konzentrieren.

Ich könnte nicht sagen, wie lange diese Überfahrt dauerte, aber als ich mich entschloss, die Augen wieder zu öffnen, bot sich mir ein völlig anderes Bild.

Die Nebelschleier begannen sich zu lichten und gaben den Blick frei auf die Insel der Karadecs. Ich beschattete die Augen mit der Hand und ließ den Anblick auf mich wirken. Unwillkürlich fühlte ich mich an das Cover des Comics von *L'Île noire, Die schwarze Insel*, von Hergé erinnert. Es gab nicht den geringsten Streifen Strand, nur Felsen und eine große kreisförmige Heidelandschaft um einen Hügel, auf dessen Spitze sich ein kleiner befestigter, mittelalterlich anmutender Turm befand.

»Also, das hat doch was, oder?«, rief Narracott.

Das Zodiac-Schlauchboot war langsamer geworden. Der Wind hatte aufgefrischt, und das Wetter war jetzt fast schön.

»Gehen wir am anderen Ufer an Land?«

Der Zöllner schüttelte den Kopf.

»*Njet*. Der einzige Zugang zur Insel ist hier am Südufer«, erklärte er mir. »Der andere Hang ist noch viel schroffer.«

Je mehr wir uns der Küste näherten, desto klarer wurde mir, dass das Landungsmanöver gefährlich sein würde. Es gab keinen Anleger, nur eine recht kurze, halb verfallene Mole.

Narracott war nicht zu beneiden. Der Wind war stark und wechselhaft, weshalb er immer wieder den Motor drosseln musste, ohne dass es ihm richtig gelungen wäre, das Boot stabil zu halten.

»Können Sie springen?«, fragte er, als ihm klar wurde, dass er nicht näher an die Rampe herankäme.

Ich nahm allen Mut zusammen und landete auf den Knien auf dem Zementboden. Ich rappelte mich auf und humpelte zu dem mit Kieselsteinen bedeckten Ufer.

»*Well done*, Junge!«, rief der Zöllner. »*And now it's up to you!*«

Er machte mir ein Zeichen mit der Hand, dann gab er wieder Gas und verschwand aus meinem Blickfeld.

2.

Nach einer ausgedehnten Fläche mit Farn und Stech-
ginster nahm die Landschaft fast irländische Züge an:
sumpfiger Torf, der sich in felsiges Gestein hineinfraß
und dabei eine Art riesige Straße bildete, die sich bis
zur Burg hinaufwand.

Der höchste Punkt der Insel musste so bei vierzig
Metern liegen. Ich erklomm die »Treppe« und befand
mich vor einem viereckigen Turm, der von zwei Wach-
türmen flankiert wurde. Ein Wohn- und Verteidigungs-
bau, der den *tower houses* glich, die ich in Schottland
gesehen hatte. Aber der alte Landsitz der Karadecs war
schon seit Langem eine Ruine. Einen Teil des Daches
hatte der Wind weggeweht, die Fenster hatten keine
Scheiben mehr, und das südliche Wachhäuschen drohte
einzustürzen.

Beim Umrunden des Bauwerks entdeckte ich in der
Ferne einen Pfad, der auf der anderen Seite zwischen
Felsen und Vegetation hindurch wieder nach unten
führte. Ich folgte dem Weg bis zu einem steinigen Plateau, das einen Panoramablick auf die verborgene Seite
der Insel bot. Narracott hatte mir die Wahrheit gesagt.
Bedeckt mit Ginster war dieser Teil der Insel noch
schroffer, aber dafür ein Paradies für Falken, Sperber
und Papageientaucher.

Ich setzte meinen Weg Richtung Ostspitze fort, wo

ich mich aber bald vor einer rostigen Kette wiederfand, die mich am Weitergehen hinderte. Ein altes Emaille-Schild warnte: ZUGANG SEHR GEFÄHRLICH!

»Hallo, Rapha!«

Ich schnellte herum, als ich die Stimme meiner Schwester hinter mir erkannte.

»Hallo, Vera!«

An diesem Tag war sie sieben oder acht Jahre alt, so wie bei all ihren Erscheinungen der letzten Wochen. Sie trug khakifarbene Shorts, ein knallgelbes T-Shirt und eine kleine Feldflasche, die an einem Wanderrucksack befestigt war.

»Du siehst müde aus«, sagte sie und blieb vor dem Schild stehen.

»Stimmt, ich habe nicht viel geschlafen.«

Sie musterte mich durch ihre herzförmige Sonnenbrille und runzelte die Stirn beim Anblick meiner Blessuren im Gesicht.

»Wer hat dir das angetan?«

»Ich hab mich mit dem Weihnachtsmann geprügelt.«

»Rapha! Ich weiß doch, dass es ihn nicht gibt!«

Inzwischen war die Sonne vollständig aufgegangen, begann am Himmel emporzusteigen und tauchte dabei den Horizont, je nach Stand ihres Kampfes mit den Wolken, in ein wechselndes Licht. Vera setzte sich unter zwei Mimosenbüsche und reichte mir lächelnd ihre Feldflasche.

»Ich habe Früchtetee. Hast du Durst?«

»Ja.«

Ich gesellte mich zu ihr und nahm zwei kräftige Schlucke, die mir das Gefühl vermittelten, mich an der süßen Frische der Kindheit zu laben. Dann setzte ich mich neben sie und sah zu, wie sie lachte, sang und sich über den Wind freute, der ihr Haar durcheinanderwirbelte.

Ich hatte alle möglichen Psychologen konsultiert, alle Medikamente genommen, alle Therapien ausprobiert. Und doch gab es keinen Tag, an dem ich nicht an den Tod meiner Schwester denken musste; an dem ich nicht Veras Bild vor mir sah, die, gefangen im Glutofen, verzweifelt schrie. Ich wusste sehr wohl, dass sie mich zu Hilfe gerufen hatte. Im Notfall oder bei einem Problem hatte sie stets nach mir gerufen. Wenn der Reifen ihres Fahrrads geplatzt war, wenn sie sich beim Klettern über den Gartenzaun den Fuß verstaucht hatte. Sie rief mich, und ich eilte herbei, um sie aus ihrer Notlage zu befreien. Ich war ihr Held. Und diesen Platz nahm ich gern ein.

»Ich habe dir schon gesagt, dass du nichts dafür konntest«, sagte sie, so als hätte sie meine Gedanken gelesen.

Jedes Mal kam es zu dem gleichen Dialog, fast wortwörtlich.

»Ich hätte dich nicht bei Maman lassen dürfen. Ich hätte nicht diesen anonymen Brief schreiben dürfen.«

Sie zuckte mit den Schultern und verzog den Mund zu einer stoischen Grimasse.

»Du warst zehn Jahre alt. Du hattest keine andere Wahl. Es nützt überhaupt nichts, dich damit zu quälen.«

»Aber warum kommst du dann zurück? Warum verschwindest du nicht endgültig?«

Sie wich meiner Frage aus, indem sie eine clowneske Grimasse schnitt. Ich ließ nicht locker.

»Du wirst nie gehen, oder?«

»Nein«, erwiderte Vera.

»Warum?«

»Weil du mich niemals gehen lassen würdest.«

Eine Träne lief mir über die Wange, und eine ganze Weile sprachen wir kein Wort. Wir begnügten uns damit, die Landschaft zu bewundern und die Wolken, die mit ungeheurer Geschwindigkeit über uns hinwegfegten. Wir fühlten uns wohl. Der Wind summte zwischen den Zweigen der Mimosen. Das Licht änderte sich ständig, so als spielte Gott mit dem Dimmer einer riesigen Laterne. Innerhalb von Sekunden konnten die Farben der Felsen von Weiß zu Grau wechseln und die Felsen von Étretat zu denen von Dunnet Head.

Ich hätte mir gewünscht, dieser Moment würde nie aufhören, aber das Zauberintermezzo endete, als Vera aufstand und nach ihrer Feldflasche griff.

»Ich muss gehen.«

»Wohin?«

»Papa besuchen«, sagte sie und schnallte ihren Rucksack um. »Wir haben uns an einem Strand nicht weit von hier entfernt verabredet.«

»Es gibt keinen Strand in der Nähe, Vera, und Papa ist nicht da. Er ist in Paris im Krankenhaus.«

»Nicht mehr lange.«

Sie band einen Schnürsenkel zu, der sich geöffnet hatte, und stieg über die Kette, die den Weg versperrte.

»Warte auf mich!«

Ich wollte ihr folgen, spürte aber, dass ich sie nicht würde einholen können, und im nächsten Augenblick war sie auch schon verschwunden.

3.

Paris. Hôpital Pompidou
Erster Weihnachtstag, 8:28 Uhr.

»Herr Doktor, es gibt ein Problem mit dem Patienten von Zimmer achtzehn.«

»Marc Batailley? Was ist denn los?«

»Ich glaube, er stirbt.«

»Das kann nicht sein. Bei der letzten Visite war er vollkommen stabil.«

»Aber jetzt nicht mehr.«

»Okay, ich komme.«

Ich liege noch immer im Koma, und doch kann ich sie hören. Ich spüre, wie sie sich um mich herum zu schaffen machen. Ich sehe ihnen dabei zu, wie sie versuchen, meinen alten Körper zu reanimieren. Herzmassage. Piepender Überwachungsmonitor. Defibrillation.

Paddles. Zweihundert Joule ins Fleisch, in der Hoffnung, meine alte Maschine wieder anwerfen zu können! Aber es hilft nichts. Ich hebe ab. Ich verziehe mich. Ich verschwinde aus diesem finsteren Spital. Aus dieser devitalisierten Existenz. Wie die Wildlachse, so strebe ich flussaufwärts dem Licht entgegen, um dort zu sterben. Adrenalin. Cordarone-Ampullen. Es ist sinnlos, aufzutanken oder die Akkus aufzuladen. Die Batterie will nicht mehr. Die Karre hat keine Lust mehr, irgendwohin zu fahren. Ich trete ab. Erleichtert. Versucht nicht, mich zurückzuhalten. Ich habe nichts mehr zu nehmen oder zu geben. Lasst mich! Lasst mich!

»Papa?«

Ich drehe mich um, bin nicht mehr im Krankenhaus. Die Sonne blendet mich. Der salzige Wind peitscht mir ins Gesicht, der Sand hat die Farbe von Gold.

»Papa!«

»Vera ...?«

Ich habe nie von ihr geträumt. Seit ich sie verloren habe, schlafe ich nur noch mit einer Dosis Tabletten, um sicherzugehen, dass ich ihr nicht in einem Albtraum begegne. Betäubung statt Schmerz.

»Komm schwimmen. Das Wasser ist herrlich!«

Als ich mich auf sie zubewege, fällt sie mir um den Hals, und ich sehe sie durch die lichterfüllten Tropfen. Ich weine, ich lache. Ich klammere mich mit aller Kraft an ihren Geruch, ihre strahlenden Augen, ihr fröhliches Lachen.

Ich weiß, dass ich es dieses Mal nicht zulassen werde, dass jemand sie mir noch einmal wegnimmt.

4.

Île des Karadec

Nachdem ich Vera verlassen hatte, lief ich über einen schmalen, von der Meereserosion ausgehöhlten Pfad an den Klippen entlang. Der Ausblick war schwindelerregend. Das Meer glitzerte, doch das Toben der Brandung, die an den Steilhängen hochpeitschte, erinnerte mich daran, dass hinter jedem falschen Schritt eine tödliche Gefahr lauern konnte. Nach einer Wegbiegung blendete mich die reflektierende Sonne so stark, als hätte mir jemand eine Ladung Quecksilber ins Gesicht geschleudert. Zum Schutz hob ich die Unterarme vors Gesicht. Die schwarzen Flecken, die vor meinen Augen tanzten, verblassten, und vor mir tat sich ein unbeschreibliches Bild auf. Nur einen Steinwurf vom Wasser entfernt hatte man ein kleines antikes Theater nachgebaut, eine riesige Muschelschale, die aus dem Felsen geschlüpft zu sein schien.

Wie alt mochte diese Anlage sein? Die Freiluftarena war auf dem Hügel erbaut worden, dessen Hänge zum Meer hin abfielen. Im Halbkreis angeordnete Steintribünen umgaben eine kleine Orchestra, in deren Mitte eine Dionysos-Statue thronte. Etwas weiter, um einige

Meter erhöht, befand sich die ganz aus Holzlatten gefertigte Bühne. Und in der Mitte dieser Bühne, an einen behelfsmäßigen, aus Ästen gebauten Stuhl gefesselt, erkannte ich die nur mit einem Tierfell bekleidete Garance de Karadec. Allen Winden ausgeliefert wie ein Opferlamm.

Ich schaute mich um, konnte aber niemanden entdecken. Ich zog meinen MR73-Revolver aus der Tasche, lud die Waffe und ging zwischen zwei Tribünenreihen hindurch, um zu ihr zu gelangen.

»Garance!«

In dem Moment, als ich über eine seitliche Treppe auf die Bühne stieg, tauchte über mir eine Wolke von Drohnen auf. Vier, fünf, dann sechs dieser Apparate, ausgestattet mit Kameras, patrouillierten am Himmel.

»Raphaël!«, schrie Garance panisch.

Ich befreite sie von ihrem Knebel und den Hand- und Fußfesseln. Das Tierfell, das sie wie einen Umhang trug, war abscheulich und stank: eine echte Tierhaut mit Ziegenkopf.

»Wer hat dich hier festgebunden?«

»Das erklär ich dir später. Wir müssen fort von hier. Schnell!«

»Aber wie?«

»Gleich hinter dem Weg liegt ein Boot an einem Steg.«

»Vorsicht!«

Die Drohnen, die um uns herumflogen, kamen gefährlich näher, beschrieben konzentrische Kreise, als wären sie programmiert, uns anzugreifen. In der Hoffnung, sie damit zu verscheuchen, richtete ich meine Waffe auf sie. Mit schweißnassen Händen, den Zeigefinger am Abzug, versuchte ich, eine von ihnen zu treffen. Natürlich verfehlte ich mein Ziel, da ich noch nie in meinem ganzen Leben eine Waffe benutzt hatte. Garance nahm mir den Revolver aus der Hand.

»Lass mich's versuchen.«

So als hätte sie in ihrem Leben nie etwas anderes getan, legte sie die Hände um den Kolben, suchte den Himmel mit dem MR73 ab, schoss zweimal und traf zwei Drohnen. Die anderen vier entfernten sich augenblicklich.

Zufrieden mit ihrer Leistung, verharrte sie einen Moment lang reglos und lächelte verzückt in die Sonne. Das Licht verlieh ihren blaugrünen Augen eine ungeheure Intensität.

Ich hatte es eilig, wegzukommen, und streckte ihr die Hand entgegen, die sie allerdings verweigerte.

»Du musst dich in Acht nehmen, Raphaël.«

»In Acht nehmen vor wem?«

»Vor mir.«

Während ich sie noch verständnislos anstarrte, richtete sie den Revolver auf mich und feuerte ohne Vorwarnung eine Kugel ab, die mich oberhalb des Knies traf.

5.

Mein Schrei verschmolz mit dem Echo der Detonation. Ich wurde nach hinten geschleudert und landete auf dem Stuhl aus Zweigen. Reflexartig legte ich die Hand auf meine Wunde, um zu prüfen, ob meine Kniescheibe noch da war. Der Schock war so heftig gewesen, dass ich den Eindruck hatte, die Kugel hätte einen Teil meines Beins weggerissen.

»Warum ...?«

In den ersten Sekunden hatte ich das Gefühl, mein ganzer Körper sei empfindungslos geworden, aber dann öffnete er nach und nach dem Schmerz alle Schleusen.

»Warum? Warum tust du das?«

»Weil du das dritte Opfer bist. Das dritte dem Gott Dionysos dargebrachte Opfer.«

Ich versuchte, zu verstehen und wieder zu Atem zu kommen. Ein Teil von mir glaubte, sie zur Vernunft bringen zu können. Ein anderer Teil sagte mir, dass ich nun sehr schnell umgebracht werden würde.

»Garance, komm wieder zu dir. Aymas hat dich in diese Geschichte reingezogen. Er hat dir all diesen Blödsinn eingeredet.«

»Natürlich, es ist immer nur die Schuld der Männer. Und wir, wir sind lediglich die armen kleinen Opfer des unterdrückerischen Patriachats. Ha! Ha! Ha! Aber Amyas ist hier nur ein jämmerlicher Anarchist!«, schimpfte sie. »Ein Kleingeist, der das tat, was ICH ihm befahl.«

Das Lächeln war dem Zorn gewichen. Sie hatte sich von ihrem Tierfell befreit, unter dem sie ein erstaunliches Kleid trug, das aus Hunderten kleiner Glaspailletten bestand, die den Himmel und das Meer reflektierten.

»Das alles ergibt keinen Sinn, Garance.«

»Freiheit macht keinen Sinn?«

»Was hat Freiheit damit zu tun?«

»Freiheit kann nur im Rausch erreicht werden, durch Drogen, Fantasie, Träume, Theater, Verkleidung – kurz, durch alles, was uns von dem uns zugewiesenen Platz entfernt ... Weißt du, dass im Elisabethanischen Zeitalter die Puritaner das Theater als ›Haus des Teufels‹ bezeichneten? In ihren Augen begünstigte es Laster und Ausschweifung, weil es von der Norm abwich und regelwidrig war.«

Hoch am Himmel strahlte die Sonne wie mit tausend Feuern. Garance stand allein auf der Bühne und deklamierte ihren Text wie eine Königin in ihrem Sommerpalast.

Atemlos bedrängte ich sie. »Tut mir leid, aber ich sehe da keinen Zusammenhang.«

»Doch, du siehst ihn sehr gut«, erwiderte sie fast mütterlich. »Weil wir, du und ich, ganz ähnlich sind. Das wusste ich schon bei unserer ersten Begegnung. Das Leben ist für uns unerträglich. Wir suchen überall nach

Ausflüchten, um nicht an der Wahrheit zu sterben. Wir können unsere Existenz nur mithilfe von Mitteln, die dem allem die Spitze nehmen, ertragen. Für dich ist es das Schreiben und all die Lügen, die du seit jeher deinem Vater erzählst. Für mich ist es das Spiel, die multiplen Identitäten, die schwindelerregende Manipulation. Wir leben nicht im wahren Leben, Raphaël. Wir bewegen uns in einer ›scheinbaren Realität‹, die wir geschaffen haben und die mit ihr konkurriert. Wusstest du, dass dieser Begriff zum ersten Mal in Zusammenhang mit dem Theater verwendet wurde?«

Heiter und strahlend, ohne Mitleid oder Schuldgefühle, sah sie mir beim Sterben zu.

Ich biss die Zähne zusammen. Die Schmerzen waren grauenhaft. Schlimmer als alles, was ich bislang gekannt hatte. Ich hatte das Gefühl, mein Oberschenkelknochen würde langsam in meinem Bein zerfallen.

»Wenn ... wenn ich so bin wie du, warum ... warum willst du mich dann töten?«

»Weil das die Essenz der Tragödie ist, mein Lieber. Du bist der Held, der vergebens darum kämpft, seinem Schicksal zu entkommen.«

»Und du, wer bist du?«

»Ich, ich bin die Wohltäterin, die kommt, um deinen komprimierten Geist zu befreien. Und ich bin der bewaffnete Arm des Schicksals. Diejenige, die dich tötet, damit du wiedergeboren werden kannst.«

»Wiedergeboren ...?«

Ich raffte all meine verbliebenen Energien zu einem letzten Kraftakt zusammen, versuchte, aufzustehen und ihr die Waffe zu entreißen. Doch sie wich geschickt zurück und gab einen weiteren Schuss ab, der mich im Brustkorb traf.

Ich brach mit ausgebreiteten Armen mitten auf der Bühne zusammen, während die vier noch intakten Drohnen, bewaffnet mit ihren Kameras, erneut über unseren Köpfen kreisten, um meine letzten Momente festzuhalten.

6.

Lauwarme, salzige Tränen rinnen mir aus den halb geschlossenen Lidern. Hinter diesem lichtdurchlässigen Filter sehe – oder besser, erahne ich –, dass Garance de Karadec die Bühne verlässt, wobei sie mir ein letztes Mal zulächelt. Dann verschwimmt alles, und ich schließe die Augen.

Ich höre das Tosen des Meeres, das gedämpft zu mir heraufdringt. Das höhnische Lachen eines rachsüchtigen Gottes. Ich schwitze, mir wird kalt, dann warm. Ich spüre, wie lauwarmes Blut in meinen Halsschlagadern pulsiert. Beruhigende Bilder und Gefühle erfüllen mich. Die Frische des grünen Laubs, der silberfarbenen Wolken, der Triumph einer wohlwollenden Sonne.

Dann beginnt alles zu schwanken, so als hätten sich die Pole verkehrt, und ich finde mich plötzlich barfuß auf einem sonnenbeschienenen Strand wieder.

Mein Körper erscheint mir unheimlich leicht, befreit von all seinen Schmerzen. Ich bin wieder zehn Jahre alt! Ich hüpfe fröhlich über den nassen Sand.

»Rapha!«

Ich erkenne die Stimme meiner Schwester und drehe mich um.

»Ich wusste, du würdest kommen!«

Vera und mein Vater sind da.

Sie haben mich erwartet.

Aber wir werden zusammen in die Sonne fahren.
Eine Zeit wird kommen, in der wir trotz aller
Schmerzen leicht, fröhlich und aufrichtig sind. [...]
Wir werden diese Länder voller Schatten fliehen,
ich werde meine ganze Kraft wiederfinden, und wir
werden schöne, braun gebrannte Kinder des Südens
sein.

Albert Camus an Maria Casarès,
Schreib ohne Furcht und viel

ouest france

Roscoff – Einsatz der See- und Flussbrigade auf der Insel der Karadecs

25. Dezember 2020–8:52 Uhr

Die See- und Flussbrigade von Roscoff (Finistère) startete einen Einsatz auf der Insel der Karadecs, um einem schwer verletzten Mann zu Hilfe zu kommen.

Auf Ersuchen von Capitaine Roxane Montchrestien von der Spezialeinheit zur Fahndung nach flüchtigen Straftätern landeten sechs Militärs der Gendarmerie Maritime am frühen Morgen an der Südküste der Île d'Enez-hunvreadell, besser bekannt als Insel der Karadecs, benannt nach der Familie, der sie gehört. Die Insel, die seit vielen Jahren unbewohnt ist, war – unter noch nicht geklärten Umständen – Schauplatz einer Schießerei. Dabei wurde mindestens eine Person verletzt:
Ein Mann um die vierzig, der von mehreren Kugeln in Brust und Bein getroffen wurde.
Er wurde mit dem Hubschrauber ins Militärkrankenhaus von Brest geflogen. Sein Gesundheitszustand ist besorgniserregend, er schwebt in Lebensgefahr.

Wir berichten weiter über den Fall …

Quellenverzeichnis

Seite 7
Gary, Romain, *Frühes Versprechen*, aus dem Französischen von Giò Waeckerlin Induni, Schirmer Graf Verlag, München 2008, S. 119

Seite 13
Simenon, Georges, *Der verlorene Sohn*, aus dem Französischen von Magda Kurz, Diogenes, Zürich 1993

Seite 35
Supervielle, Jules, *Das Kind vom hohen Meer*, aus dem Französischen von Friedhelm Kemp, Manesse Verlag, Zürich 1996

Seite 55
Aragon, Louis, *Aurelien*, aus dem Französischen von Lydia Babilas, List, Berlin 2007, S. 300

Seite 79

Filippini, Serge, *Der flammende Mensch*, aus dem Französischen von Roland Erb, Rütten & Loening, Berlin 1992, S. 469

Seite 81

Aragon, Louis, *Zu lieben, bis Vernunft verbrennt*, Hrsg. Marianne Dreifuß, Verlag Volk und Welt, Berlin 1968
Aus dem Französischen von Paul Wiens. http://www.planetlyrik.de/aragon-zu-lieben-bis-vernunft-verbrennt/2011/10/

Seite 82

Kafka, Franz, *Briefe an Felice*, Fischer TB, Berlin 1976, S. 66

Seite 95

Malraux, André, *Les Noyers de l'Altenburg*, Gallimard, Paris 1948, aus dem Französischen von Eliane Hagedorn und Bettina Runge

Seite 99

Cézanne, Paul, *Brief an Louis Aurenche*, 25. Januar 1904 in: Rewald John Hrsg., *Paul Cezanne Briefe*, Diogenes Verlag, 1962, S. 279

Seite 114
Mann, Thomas, *Tristan*, Reclam Universalbibliothek, Stuttgart 1973, S. 39

Seite 119
Balzac, Honoré, *Theorie des Gehens*, aus dem Französischen von Ed. Howeg, Zürich 1997, S. 11

Seite 139
Dick, Philip, *How To Build A Universe That Doesn't Fall Apart Two Days Later*, aus dem Englischen von Eliane Hagedorn und Bettina Runge, 1978, zitiert nach: https://urbigenous.net/library/how_to_build.html

Seite 155
Tartt, Donna, *Die geheime Geschichte*, aus dem Amerikanischen von Rainer Schmidt, Goldmann, München 2017, S. 285

Seite 167
Euripides, *Die Bakchen*, in: Griechische Tragiker. Aischylos, Sophokles, Euripides, aus dem Griechischen von J. A. Hartung, Deutscher Bücherbund, Stuttgart 1961

Seite 173
Vian, Boris, *Berceuse pour les ours qui ne sont pas là*, Fayard, Paris, aus dem Französischen von Eliane Hagedorn und Bettina Runge

Seite 185
Louÿs, Pierre, *Bilitis*, aus dem Französischen von Erich Unglaub und Peter Schmidt, Futura Ed., Friedberg 1988, S. 115

Seite 213
Picabia, Francis, *Jésu-Christ Rastaquouère*, Collection Dada, Éditions Au Sans Pareil, Paris 1920, aus dem Französischen von Eliane Hagedorn und Bettina Runge

Seite 238
Desbordes-Valmore, Marceline, *Les Séparés*, in: Les œuvres politiques, Presse Universitaire de Grenoble, Grenoble 1973, aus dem Französischen von Eliane Hagedorn und Bettina Runge, zitiert nach: http://www.poems withoutfrontiers.org/Les_Separes.html

Seite 243
Stanislawski, Konstantin (1863–1938), aus dem Französischen von Eliane Hagedorn und Bettina Runge

Seite 263
Roth, Philip, *Amerikanisches Idyll*, aus dem Amerikanischen von Werner Schmitz, Hanser, München 1999, S. 54

Seite 282
Gérard de Nerval, *El Desdichado/Unstern*, in: Die Schimären, in: Die Töchter der Flamme: Erzählungen und Gedichte, aus dem Französischen von A. Aigner-Dünnwald und F. Kemp, Winkler, München 1989, S. 289

Seite 287
Oates, Joyce, Carol, *Blond*, aus dem Amerikanischen von Uda Strätling, Sabine Hedinger und Karen Lauer, Fischer, Frankfurt am Main 2000, S. 628

Seite 319
Abécédaire – Gilles Deleuze von A bis Z, Dokumentarfilm, absolut MEDIEN GmbH
https://absolutmedien.de/film/957/Ab%C3%A9c%C3%A9daire+%E2%80%93+Gilles+Deleuze+von+A+bis+Z

Seite 351
Valéry, Paul, *Schritte*, in: Französische Lyrik von Baudelaire bis zur Gegenwart, zweisprachig, aus dem Französischen von Rainer Maria Rilke, Reclam, Leipzig 196

Seite 357
Jouvet, Louis, *Le comédien désincarné*, Flammarion, Paris 2009, aus dem Französischen von Eliane Hagedorn und Bettina Runge

Seite 385

Pavese, Cesare, *Das Handwerk des Lebens,* aus dem Italienischen von Maja Pflug, Claassen, Hamburg 2000, S. 347

Seite 401

Camus, Albert/Casarès Maria, Schreib ohne Furcht und viel – Eine Liebesgeschichte in Büchern 1944–1959, aus dem Französischen von Claudia Steinitz, Andrea Spingler, Tobias Scheffel, Rowohlt, Hamburg 2021, Brief vom 26. Februar 1950, S. 487

Bildnachweise

S. 33: mit freundlicher Genehmigung der Zeitung *Le Monde*

S. 97: Rechte frei

S. 135: mit freundlicher Genehmigung des Magazins *Le Point*

S. 154: Rechte frei

S. 405: designed by rawpixel.com/Freepik